Mystische Pfade
Oberpfalz & Fichtelgebirge

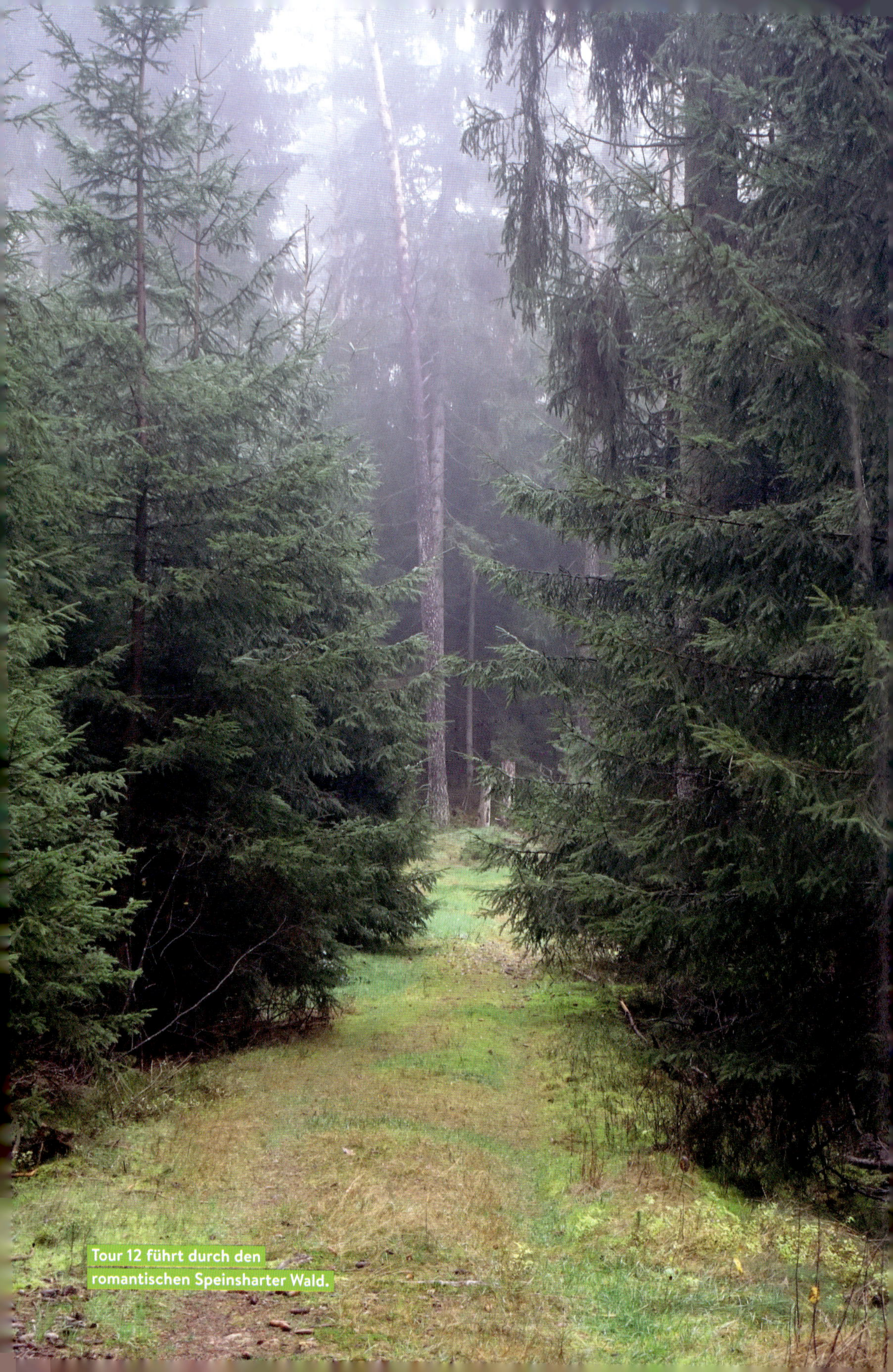

Tour 12 führt durch den romantischen Speinsharter Wald.

Rainer D. Kröll

Mystische Pfade
OBERPFALZ & FICHTELGEBIRGE

32 Wanderungen auf den Spuren von Mythen und Sagen

BRUCKMANN

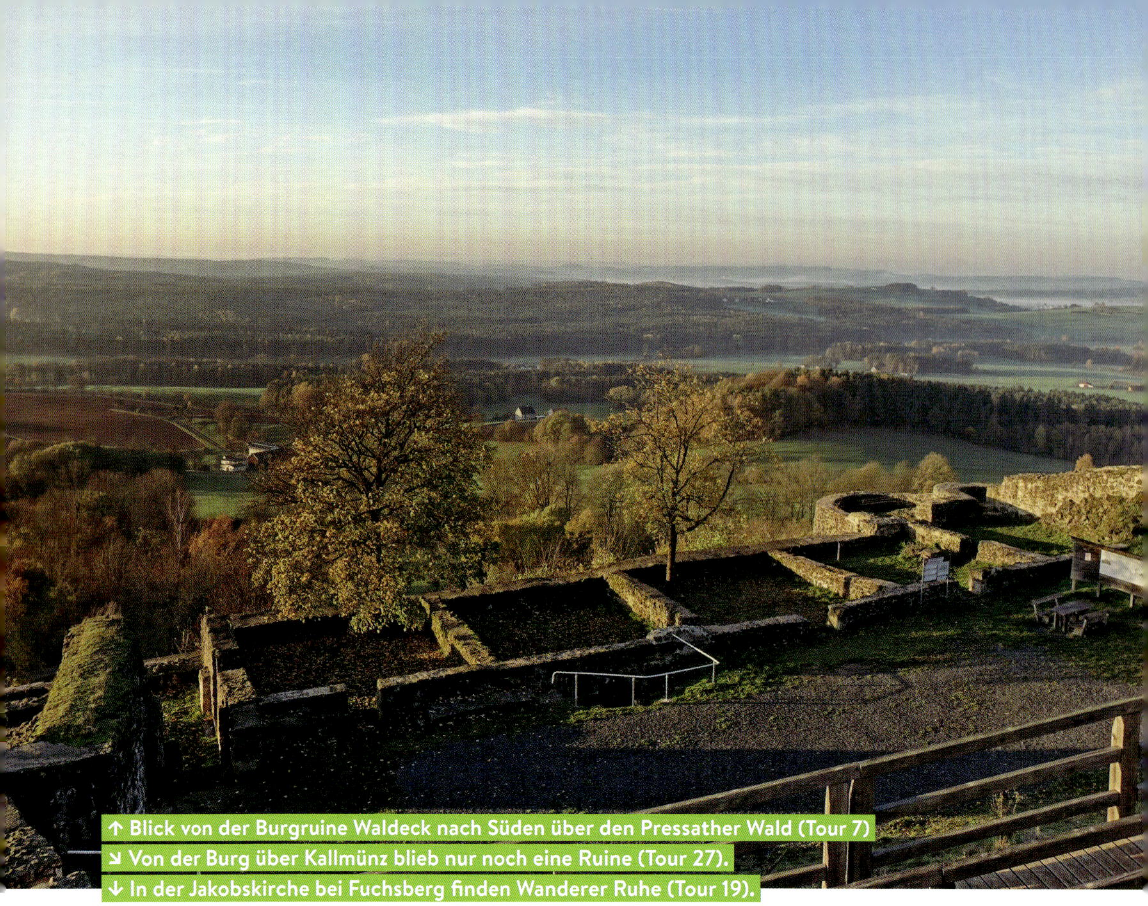

↑ Blick von der Burgruine Waldeck nach Süden über den Pressather Wald (Tour 7)
↘ Von der Burg über Kallmünz blieb nur noch eine Ruine (Tour 27).
↓ In der Jakobskirche bei Fuchsberg finden Wanderer Ruhe (Tour 19).

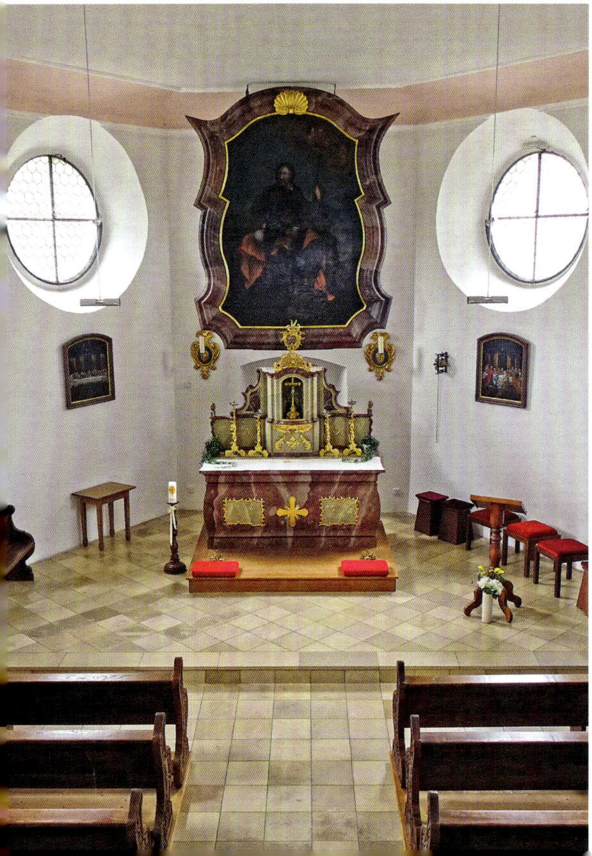

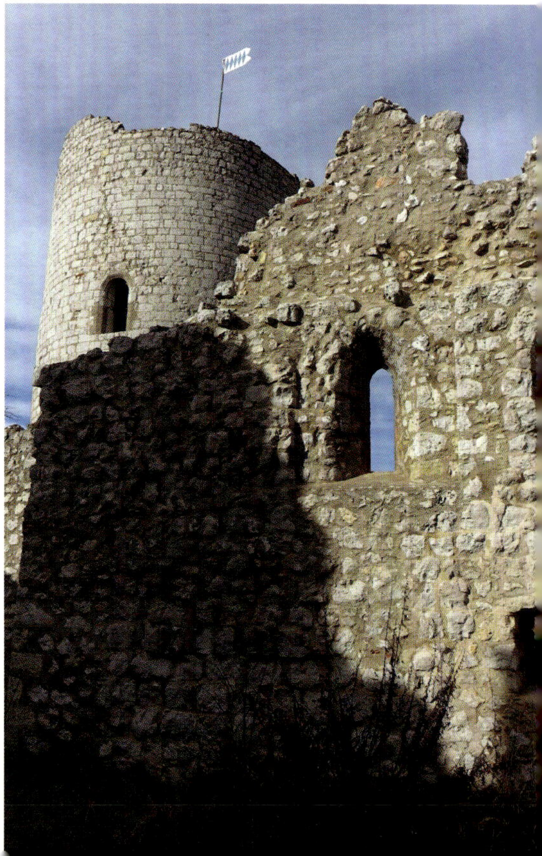

INHALT

DIE TOUREN

FICHTELGEBIRGE

NORDOBERPFALZ

SÜDOBERPFALZ

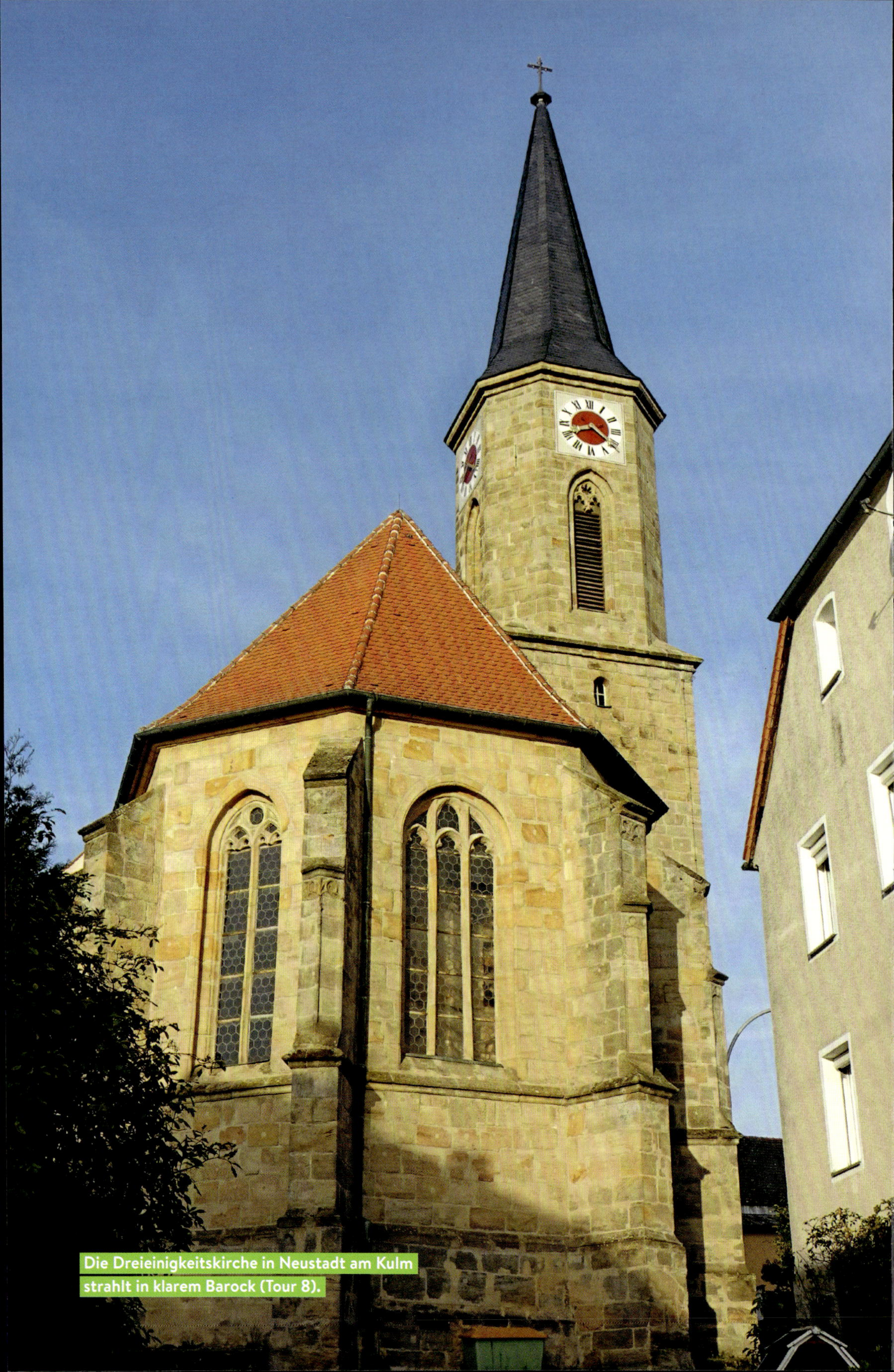

Die Dreieinigkeitskirche in Neustadt am Kulm strahlt in klarem Barock (Tour 8).

Vorwort

DIE OBERPFALZ WAR VOR VIELEN JAHREN als Grenzgebiet ein unterentwickelter Landstrich und der Volksmund benannte den Raum wegen seiner steinigen Böden »Steinpfalz«. Schließlich brach ab den 1990er-Jahren die Glas- und Porzellanindustrie zusammen. Viele kleine Städte und Orte sind in einen Dämmerschlaf gefallen, während deren Bewohner in große Städte pendelten oder gleich wegzogen. Das hat sich durch die Ansiedlung von innovativen Industrien und Softwarefirmen geändert. Junge Oberpfälzer finden heute interessante Jobs und wollen nicht mehr in Großstädte abwandern. Die Landschaft und die Naturräume waren in der Oberpfalz schon immer stille und beruhigende Elemente. Dabei gibt es Naturwunder, die oft auf geologischen Vorgängen der Erdgeschichte beruhen. In der Oberpfalz ragen über 100 Vulkane aus der Landschaft. Die Wollsackverwitterung hat im Oberpfälzer Wald und im Steinwald in Jahrmillionen Granitgiganten aus dem kristallinen Grundgebirge in pittoreske Gestalten verwandelt. Der Oberpfälzer Jura begeistert mit Höhlen, Kalksteinriffen und Wacholderwiesen.
Im Mittelalter war die Oberpfalz mit einigen Handelsstraßen Durchzugsraum zwischen Nürnberg und Böhmen. Zum Schutz der Handelswege und zur Grenzabsicherung nach Osten entstanden viele Burgen. Mit über 700 Burgen und Schlössern ist die Oberpfalz das Burgenland Deutschlands. Weil sich zur Zeit des Eisernen Vorhanges kaum eine wirtschaftliche Entfaltung ergab und in vielen Bereichen nur eine extensive landwirtschaftliche Nutzung möglich war, zeigt sich das Gebiet heute als gesunder Naturraum. Auch heute noch besteht die landwirtschaftliche Nutzung aus Ackerbau und Grünland, aber kaum in Viehwirtschaft. Aus den steinigen Böden haben die Bauern seit Jahrhunderten die Steine zu Lesesteinhaufen zusammengetragen, die heute oft mit Hecken überwachsene wichtige Kleinbiotope bilden. Die Landschaft besteht aus diesen Gründen in vielen Bereichen aus einem Mosaik von Wäldern mit Wiesenlichtungen, Moorgebieten, Feucht- und Streuwiesen, Teichgebieten und Bächen. In dieser strukturreichen Landschaft finden Schwarzstorch, Birkhuhn und Luchs guten Lebensraum. In überregional wichtigen Biotopen brüten bedrohte Vogelarten wie die Bekassine und das Braunkehlchen. Die Oberpfalz ist kein Touristengebiet, aber ein idealer Landstrich für Wanderer, die Ursprünglichkeit und Ruhe schätzen. Dieser Wanderführer empfiehlt sich als Hilfestellung zur Entdeckung der magischen Oberpfälzer Geheimnisse in der Landschaft mit tiefen Blicken in die Geschichte des Weges, der Orte und der alten Gemäuer. Naturgenuss und Panoramen sind auf den Wanderwegen sowieso inbegriffen.

Rainer D. Kröll

Willkommen in der Oberpfalz

Ein bisher weniger bekanntes attraktives Urlaubsgebiet wartet auf Entdecker. Die Landschaft hält Geheimnisse mit ergiebigem Naturgenuss bereit und die Geschichte der Dörfer, kleinen Städtchen und alten Gemäuer ist spannend.

Oberpfälzer Geschichte

Menschliche Spuren sind aus der Steinzeit und Bronzezeit bekannt. Ab dem Jahr 175 errichteten die Römer das Legionslager Castra Regina, das sich noch heute als Grundriss in Regensburg abzeichnet. Die Bajuwaren besiedelten das Gebiet der heutigen Oberpfalz im 7. Jahrhundert. Der Vorläufer der Oberpfalz war der Bayerische Nordgau, der im 9. Jahrhundert unter Ludwig dem Deutschen mit Bayern vereinigt wurde. Die Kurpfalz am Rhein befand sich im Besitz der Wittelsbacher. Später wurde die Kurpfalz mit Bayern vereinigt. Die Region an der Ostgrenze wurde als »Obere Pfalz« bezeichnet und gehörte zur Pfalz mit der Hauptstadt Heidelberg. Seit dem 17. Jahrhundert ist die Oberpfalz wieder mit Bayern vereint und bildet mit Oberbayern und Niederbayern Altbayern.

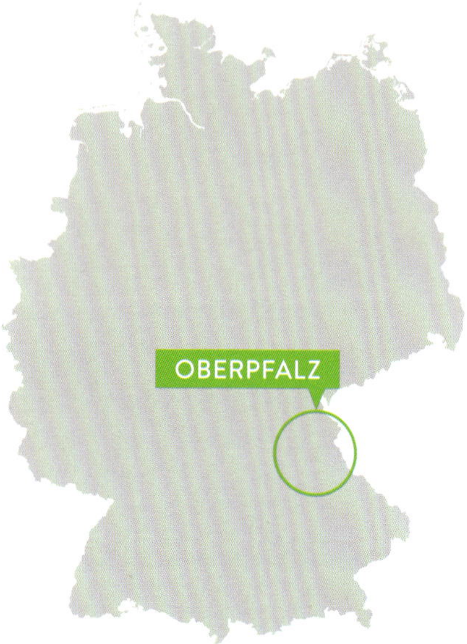

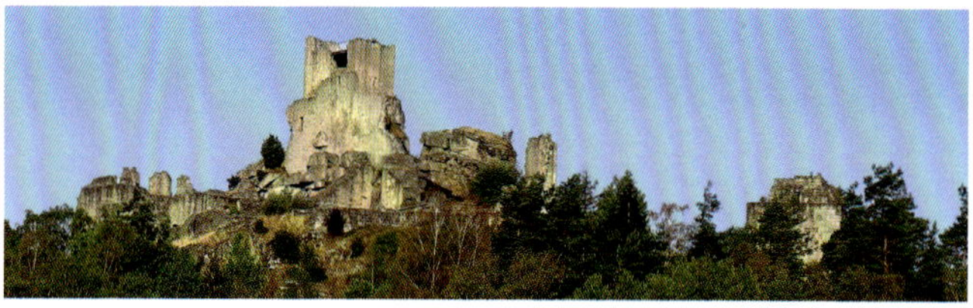

700

Burgen und Schlösser

Durch die Lage im Grenzgebiet entstanden in der Oberpfalz über 700 Burgen und Schlösser. Ihre exponierte Lage machen sie zu beliebten Wanderzielen. Viele können besichtigt werden und erzählen ihre Geschichte in interessanten Museen.

Der Oberpfälzer Mensch

Die Oberpfälzer sind stolze Bayern und in der Region fest verwurzelt, sind sie doch historisch gesehen echte Altbayern, wenn auch mit eigenem Dialekt. Sie sind heimatverbunden, naturvereint und gesellig. Ihre Gesinnung bewirkt in der Nachbarschaft ein starkes und herzliches Zusammengehörigkeitsgefühl.

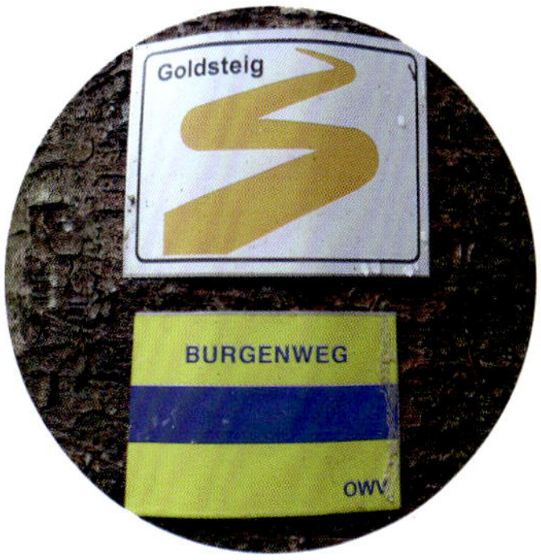

14

Fernwanderwege

Der Goldsteig ist der längste und vielleicht vielseitigste deutsche Qualitätswanderweg. Der Burgenweg verbindet viele der unzähligen Festungen und Schlösser der Oberpfalz. Auf dem Oberpfalzweg erleben die Wanderer Ruhe und Naturgenuss bis nach Regensburg. Der Wanderweg Goldene Straße folgt den Spuren der historischen »Gulden Straß« Kaiser Karls IV.

Regensburg

Römische, romanische und gotische Architektur bestimmen das Gesicht der Altstadt. Der Immerwährende Reichstag tagte im 17. und 18. Jahrhundert im Reichssaal des Alten Rathauses. Ein Zeichen für den Wohlstand im Mittelalter ist die Steinerne Brücke aus dem 12. Jahrhundert. Regensburg, die schöne Hauptstadt der Oberpfalz, hat auch heute viel zu bieten. Die Universitätsstadt ist UNESCO-Welterbe und lockt Touristen aus Nah und Fern an.

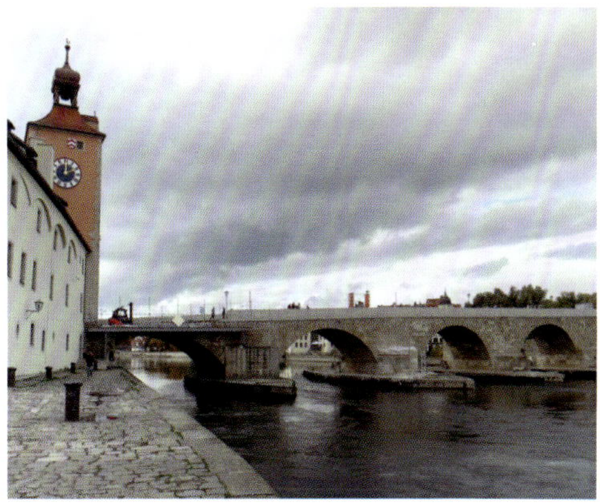

1415

Zoiglbier

Das älteste Zoiglbraurecht einer Gemeinde in der nördlichen Oberpfalz stammt aus dem Jahr 1415. Das Recht, im Kommunbrauhaus Bier zu brauen, liegt auf den Häusern und ist im Grundbuch eingetragen. Zoigl ist ein untergäriges Bier, das vom Brauer aus dem Kommunbrauhaus mit nach Hause genommen wird und in seinem Gärkeller mit Hefe zur Reife gelangt. Schenkt der Zoiglwirt sein Bier an Gäste aus, hängt er den sechszackigen Zoiglstern vor die Tür, der seit dem 15. Jahrhundert Zunftzeichen der Brauer ist. Im Zoiglkalender unter www.zoiglbier.de werden die Zoiglstuben mit Öffnungszeiten angezeigt. Der Name des Bieres Zoigl stammt von »zeigen«, womit das Zeichen zum Ausschank gemeint ist. Die Oberpfälzer Zoiglkultur ist als Immaterielles Kulturerbe Bayerns von der UNESCO anerkannt.

Geologie der Oberpfalz

In der steinigen Oberpfalz liegen 500 Millionen Jahre Erdgeschichte offen. Durch reiche Bodenschätze wurde die Oberpfalz zum florierenden Industriegebiet des Mittelalters. Gneise und Granite bilden das alte Grundgebirge. Gesteine aus Sedimenten stellen das Deckgebirge. Die Jurazeit hinterließ Dolomit- und Kalkgesteine. Über 100 Vulkane haben die Gebirge durchdrungen.

Bruckmann-Tourenfinder

Für jeden Tag die richtige Tour

			km	Hm	Std.								
1	Zur Burgruine Epprechtstein	●	8,6	230	2.40	✓	✓	✓		✓		✓	✓
2	Auf den mystischen Großen Waldstein	●	7,4	240	2.40	✓	✓	✓			✓		✓
3	Ochsenkopf und Fichtelsee	●	10,7	330	3.30	✓		✓			✓	✓	✓
4	Kösseine und Felsenlabyrinth	●	11,5	420	3.50	✓		✓			✓		✓
5	Geheimnisse im Steinwald	●	11,8	430	3.30	✓	✓	✓			✓		✓
6	Von Pfaben in den Steinwald	●	5,8	160	1.50	✓	✓	✓	✓		✓		
7	In der Kemnather Vulkanlandschaft	●	12,6	470	3.40	✓		✓		✓			✓
8	Auf den Vulkan Rauher Kulm	●	10,5	320	3.30	✓		✓			✓		✓
9	An der Fichtelnaab zum Geo-Zentrum	●	13,7	190	4.00	✓	✓	✓	✓	✓			✓
10	Durch das Naturidyll Waldnaabtal	●	12,3	180	3.40	✓	✓	✓			✓	✓	✓
11	Durch die mystischen Teufelsküchen	●	9,2	100	3.00		✓	✓	✓		✓	✓	✓
12	Von Speinshart auf den Barbaraberg	●	8,4	140	2.30	✓	✓	✓	✓	✓			✓
13	Zur Vulkanruine Hoher Parkstein	●	9,6	170	2.40	✓	✓	✓	✓	✓			✓
14	Durch den mystischen Doost	●	8,0	140	2.20	✓	✓	✓	✓	✓		✓	✓
15	Burgruine Flossenbürg und Badesee	●	6,3	170	2.00	✓	✓	✓		✓		✓	✓

			km	Hm	Std.								
16	Zur Ruine Schellenberg	🔴	11,4	230	3.10	✓	✓	✓			✓		✓
17	Erkundung der Geologie in Pleystein	🔴	11,6	350	3.50	✓		✓		✓		✓	✓
18	Burg Leuchtenberg und Lerautal	🔵	6,8	180	2.10	✓	✓	✓	✓		✓		✓
19	Zur einsamen Burgruine Wildstein	🔵	11,5	300	3.50	✓	✓	✓		✓			✓
20	Mystische Felsenwelten bei Auerbach	🔴	13,2	210	4.00		✓	✓	✓		✓		✓
21	Auf den Eixlberg bei Nabburg	🔵	14,2	360	4.00	✓	✓	✓	✓	✓			✓
22	Klosterburg und Schweppermannsburg	🔵	6,6	200	2.20	✓	✓	✓	✓	✓			✓
23	Im idyllischen Tal der Lauterach	🔵	8,7	130	2.30	✓	✓	✓	✓	✓			✓
24	Vom Kloster Ensdorf in den Wald	🔵	6,8	150	2.10	✓		✓			✓		✓
25	Felsenburgen über der Schwarzach	🔴	5,0	210	2.00	✓	✓	✓			✓		✓
26	Im Oberpfälzer Jura bei Velburg	🔴	5,8	200	2.00	✓	✓	✓		✓			✓
27	Das kleine Idyll Kallmünz	🔵	7,0	170	2.20	✓	✓	✓	✓	✓			✓
28	Zum Burglengenfelder Malerwinkel	🔵	12,9	240	4.00	✓	✓	✓	✓	✓		✓	✓
29	Im Labertal rund um Beratzhausen	🔴	9,3	250	3.10	✓	✓	✓		✓			✓
30	Durch die Tegernheimer Schlucht	🔵	7,2	190	2.20	✓	✓	✓		✓			✓
31	Burg und Walhalla über Donaustauf	🔵	8,5	190	2.30	✓	✓	✓	✓	✓			✓
32	Durch die Hölle zur Burg Brennberg	🔴	10,0	270	3.10	✓	✓	✓		✓			✓

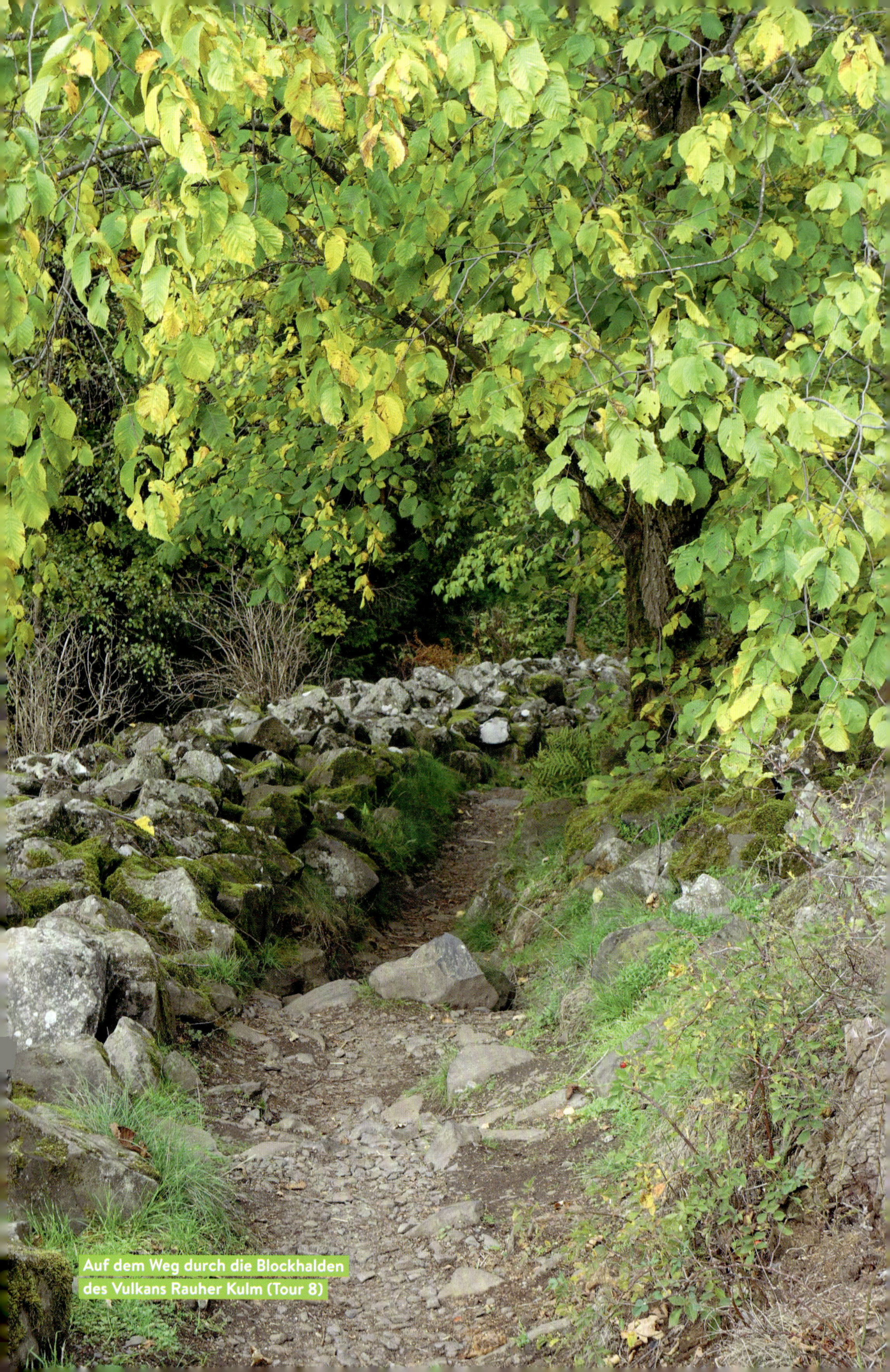

Auf dem Weg durch die Blockhalden des Vulkans Rauher Kulm (Tour 8)

INFO

PIKTOGRAMME ERLEICHTERN DEN ÜBERBLICK

Länge

Höhenunterschied

Gehzeit

Einkehr

kindergeeignet

Sehenswürdigkeit

wintergeeignet

viel Sonne

schattiger Weg

Baden

ÖPNV

ANFORDERUNGEN

Die Wanderungen sind nach eigener Einschätzung der Schwierigkeiten von Wegbeschaffenheit, Entfernung, Orientierung, Höhenunterschied und Gefahrenlage eingeteilt.

● LEICHT

Einfache Wanderung auf guten Wegen und Pfaden ohne starke Steigungen, die aber auch ohne Markierung sein können. Orientierungssinn wird benötigt.

● MITTEL

Mittelschwere Wanderung mit deutlichen Höhenunterschieden auf Wegen und Pfaden, die etwas Kondition, Ausdauer und guten Orientierungssinn erfordert

● SCHWER

Anspruchsvolle Wanderung auf teilweise steilen Wegen mit hoher Anforderung an die Kondition, Schwindelfreiheit und Trittsicherheit. Kann ausgesetzte Passagen am Fels beinhalten. Ein gutes Orientierungsvermögen ist unbedingt geboten. Alpine Erfahrung wird vorausgesetzt.

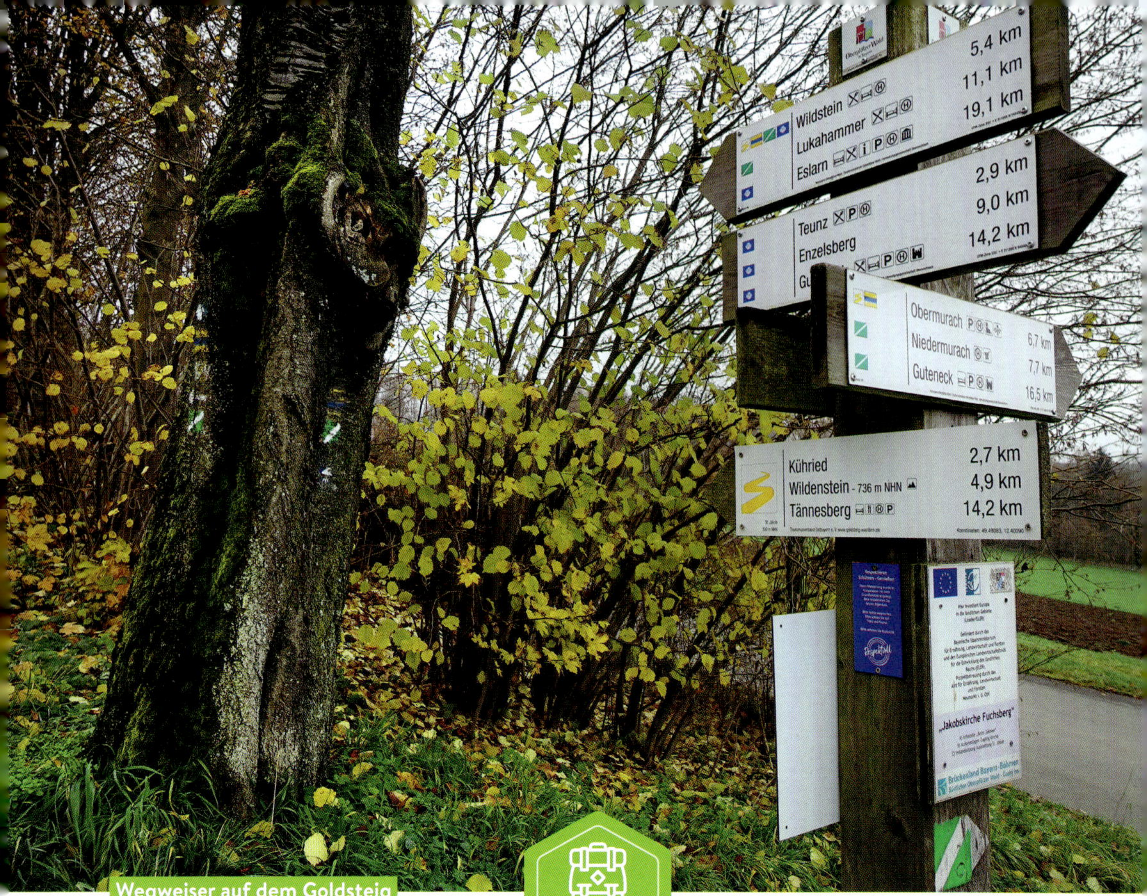

Wegweiser auf dem Goldsteig im Oberpfälzer Wald

MYSTISCHE PFADE IN DER OBERPFALZ

Die Oberpfalz ist die wohl am wenigsten vom Massentourismus erschlossene Region Deutschlands. Dies lässt weiten Raum für Naturfreunde und Ruhe suchende Wanderer. Begegnungen mit magischen Orten und geheimnisvollen Burgruinen sind garantiert.

Viele Themenwanderwege wie der Glasschleifererweg oder die Zoiglwanderung und einige Fernwanderwege wie der berühmte Goldsteig, der Burgenweg oder der Oberpfalzweg durchziehen die herrliche Landschaft der Oberpfalz und des Fichtelgebirges. Die Wandergebiete in diesem Buch sind in die drei Gruppen Fichtelgebirge, Nordoberpfalz und Südoberpfalz gegliedert. Einige spannende Wanderungen im Fichtelgebirge liegen in Oberfranken, denn nur die Ausläufer des Fichtelgebirges gehören zur Oberpfalz. Die gedachte Trennlinie zwischen Nord- und Südoberpfalz liegt in Höhe der Stadt Amberg. Wanderungen können mit einem Blick auf die Wanderkarte mit öffentlichen Verkehrsmitteln oft verkürzt oder verlängert werden.

REISEN IN DER OBERPFALZ

Alle Wanderungen in diesem Buch enthalten in der Infospalte Hinweise für die Anreise. Mit dem eigenen Auto kommt man am besten überall hin. Gute Anbindung mit öffentlichen Verkehrsmitteln bieten prinzipiell die Orte, die mit der Bahn oder mit dem Bus erreichbar sind (www.bahn.de). Die öffentlichen Verkehrsmittel zu den Wanderungen sind zwar angeführt, doch die Fahrzeiten sind für Wanderer nicht immer praktisch. Mit dem »Bayernticket« fahren bis zu fünf Personen einen Tag lang durch Bayern (drei Kinder kostenfrei). Es gilt an Werktagen ab 9 Uhr und an Wochenenden und Feiertagen ganztags. Auch das Deutschlandticket bietet sich an.

BESTE JAHRESZEIT, KLIMA UND WETTER

Ein Urlaub in der Oberpfalz ist zwischen Mai und September am besten, wobei es für Wanderungen in der kühleren Oberpfalz selten zu heiß wird. Im April und Mai und im August bis September ist im Durchschnitt die höchste Niederschlagsmenge zu erwarten. Herrlich ist der Herbst mit seinen unvergleichlichen Farben, und das Wetter kann stabiler sein als im Sommer. Wer Blumen liebt, wird sich am Frühling orientieren. Auch eine Winterwanderung hat ihre Reize. Eine frühe Startzeit am Tag bringt oftmals eine ruhige Tour, stilles Wanderglück und die schönsten Fotos. Etwas Besonderes ist an den Aussichtspunkten mit Blick nach Westen der Sonnenuntergang. Im Angesicht des momentanen Wetters ist die Machbarkeit der Touren in eigenverantwortliche Erfahrung zu bringen. Für die Wetteraussichten eines bestimmten Ortes kann man eine der örtlichen Wetterstationen nutzen. Allgemeinere Wettervorhersagen gestalten einige Internetplattformen wie zum Beispiel www.wetteronline.de.

AUSRÜSTUNG

Hohe und feste Wanderschuhe mit griffiger Sohle sind einer der wichtigsten Ausrüstungsgegenstände. Turnschuhe sind nicht geeignet. Sonnen- und Regenschutz sollten stets mit auf die Tour, wobei ein stabiler Regenschirm gute Dienste leistet, solange kein Wind mit im Spiel ist. Eine Regenjacke ist unverzichtbar, führt selbst in modernster Ausführung jedoch im Gegensatz zum Regenschirm bei entsprechender Wärme zum Schwitzen. Zur Ausrüstung gehören auch eine schnell trocknende Wanderfunktionshose, ein guter Rucksack mit Lüftungsabstand am Rücken, gefüllt mit

In einer Zoiglstube gibt es kräftige Brotzeiten zum süffigen Zoiglbier.

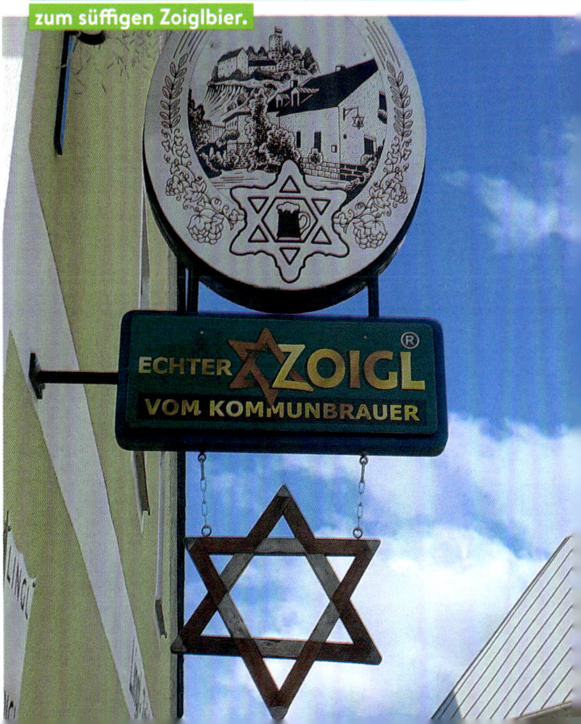

Notproviant, ausreichend Flüssigkeit, ein Wechselshirt, eine Notfallapotheke und ein Mobiltelefon für einen Notruf. Auch der Kälteschutz darf nicht vernachlässigt werden. Wenn sich jemand verletzt und am Boden gelagert werden muss und Nässe dazukommt, kann es gefährlich werden.

SICHERHEIT UND GEFAHREN

Wichtigste allgemeine Gefahren in freiem Gelände sind Wetterwechsel und bei einzelnen Touren unter Felswänden auch Steinschlag. Erfahrene Bergwanderer beobachten an jedem sich bietenden Fixpunkt ihren Höhenmesser und justieren ihn erneut. Denn steigt die Angabe des Höhenmessers von einem Fixpunkt zum nächsten erheblich an, bedeutet dies einen Luftdruckabfall und lässt eine schnelle Wetterverschlechterung voraussehen. Umkehren ist kein Zeichen von Schwäche, sondern Klugheit. Eine Gefahr für die Gesundheit sind Zeckenbisse. Eine lange Hose, die über die Wanderstiefel reicht, und Mittel gegen Zecken sind wirksame Maßnahmen zur Abwehr.
Rufnummern und -signale:
112: Einsatzzentrale für Polizei, Notarzt, Feuerwehr und Bergwacht. Wenn das Telefonnetz nicht verfügbar ist, kann man das Handy ausschalten und wieder einschalten und statt der PIN gleich 112 eingeben. Mit der Notrufnummer 112 werden auch die Standortdaten gesendet.
Optisches oder akustisches Notrufsignal: 6 Signale hintereinander mit 10 Sekunden Abstand.

GEHZEITEN, RICHTUNGSANGABEN, HÖHENMETER UND GPS-DATEN

Die Gehzeiten sind subjektiv ermittelte reine Wanderzeiten ohne Pausen. Auf orografische Bezeichnungen wurde zugunsten der Allgemeinverständlichkeit verzichtet. Abzweige und Richtungswechsel sind im Text trotz Wegweiser beschrieben, denn die können ja mal fehlen. Wird kein Richtungshinweis gegeben, bedeutet dies in jedem Fall geradeaus. Die Höhenangaben entstammen zuallererst den Karten, denn die haben Geografen vermessen und gezeichnet, dann erst aus dem ständig justierten Höhenmesser. Bei den Angaben des Höhenmessers sind aber immer Ungenauigkeiten möglich, weil diese wegen der Veränderung des Luftdruckes durch Wetterwechsel variabel sind. Die angegebenen GPS-Daten sind vor Ort in freier Natur erhoben, unterliegen jedoch manchmal nicht geringen Messabweichungen durch die Umgebungsbedingungen.

WEGMARKIERUNGEN UND WEGWEISER

Die meisten Wege in der Oberpfalz sind mit Wegweisern, Markierungen und Picknickplätzen sehr gut erschlossen. Wenn nötig, sind in den Wegbeschreibungen die Markierungen der Wanderwege angegeben.

EINKEHRMÖGLICHKEITEN

Einkehrmöglichkeiten sind bei den Wanderungen angeführt. Bitte vor der Wanderung prüfen, ob die Wirtshäuser oder Hütten auch wirklich geöffnet haben. Die vom Oberpfalzverein ehrenamtlich bewirtschafteten Hütten sind nur an Wochenenden geöffnet.

REGIONALE KÜCHE

Viele Oberpfälzer neigen nicht unbedingt zu kulinarischen Experimenten und bleiben bei den gewohnten Speisen. Dabei bietet die Oberpfalz eine Vielfalt für jeden Geschmack. Berühmt sind die Fischspezialitäten. Im

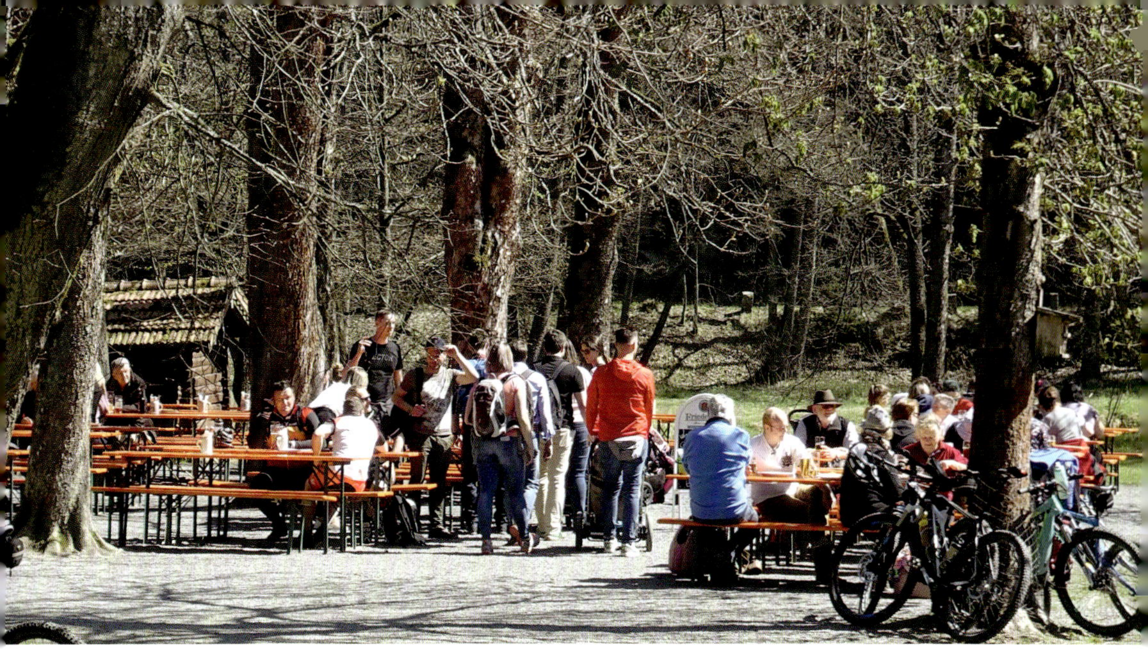

Der Biergarten an der Blockhütte im Waldnaabtal ist eine gute Einkehr (Tour 10).

Landkreis Tirschenreuth werden in über 4600 Teichen Karpfen und andere Speisefische gezüchtet. Während aller Monate mit einem »R« im Namen ist der frittierte Karpfen zu haben. Ende September finden die »Erlebniswochen Fisch« statt, in denen kulinarische Besonderheiten geboten werden. Außergewöhnliche Angebote gibt es auf dem »Markt der regionalen Genüsse« am Seeleitenpark in Kemnath. Außerdem werden kulinarische Altstadtfeste wie etwa in Amberg gefeiert. Brotzeiten und selbst gebrautes Bier sind in den Zoiglstuben zu haben. Modernes und junges Essen gibt es beim Street 'n' Food in Weiden. Regionale Qualitätsprodukte sind direkt von den Erzeugern auf den Bauernmärkten oder in Hofläden zu beziehen (www.bayerische-hoflaeden.de). Weltberühmt sind die Bratwürste aus der ältesten Imbissbude der Welt in Regensburg.

WANDERKARTEN

Kartenmaterial stellen das Bayerische Vermessungsamt (www.ldbv.bayern.de), die Verlage Kompass (www.kompass.de), Freytag & Bernd (www.freytagberndt.com) und andere her. Wer sich selbst eine Wanderkarte der geplanten Gegend ausdrucken möchte, findet in der Internetsuche unter: »Wanderkarte ausdrucken kostenlos« verschiedene Möglichkeiten, zum Beispiel www.wanderreitkarte.de oder www.opentopomap.org. Außerdem gibt es einige praktische Karten-Apps für das Mobiltelefon, die während der Wanderungen auf den Wegen leiten.

INTERNET

Es gibt viele Internetplattformen wie www.oberpfalz.de, www.urlaub-in-der-oberpfalz.de, www.oberpfaelzerwald.de, www.oberpfaelzer-seenland.de oder www.sehenswerter-bayerischer-wald.de, die für die Reiseplanung genutzt werden können. Daneben haben alle Regionen, Städte und Fremdenverkehrsorte ihre eigenen Internetauftritte, die in der Infospalte der Wanderungen angegeben sind.

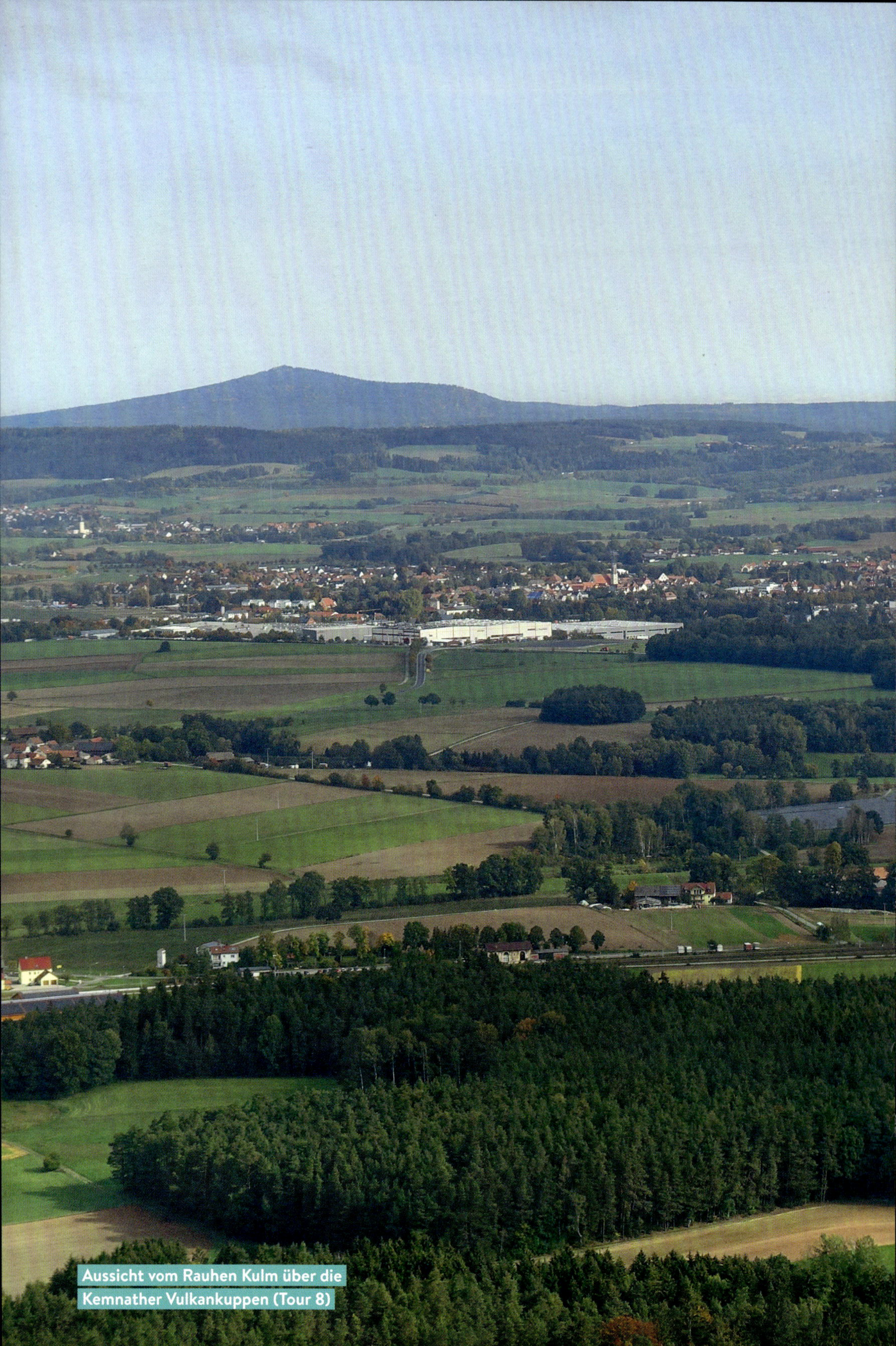

Aussicht vom Rauhen Kulm über die Kemnather Vulkankuppen (Tour 8)

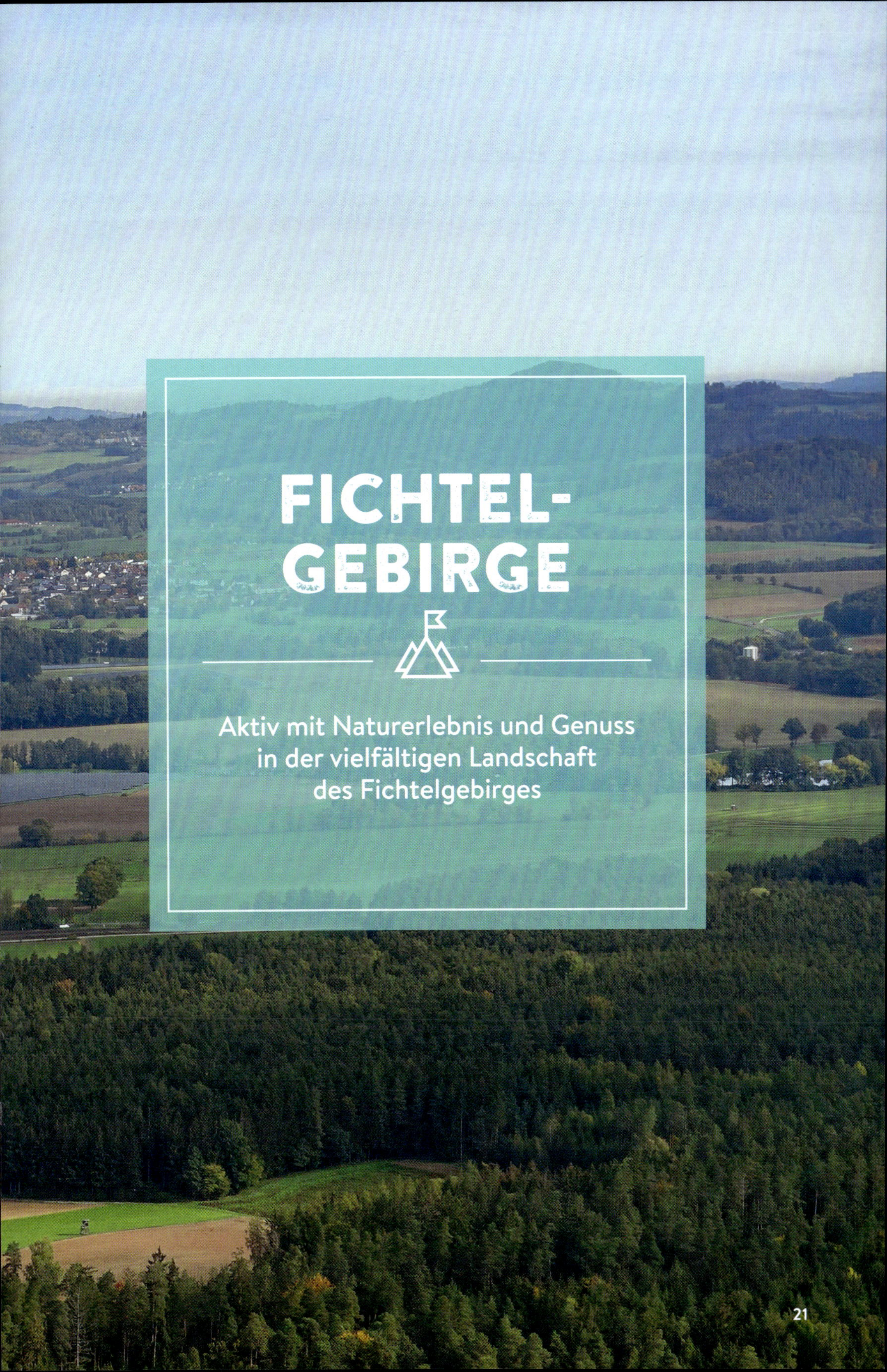

FICHTEL-GEBIRGE

Aktiv mit Naturerlebnis und Genuss in der vielfältigen Landschaft des Fichtelgebirges

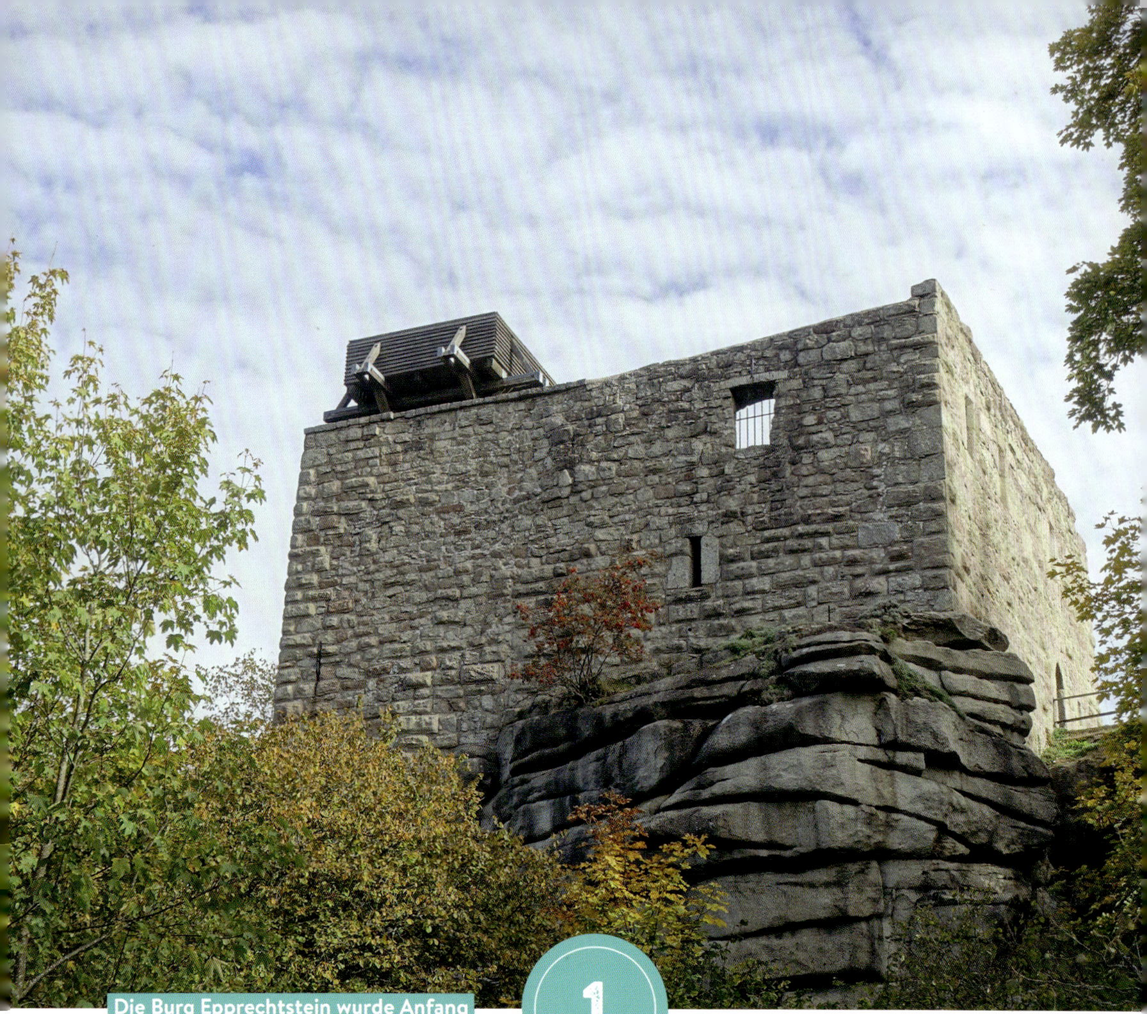

Die Burg Epprechtstein wurde Anfang des 13. Jahrhunderts aus Granit erbaut.

1

ZUR BURGRUINE EPPRECHTSTEIN

Die Granite des Fichtelgebirges

Diese Wanderung ist ein Rundgang durch das magische Granitlabyrinth und durch die Welt der Granitbrüche am Epprechtstein. Schwerarbeiter haben einst unter großen Mühen die hervorragenden Granite verschiedener Farben für die vornehmen Häuser der Welt aus dem Berg geschlagen.

Dies ist eine Tour für warme Tage, denn am Wanderweg liegt das hübsche Kirchenlamitzer Waldbad für einen erfrischenden Stopp. Vom Epprechtstein können wir über das gesamte Sechsämterland schauen. Der historische Gebietsbegriff Sechsämterland der einstigen sechs Verwaltungen der Bayreuther Markgrafschaft steht für die innere Hochebene im Fichtelgebirgs-Hufeisen.

ZUM RATHAUS IN KIRCHENLAMITZ Vom Parkplatz am **A Granitlabyrinth** in der Ansiedlung Hinteres Buchhaus treffen wir zuerst auf das Infozentrum Epprechtstein. Der interessante Holzbau verfügt über einen interaktiven Informationsbereich mit Hinweisen zur Natur und Geologie des Naturparkes Fichtelgebirge. Der Fußboden des Ausstellungsraumes besteht aus Granit vom Epprechtstein. Vor dem Infozentrum ist das magische Granitlabyrinth mit dem Monolith in der Mitte, zu dem man meditativ den Weg finden kann. Vom Aussichtshügel am östlichen Ende des

Tipp

FICHTELGEBIRGS-GRANITE

Granite gehören zu den häufigsten Gesteinen auf der Erde. Es handelt sich um grobkristalline magmatische Plutonite (Tiefengesteine). Der Merkspruch »Feldspat, Quarz und Glimmer, die drei vergess ich nimmer« zeigt die Zusammensetzung an. Granite mit körniger Textur entstehen durch die Kristallisation bei Gesteinsschmelzen (Magma) innerhalb der Erdkruste, meistens in einer Tiefe von mehr als zwei Kilometern unter der Erdoberfläche. Zwölf polierte Musterquader verschiedener Granite aus dem Fichtelgebirge sind in Buchhaus vor dem Granitlabyrinth aufgestellt.

Im Granitlabyrinth kann sich niemand verirren.

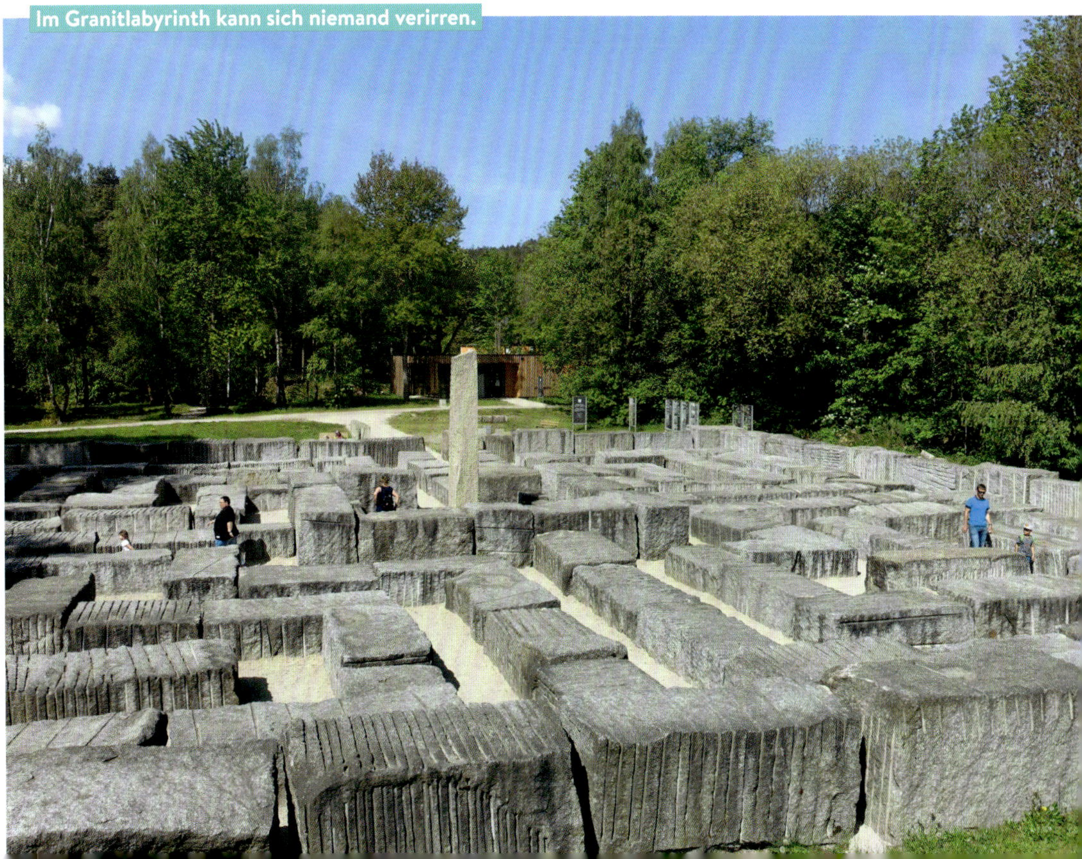

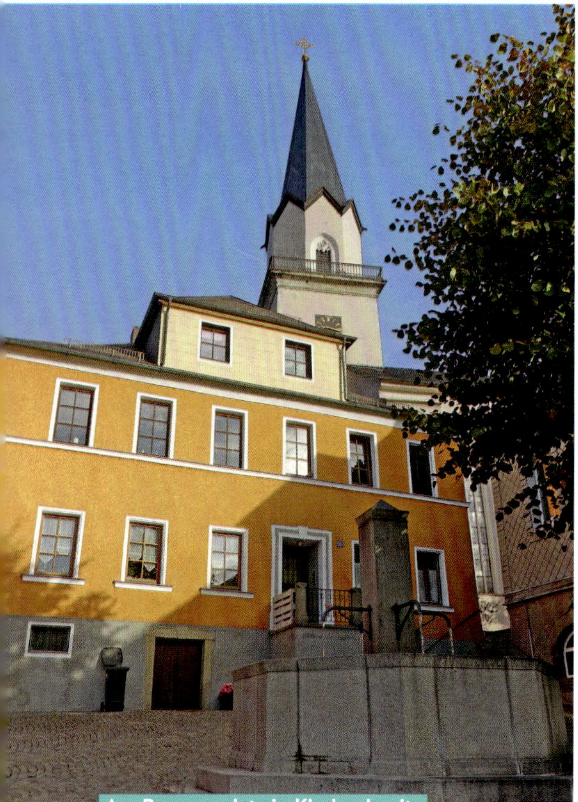

Am Brunnenplatz in Kirchenlamitz

Labyrinths können wir zwischen den einzelnen Bäumen auf den Feldweg mit der Markierung des Fränkischen Gebirgsweges gelangen. An der Stromleitung gehen wir rechts nach Süden und an der ersten Kreuzung links unter der Stromleitung durch über die Felder. Wir bleiben mit Blick auf den Großen Kornberg auf dem Fränkischen Gebirgsweg immer geradeaus und erreichen nach 1,5 Kilometern das Kriegerdenkmal **1 Auf der Warte**. Im Blick zurück sehen wir den Epprechtstein und im Norden liegt unten im Tal die Stadt Kirchenlamitz. Die Geschichte des Ortes ist eng verbunden mit der Burg Epprechtstein. Die Burggrafen von Nürnberg waren im 14. Jahrhundert im Besitz der Burg und der gesamten Herrschaft Epprechtstein und Kirchenlamitz. 70 Meter nach dem Kriegerdenkmal wandern wir auf dem Wiesenweg links hinunter und überqueren in Kirchenlamitz die Wunsiedler Straße (St 2176) nach links versetzt in den St.-Michael-Weg. Nach der Kirche wird die Straße zu einem Gehweg, der am Dötschenmühlweg endet. Wir gehen links zur Spitalgasse, dann rechts über die Lamitz und noch mal rechts auf die Straße Badersbrunnen. Vor der Metzgerei geht es links zur Hofer Straße, auf der wir links unterhalb der Michaeliskirche vorbei zum **2 Rathaus** kommen.

ZUR BURGRUINE AUF DEM EPPRECHTSTEIN Vom Rathaus nach Westen sind wir auf der Weißenstädter Straße und biegen links in den Mühlweg, der bald von der Lamitz begleitet wird. Auf einem Gehweg können wir rechts zum idyllischen Stadtteich, an dem wir links entlang schlendern. Am Ende des Teiches geht es rechts am Spielplatz vorbei zur Weißenstädter Straße, die wir geradeaus in die Gartenstraße überqueren. An der Straßengabelung bleiben wir geradeaus in der Jahnstraße und wandern an dem Sackgassenschild vorbei links auf der ehemaligen Bahnlinie für den Abtransport des Granits in Richtung Vorderes Buchhaus. Auf dem Weg haben wir den Epprechtstein genau vor Augen. Später taucht die Trasse in den Wald ein und wir kommen zum malerisch gelegenen Kirchenlamitzer **3 Waldbad**.

Nachdem wir die Lamitz überquert haben, gehen wir an der Kreuzung auf dem zweiten Weg ohne Markierung rechts aufwärts. Weiter oben überschreiten wir eine Forststraße auf dem Steinbruchweg in Richtung Schloßbrunnenbruch. An einer Weggabelung bleiben wir geradeaus und machen weiter oben einen Abstecher nach links zur Infotafel mit Blick in den riesigen **4 Schloßbrunnenbruch**. Am Epprechtstein gab es einst 20 Steinbrüche, von denen nur noch zwei in Betrieb sind. Weiter oben gehen wir an der Kreuzung rechts in Richtung Blauer Bruch. Wir bleiben gegen den Urzeigersinn stets auf dem Steinbruchweg um den Epprechtstein und studieren die Informationen über alles, was mit Granit zu tun hat. Zum Teil wird der Pfad wildromantisch und wir erleben, wie die Natur die Abraumhalden der Steinbrüche zurückerobert. Die alten Steinbrüche sind als wertvolle Biotope kartiert. Schließlich erreichen wir die Hütte am Luisentisch. Der Platz ist benannt nach der Gattin des preußischen Königs Friedrich Wilhelm III. Im Jahr 1803 besuchte das Paar den Epprechtstein. Zu diesem Anlass wurden die Treppen zur Burgruine angelegt. Vom Luisentisch ist es nach links aufwärts nicht mehr weit zur **5 Burgruine** Epprechtstein. Die Burg wurde Anfang des 13. Jahrhunderts erbaut, denn ein *Eberhardus de Eckebretsteine* wurde 1248 urkundlich erwähnt. Von der Aussichtsplattform im Wohnturm haben wir einen Rundblick über den Waldsteinzug zum Großen Kornberg im Nordosten und im Süden über das innere Fichtelgebirge zur Kösseine. Auf der anderen Seite der Burg beginnt der Abstieg nach Osten hinunter zur schon bekannten Kreuzung nahe der Hütte am Blauen Bruch. Jetzt gehen wir mit der Markierung 3 rechts in Richtung Wanderparkplatz. Der Weg wird zu einer Forststraße, die wir weiter unten nach links auf einem Pfad mit der Markierung des Fränkischen Gebirgsweges in Richtung Buchhaus verlassen. Immer geradeaus kommen wir zum Parkplatz am **E Granitlabyrinth**.

INFO

Mittel | 8,6 km | 230 Hm | 2.40 Std.

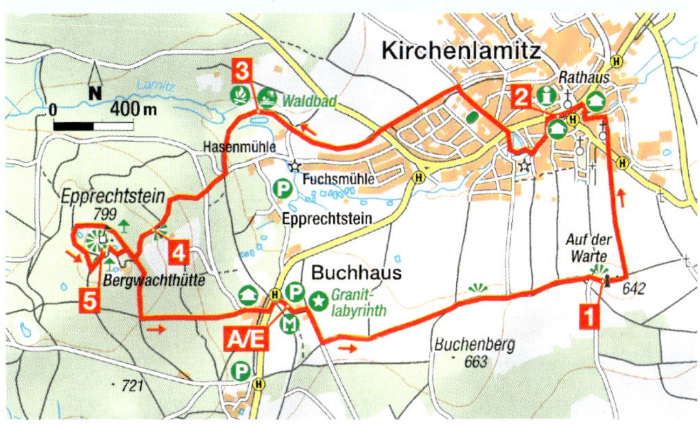

TOURENCHARAKTER

Mittelschwere, meist schattige Pfade. Wanderschuhe mit griffigen Sohlen sind richtig.

AUSGANGS-/ENDPUNKT

Parkplatz Granitlabyrinth, 95158 Kirchenlamitz-Buchhaus, GPS 50°08'36.3"N 11°55'46.8"E (660 m)

ANFAHRT

ÖPNV: Mit der Bahn nach Kirchenlamitz-Ost und mit dem Bus 24 nach Hinteres Buchhaus
Auto: Von der A 9 Ausfahrt 35 Münchberg-Nord und auf der B 289 und St 2176 nach Hinteres Buchhaus

GEHZEITEN

Granitlabyrinth–Auf der Warte 0:35 Std.–Rathaus 0:20 Std.–Waldbad 0:35 Std.–Schloßbrunnenbruch 0:25 Std.–Burgruine 0:25 Std.–Granitlabyrinth 0:20 Std.

EINKEHR

Gasthaus zur Waldschmiede, Buchhaus 3, 95158 Kirchenlamitz, Tel. 09285/968 78 08

INFORMATION

Marktplatz 3, 95158 Kirchenlamitz, Tel. 09285/959 15, www.kirchenlamitz.de

AUF DEN MYSTISCHEN GROSSEN WALDSTEIN

Der geheimnisvolle Berg

Um keinen Berg des Fichtelgebirges ranken sich so viele Legenden und Sagen wie um den Großen Waldstein. Auf der Schüssel am Gipfelfelsen soll sich ein germanischer Opferplatz befunden haben und am Teufelstisch spielen verlorene Geister nach Mitternacht mit eisernen Karten.

2

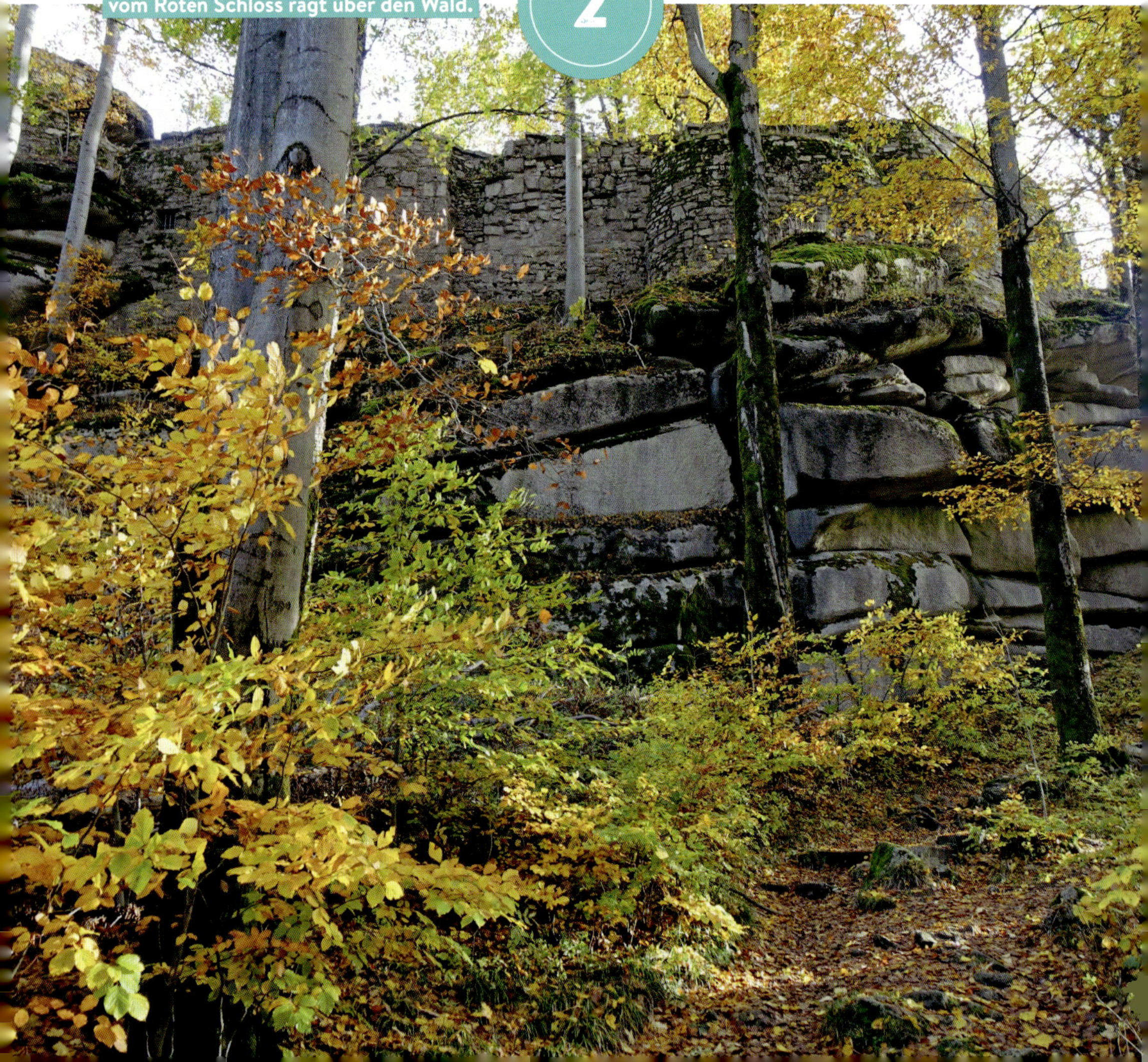

Der Gipfelfelsen mit den Mauern vom Roten Schloss ragt über den Wald.

Der Große Waldstein ist mit 877 Metern die höchste Erhebung im nördlichen Fichtelgebirgs-Hufeisen. Bekannt ist er durch seine bizarren Felsen, durch seinen mächtigen Felsenaufbau mit den Schlossruinen, als Quellgebiet der Saale und durch den Bärenfang aus dem 17. Jahrhundert.

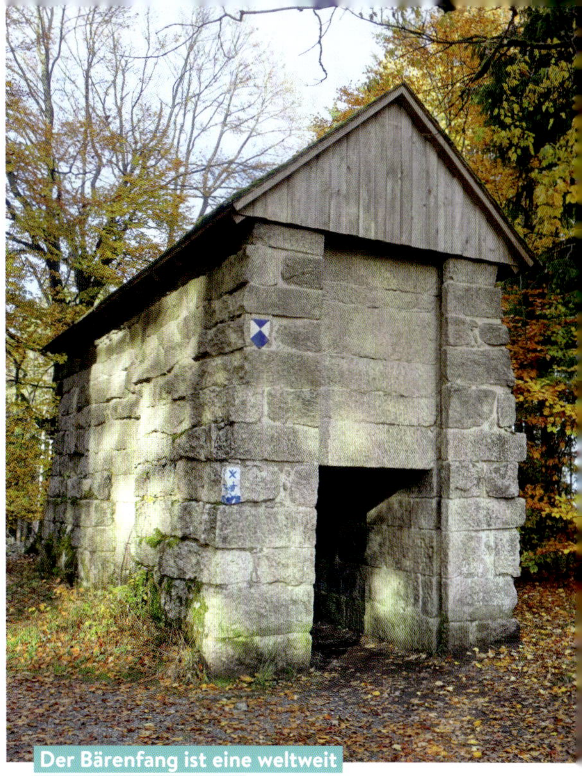

Der Bärenfang ist eine weltweit einzigartige Tierfalle.

ZUM PAVILLON SCHÜSSEL AUF DEM WALDSTEIN Vom Wanderparkplatz **A Waldhütte** in Zell im Fichtelgebirge gehen wir zu Beginn mit der Markierung weiß-blaues Rechteck nach Südosten in Richtung Waldstein hinauf. An einer Weggabelung nach einer Wiese wählen wir den rechten Weg. An einer Kreuzung bleiben wir geradeaus und an der zweiten Kreuzung gehen wir in einem kurzen Abstecher links zum **1 Arnsteinfels**. Die skurrile Skulptur der Natur ist ein typisches Beispiel einer Wollsackverwitterung. Die Aussicht vom Felsen zeigt Zell vor dem Haidberg, Reinersreuth und Sparneck. In der Ferne liegt das Münchberger Hügelland.

Wir gehen zurück zur Kreuzung und laufen links weiter hinauf. Ein Asphaltsträßchen wird überquert und dann sind wir am historischen **2 Bärenfang**. Der Bau aus Granitblöcken wurde erstmals 1656 urkundlich erwähnt. Die Anlage ist weltweit einzigartig. Darin wurden bis zum Jahr 1760 annähernd 100 Bären gefangen. Wir gehen weiter an ungefährlichen Bären aus Granit vorbei zum Waldsteinhaus des Fichtelgebirgsvereines. Seit 1854 werden auf der Bühne vor dem Biergarten Dramen und Moritaten aufgeführt. Hinter der Bühne beginnt der Waldsteinrundweg in Richtung Aussichtsfelsen Schüssel. Zwischen den Bäumen sehen wir schon die Mauern des Roten Schlosses bzw. der Westburg über unseren Köpfen. Der Name Waldstein wurde einst nur auf die Burgbereiche auf dem Gipfel angewandt. Davon leitete sich später der Name des gesamten Berges ab. Vor dem Aufstieg zum Roten Schloss steht der kelchartige Teufelstisch im Weg. Gemäß einer Sage soll der Teufel dort Karten gespielt haben. Die Kratzspuren seiner Krallen sind noch heute zu sehen. Links geht es auf einer Treppe durch das Torhaus zum **3 Roten Schloss** aus dem 14. Jahrhundert hinauf. Wegen der roten Ziegel des Daches wurde es das Rote Schloss genannt. Das Ziegeldach stammte allerdings wegen einer späteren Nutzung der Ruinen aus dem 18. Jahrhundert. Die Burg war schon 1523 weitgehend zerstört.

Wir steigen wieder hinab und gehen an gewaltigen, 300 Millionen Jahre alten Felsen entlang zu den Resten der Ostburg. Sie war schon um das Jahr 1100 entstanden und wurde wegen der neueren Westburg aufgegeben. Artefakte zeugen davon, dass im 8. Jahrhundert schon eine Befestigungsanlage bestanden haben muss. Doch Menschen waren schon lang vor dieser Zeit auf dem Waldstein,

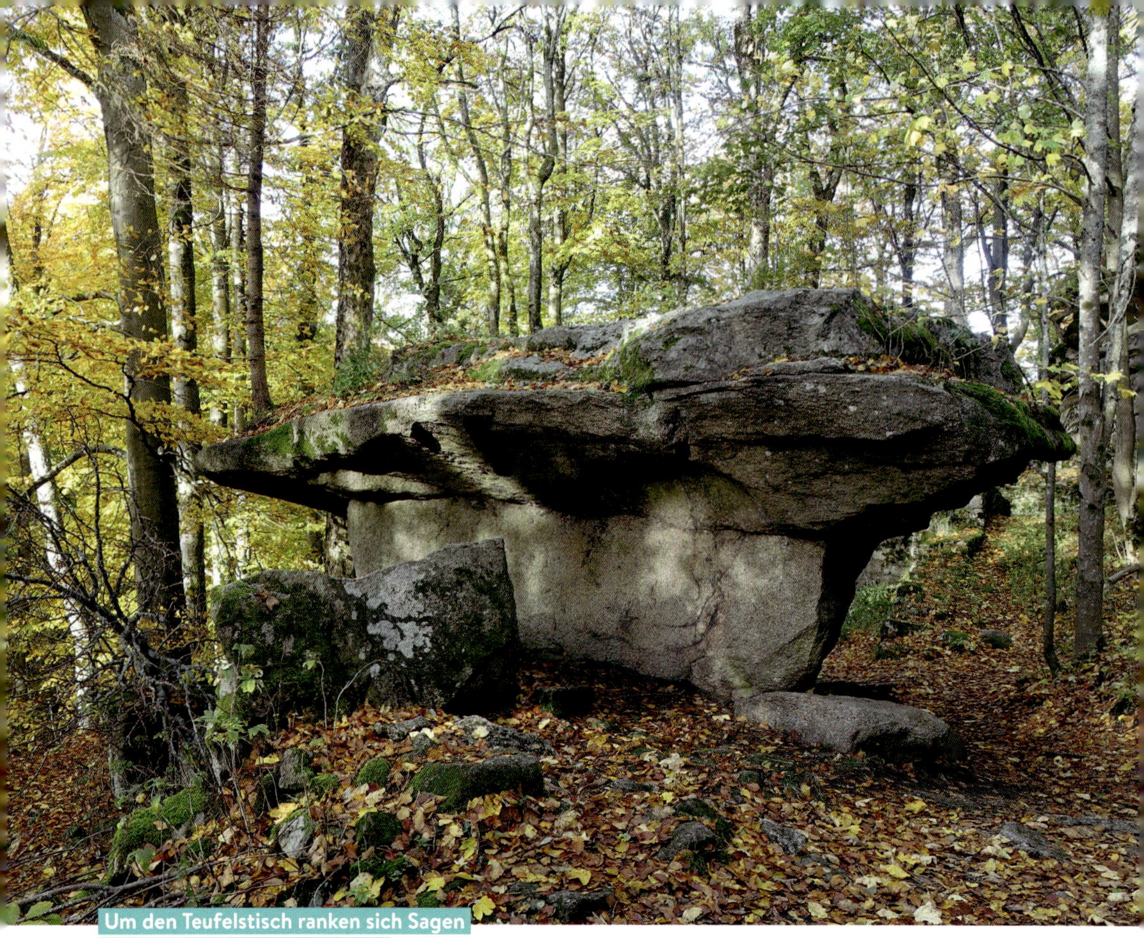

Um den Teufelstisch ranken sich Sagen vom Karten spielenden Teufel.

Tipp

IM BAUERNHAUSMUSEUM

Die Grundlage des Oberfränkischen Bauernhausmuseums bildet ein original erhaltener strohgedeckter Vierseithof aus dem 18. Jahrhundert. Mit der echten dörflichen Innenausstattung der Wohnräume und bäuerlichen Gerätschaften ist der Hof ein wertvolles Baudokument. Zum Museum gehört ein hierher versetztes Handwerkerhaus von 1785 und andere Kleingebäude. Die Brotzeitstube rundet das Angebot ab (Kleinlosnitz 5, 95239 Zell im Fichtelgebirge, Tel. 09251/35 25, www.kleinlosnitz.de).

denn es wurden auch steinzeitliche Gegenstände gefunden. Dann steigen wir durch die Mauerreste der spätromanischen Kapelle zum Aussichtspavillon **4 Schüssel** hinauf. Eine kesselartige Vertiefung auf dem Felsen gab ihm einst den Namen. Dieser Name übertrug sich auf den Aussichtspavillon, der 1851 errichtet wurde. Von ihm aus kann man über das weite Land schauen, deren Orte und Landmarken auf einer Orientierungsplatte aufgezeigt werden. Im Südosten liegt Weißenstadt mit dem großen See.

ZUR SAALEQUELLE 20 Meter vor der Kapelle stehen einige Wegweiser, an denen wir rechts und weiter unten nochmals rechts in Richtung Waldsteinhaus schlendern. An einer T-Kreuzung, 50 Meter unterhalb des

Waldsteinhauses, laufen wir links in Richtung Weißenstadt hinunter und weiter unten an einer Kreuzung mit der Markierung 5 einer Nordic-Walking-Runde rechts aufwärts. An einer Weggabelung bleiben wir mit der Nummer 5 geradeaus auf dem Wiesenweg und bald geht es auf der Forststraße abwärts. Mit der Markierung blaues Kreuz und des Fränkischen Gebirgsweges bleiben wir über mehrere Forststraßen hinweg immer geradeaus. Weiter unten sind wir dann auf dem Waldlehrpfad bergab unterwegs. Ein Steg führt über einen Graben und dann sind wir an der **5 Saalequelle**. Sie trägt den Beinamen »Sächsisch«, weil sie durch das Gebiet des historischen Sachsens fließt. Aus der Mauer mit rohen Granitblöcken vor dem Stollen fließt das klare Wasser hervor und macht sich auf den über 400 Kilometer langen Weg bis zur Mündung in die Elbe. Vor dem kleinen Steg wandern wir mit der Markierung Q auf dem Saalequelleweg links in Richtung Zell Marktplatz abwärts. Wir sind auch auf den europäischen Fernwanderwegen E3 und E6. Der E3 führt vom Atlantik bis zum Schwarzen Meer und der E6 von der Ostsee bis zur Ägäis. Weiter unten queren wir eine Forststraße um fünf Meter nach links versetzt, wandern dann an einem Feldrand entlang und entdecken auch wieder die Markierung Q. Auf dem Saalequelleweg laufen wir in Zell ein. Nach den Sportplätzen gehen wir auf der Straße Am Galgenberg rechts hinauf. Die Straße wird zu einem Wiesenweg und an dem Feld geht es links auf einem Pfad vorbei. Auf der Straße Waldsteinweg nach rechts ist unser Ausgangspunkt, der Wanderparkplatz **E Waldhütte**.

INFO

TOURENCHARAKTER
Leichte, schattige Wege. Im Gipfelbereich Trittsicherheit und Schuhe mit griffigen Sohlen erforderlich

AUSGANGS-/ENDPUNKT
Parkplatz Waldhütte, Waldsteinstraße, 95239 Zell im Fichtelgebirge, GPS 50°07‘43.5“N 11°49‘44.6“E (670 m)

ANFAHRT
ÖPNV: Mit der Bahn nach Münchberg und mit dem Bus 6352 nach Zell im Fichtelgebirge
Auto: Von der A 9 Ausfahrt 36 Münchberg-Süd nach Zell im Fichtelgebirge

Leicht | 7,4 km | 240 Hm | 2.40 Std.

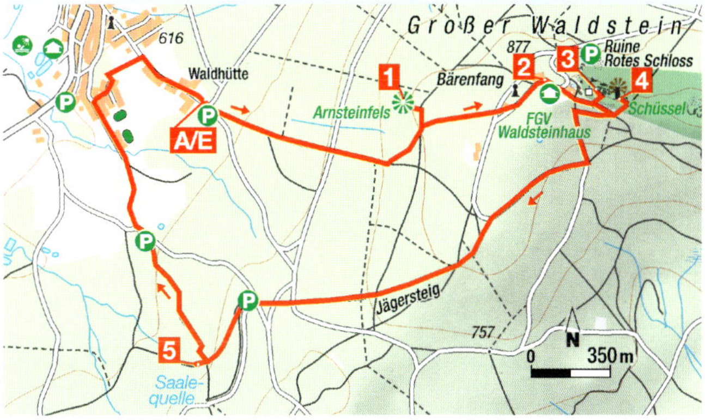

GEHZEITEN
Waldhütte–Arnsteinfels 0:30 Std.–Bärenfang 0:15 Std.–Rotes Schloss 0:10 Std.–Schüssel 0:15 Std.–Saalequelle 0:50 Std.–Waldhütte 0:40 Std.

EINKEHR
Waldsteinhaus, Waldstein 1, 95239 Zell im Fichtelgebirge, Tel. 09257/264, www.waldsteinhaus.de

INFORMATION
Bahnhofstraße 10, 95239 Zell im Fichtelgebirge, Tel. 09257/94 20, www.markt-zell.de

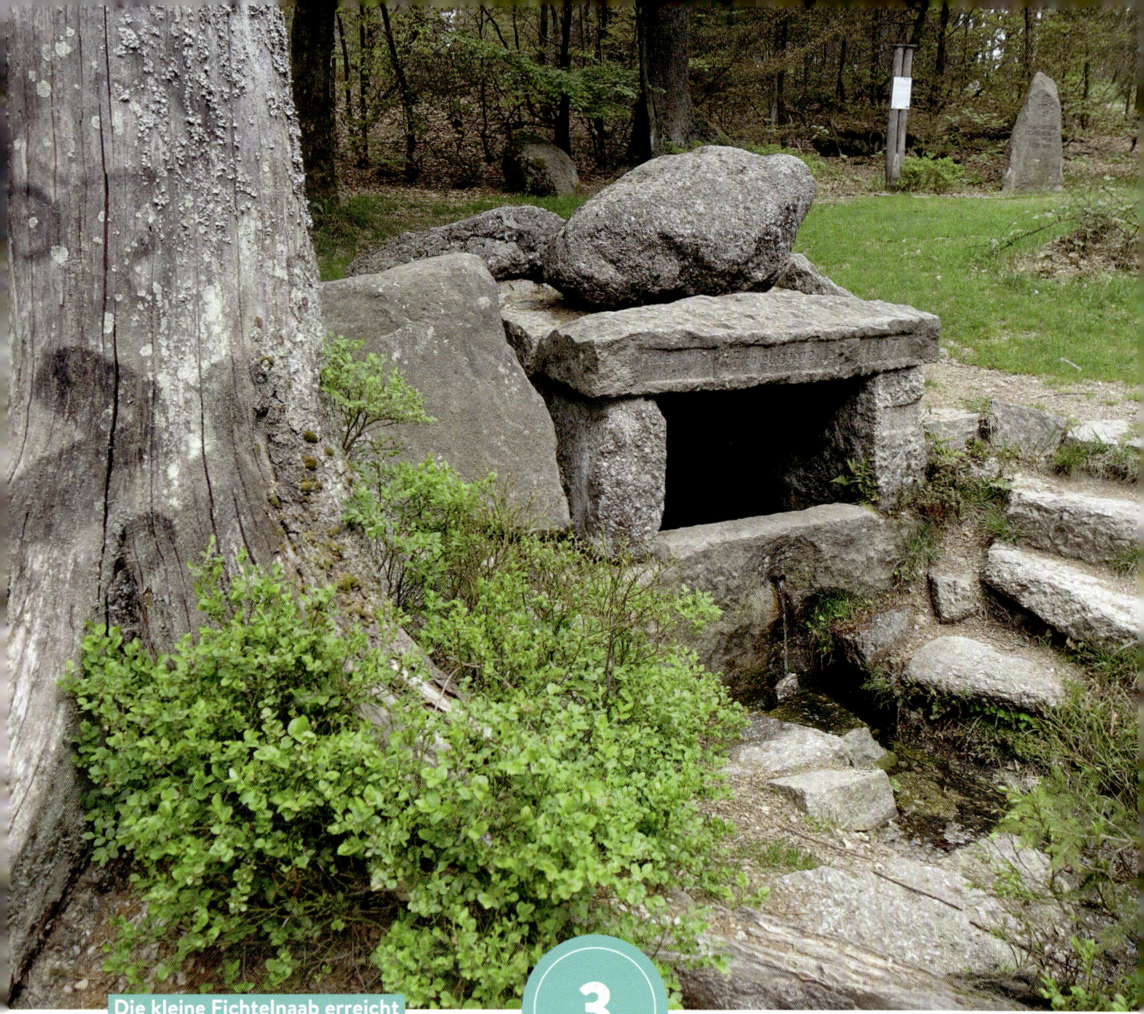

Die kleine Fichtelnaab erreicht mit der Donau das Schwarze Meer.

3

OCHSENKOPF UND FICHTELSEE

Bergglück und Badefreuden

Der Ochsenkopf ist neben dem Schneeberg einer der zwei Tausender im Fichtelgebirge und damit ein lohnender Aussichtspunkt. Schon Goethe war angetan von der herb-schönen Landschaft mit den bizarren Felsen und den mystischen Bildern am bezaubernden Fichtelsee.

Wirtschaftlicher Strukturwandel hat oft auch eine gute Seite. Durch den Niedergang des Bergbaues und der Glasindustrie wurde die Wasserentnahme aus dem Fichtelsee gestoppt, die zur Austrocknung des Fichtelseemoores geführt hatte. Das einzigartige Naturschutzgebiet des Hochmoores mit seiner speziellen Artenstruktur ist durch Wiedervernässung entstanden. Der Blick auf den idyllischen See ist bei entsprechender Stimmung geradezu meditativ.

ZUR FICHTELNAABQUELLE Vom Wanderparkplatz **A Mühlberg** eröffnen wir die Wanderung auf der Straße Mühlberg abwärts nach Westen und an der T-Kreuzung links in Richtung Ortsmitte. Die Entwicklung des Fichtelberger Ortsteiles Neubau begann im Jahre 1602 durch Abbau und Verhüttung von Eisenglimmer. Für die Bergarbeiter wurden Wohnhäuser errichtet und am Fuße des Ochsenkopfes entstand die Siedlung Neubau. Nach der Überquerung der Fichtelnaab geht es auf dem Wolfsloher Weg rechts und an der Straßengabelung auf dem Naabquellenweg geradeaus an der Johanneskapelle vorbei. Weiter oben wandern wir mit der Markierung des Fränkischen Gebirgsweges im Wald aufwärts. An einem Abzweig bleiben wir geradeaus Richtung Fichtelnaabquelle und kommen am **1 Max-Reger-Fels** vorbei. Bald erreichen wir in einem kurzen Abstecher nach links die **2 Fichtelnaabquelle**. Ihr Wasser vereinigt sich mit dem Wasser der Waldnaab und fließt als Naab der Donau zu in Richtung Schwarzes Meer.

ZUM ASENTURM An einer Kreuzung bleiben wir nach links versetzt geradeaus auf dem Pfad in Richtung Ochsenkopf bergauf. In einem kleinen Abstecher nach rechts steht der imposante Weißmainfels. Durch einen engen Felsspalt führt eine Treppe 20 Meter höher auf die Plattform des

Tipp

NATURIDYLLE FICHTELSEE

Im Jahr 1607 wurde erstmals ein Seeweiher genannt, der für die Hammerwerke in Neubau angelegt wurde. Die heutige Größe von rund elf Hektar wurde zur Förderung des Fremdenverkehrs geschaffen. Mit den Liegewiesen, dem Spielplatz und dem Rundweg ist der Fichtelsee zum beliebten Naherholungsgebiet geworden. Die Torfflächen und die Verlandungszone sind als Naturschutzgebiet ausgewiesen. So ist es gelungen, die für das Hochmoor charakteristischen Zwergsträucher, Kräuter, Gräser und Torfmoose zu schützen. In dem gut erhaltenen Rest des Hochmoores sind Spirke (Moorkiefer), Moorbirke, Rosmarinheide, Krähenbeere, Rauschbeere, Armblütige Segge und das Scheidige Wollgras zu finden.

Am gewaltigen Weißmainfelsen ist auch ein Picknickplatz.

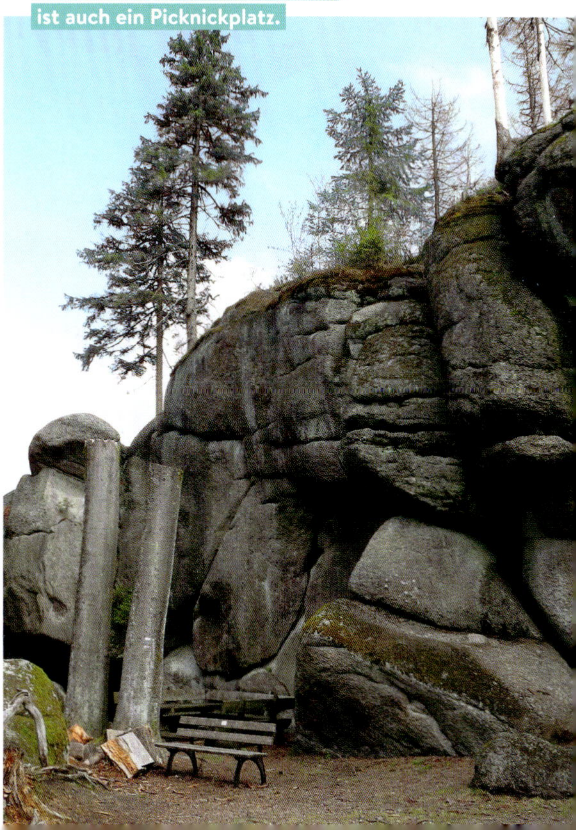

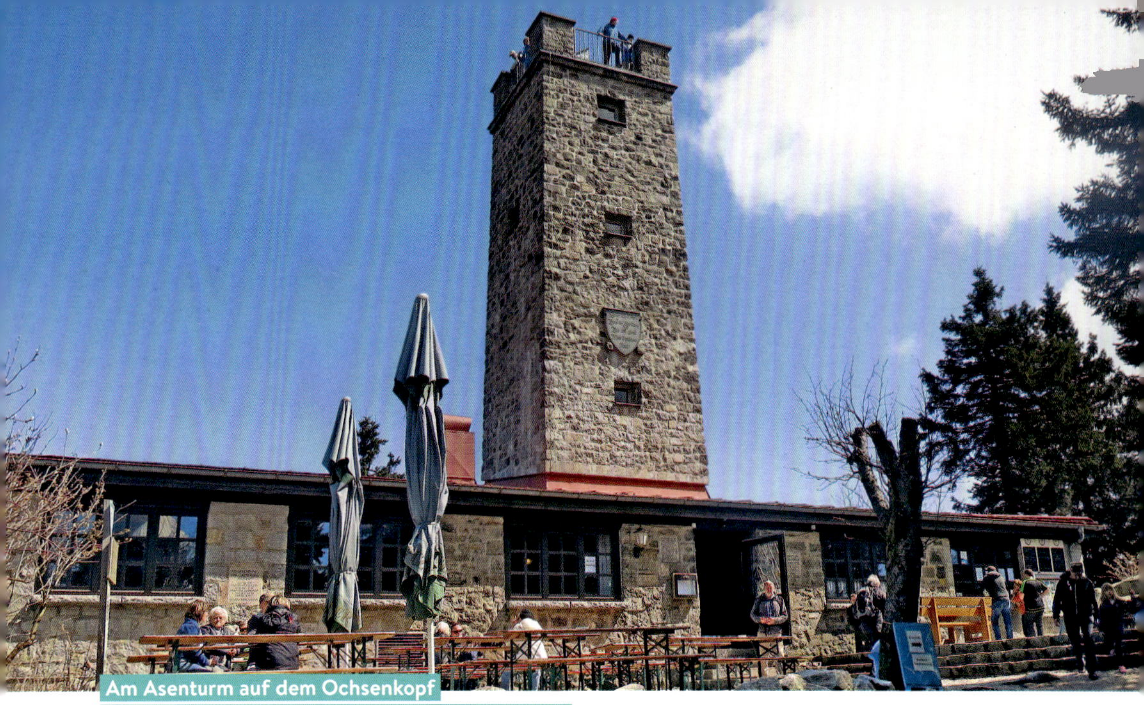

Am Asenturm auf dem Ochsenkopf lockt neben der Fernsicht auch ein Berggasthaus.

Felsens. Im Nordosten steht der Radarturm auf dem 1051 Meter hohen Schneeberg und im Westen ist unser Ziel mit dem Antennenturm und Asenturm auf dem Ochsenkopf zu sehen. Der Weißmainfels bildet den Scheitelpunkt der Europäischen Wasserscheide. Die Bäche am Ochsenkopf entwässern in unterschiedliche Richtungen. Vom Weißmainfelsen zurück gehen wir nach zehn Metern rechts in Richtung Ochsenkopf. An einer Hütte führt uns geradeaus ein Abstecher zur **3 Weißmainquelle**. Der Weiße Main wird zum Main, der in den Rhein mündet und der Nordsee zufließt. Am südlichen Abhang des Berges gibt es noch die Steinachquelle, deren Wasser vor Bayreuth zum Roten Main wird. Wir müssen zurück zur Forststraße und wandern rechts aufwärts Richtung Ochsenkopf. An einer Gabelung geht es links hinauf und dann überqueren wir eine Forststraße. An der Zufahrtsstraße zum Gipfel müssen wir links und vor dem Sender geht es rechts zum 20 Meter hohen **4 Asenturm**. Vom Turm ist im Norden Bischofsgrün, im Süden Warmensteinach und im Nordosten wieder der Schneeberg gut zu sehen.

RÜCKWEG DURCH DAS FICHTELSEEMOOR An den Informationstafeln vor dem Sender wandern wir links und an der T-Kreuzung jetzt rechts auf der Forststraße abwärts am Tor des Senders vorbei. An einer Gabelung an einem kleinen Steinbruchsee gehen wir links und an einer Kreuzung ebenfalls links. An der nächsten Kreuzung bleiben wir in Richtung Fichtelnaabquelle geradeaus. Dann überqueren wir an einer weiteren Kreuzung unseren Weg des Aufstieges in Richtung Seehaus. An der nächsten Kreuzung geht es ohne Markierung rechts leicht aufwärts. An der höchsten Stelle der Forststraße wandern wir links auf einem alten Fahrweg und kommen an der verstreuten Felsengruppe der **5 Brand- und Feuerherdfelsen** vorbei. In einer Rechtskurve auf einer kleinen Lichtung müssen wir auf dem Pfad ohne Markierung links, der sich dann als eingewachsener Fahrweg erweist. An einer T-Kreuzung geht es auf der Forststraße rechts leicht aufwärts und nach 130 Metern an dem Wegweiser auf dem Pfad links hinab. Unten überqueren wir einen Parkplatz und die Bundesstraße 303 in Richtung Fichtelsee, dann sind wir wieder auf dem Fränkischen Gebirgsweg. Am See bleiben wir an der **6 Hütte** am Fichtelseemoor geradeaus und wenden uns an der T-Kreuzung rechts auf den Bohlenweg in Richtung Neubau. Die Reste des Hochmoores bilden das besterhaltene Hochmoor Oberfrankens (siehe Tipp). Nach dem Waldhotel Fichtelsee überqueren wir rechts auf zwei Brücken den idyllischen See. Der Schneeberg steht genau über dem Fichtelsee. Nach den Brücken gehen wir an der Weggabel links in Richtung Neubau über den Kaiserberg zum Wanderparkplatz **E Mühlberg** zurück.

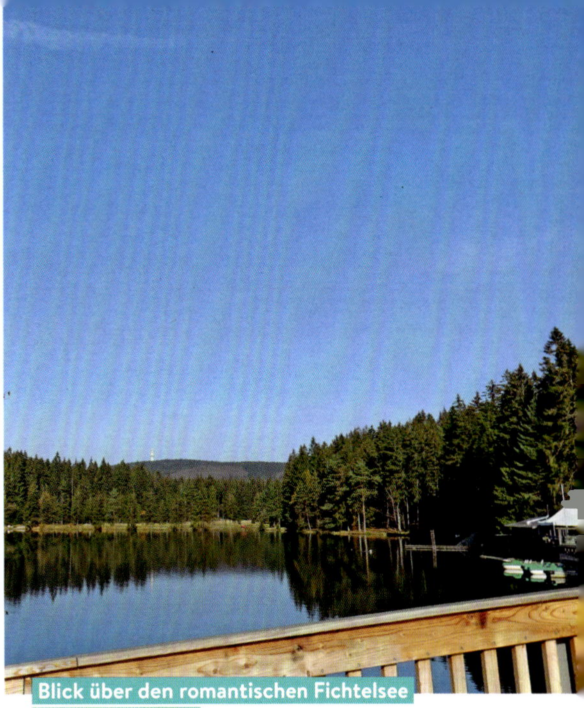

Blick über den romantischen Fichtelsee zum Schneeberg

INFO

TOURENCHARAKTER

Mittelschwere, meist schattige Wege mit langen Steigungen. Wanderschuhe mit griffigen Sohlen sind richtig.

AUSGANGS-/ENDPUNKT

Parkplatz Mühlberg, Kaiserberg 2, 95686 Fichtelberg, GPS 50°00'49.1"N 11°51'14.7"E (760 m)

ANFAHRT

ÖPNV: Mit der Bahn nach Bayreuth und mit dem Bus 329 zum Fichtelsee

Auto: Von der A 9 Ausfahrt 39 Bad Berneck und auf der B 303 zum Fichtelsee

GEHZEITEN

Mühlberg–Max-Reger-Fels 0:30 Std.–Fichtelnaabquelle 0:25 Std.–Weißmainquelle 0:20 Std.–Asenturm 0:30 Std.–Brandfelsen 0:55 Std.–Hütte 0:30 Std.–Mühlberg 0:20 Std.

Mittel | 10,7 km | 330 Hm | 3.30 Std.

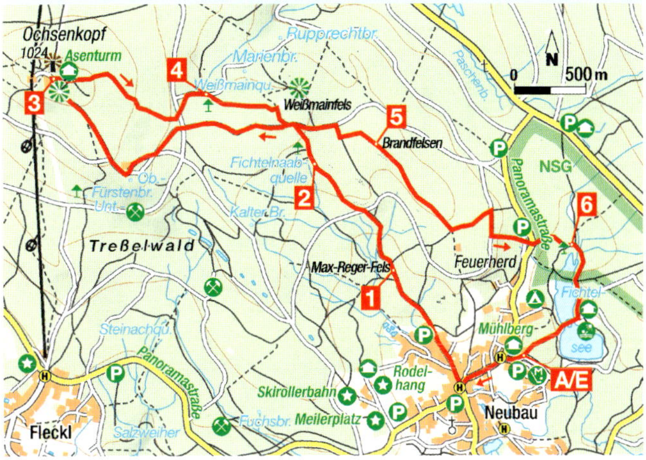

EINKEHR

Gasthaus Asenturm, Ochsenkopf, 95686 Bischofsgrüner Forst, Tel. 09276/252, www.asenturm.de

INFORMATION

Gablonzer Straße 11, 95686 Fichtelberg, Tel. 09272/970 32, www.erlebnis-ochsenkopf.de

KÖSSEINE UND FELSENLABYRINTH

Mystischer Felsengarten

Das herrliche Luisenburg-Felsenlabyrinth ist das größte seiner Art in Europa. Höhepunkte der Wanderung sind der Püttnerfels-Trail und auch die Aussichtspunkte auf dem bizarren Kaiserfelsen, Burgstein und Haberstein und überragend der Gipfelpavillon auf der Kösseine.

Blick von der Kösseine zum Ochsenkopf und Schneeberg

4

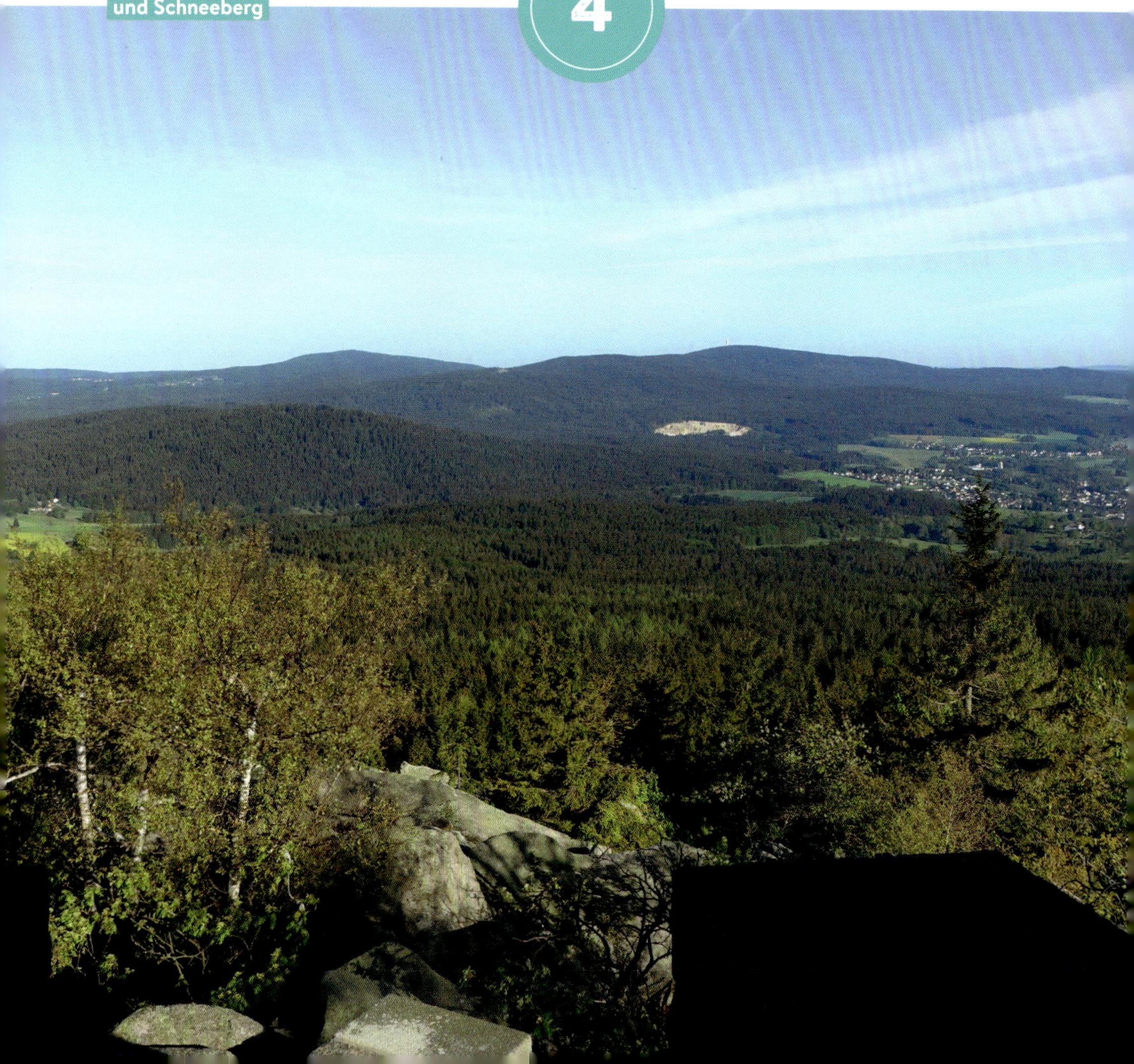

Gespenstisch erscheinen die Felsfiguren im Labyrinth, in Erwartung, hinter jedem Felsen sei ein Kobold. Magisch, geradezu überirdisch sind an guten Tagen die Fernsichten von den zahlreichen Aussichtspunkten auf den Felsen.

AUF DIE KÖSSEINE Vom Parkplatz A **Luisenburg** steigen wir auf der Straße in Richtung Felsenlabyrinth aufwärts, vorbei am Festspielgelände und auf der Treppe hinauf an der Kasse rechts vorbei in Richtung Kösseine. Die Markierung ist der Buchstabe H auf rotem Grund, der uns bis auf die Kösseine begleitet. An einer winzigen Hütte gehen wir links hinauf und bleiben in der Linkskurve geradeaus auf dem breiteren Weg in Richtung Haberstein. Nach der schrägen Querung einer Forststraße machen wir bald nach rechts den Abstecher zum 1 **Haberstein**. Die Aussicht zeigt im Norden den Großen Waldstein (Tour 2), Epprechtstein (Tour 1) und Großen Kornberg. Im Westen sind der Ochsenkopf (Tour 3) und im Nordwesten der Schneeberg mit dem markanten Radarturm zu sehen.
Vom Haberstein zurück wandern wir an der Weggabelung rechts auf dem Fränkischen Gebirgsweg in Richtung Kösseine, vorbei am Kleinen Haberstein. An einer T-Kreuzung geht es rechts hinab und dann queren wir eine Forststraße in Richtung Kösseine aufwärts. An der nächsten T-Kreuzung müssen wir rechts und nach 15 Metern links auf dem Pfad steil hinauf, dann kommen wir an der Kleinen Kösseine vorbei. An der Hütte des Fichtelgebirgsvereines treffen wir auf die Zufahrtsstraße und gehen rechts. Nach 50 Metern steigen wir links auf der Treppe hinauf zum Unterkunftshaus Kösseine mit der herrlichen Terrasse. Oberhalb des Bergwirtshauses ist der Aussichtspavillon auf dem Gipfel der 2 **Kösseine**. Im Norden sind der Große Waldstein (Tour 2) und der Epprechtstein (Tour 1) zu sehen. Der Große

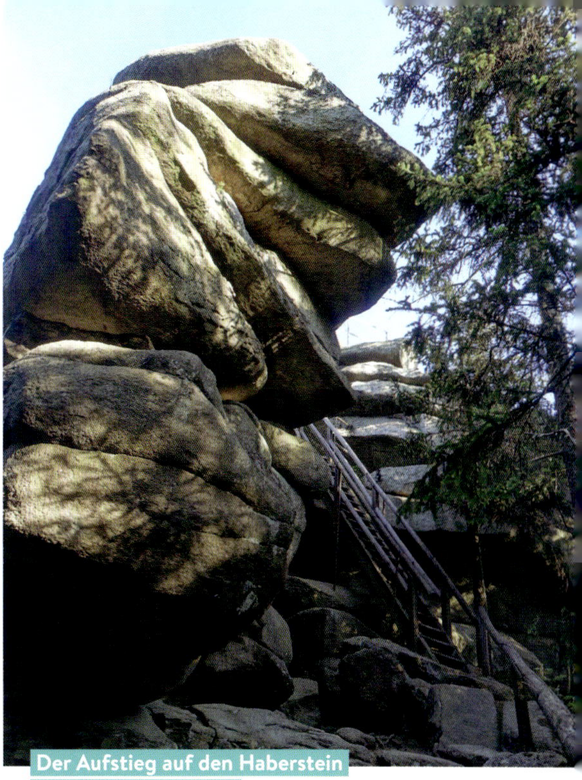

Der Aufstieg auf den Haberstein ist luftig, aber sicher.

Kornberg steht im Nordosten. Im Osten ist das Erzgebirge, im Süden sind der Oberpfälzer Wald mit dem Steinwald (Tour 5 und 6) und der Bayerische Wald mit dem Arber, Osser und Hohenbogen. An klaren Tagen soll man die Zugspitze sehen können. Im Südwesten ragt der Rauhe Kulm (Tour 8) aus dem Horizont und im Nordwesten der Ochsenkopf (Tour 3) und Schneeberg.

RÜCKWEG ÜBER DAS FELSENLABYRINTH
Vom Gipfel laufen wir bequem auf der Straße hinunter. Nach der Hütte des Fichtelgebirgsvereines geht es mit der weiß-blau-weißen Markierung links abwärts. Zweimal überqueren wir die Zufahrtsstraße und kommen an eine Wegspinne. Hier wandern wir auf der Forststraße mit der weiß-blau-weißen Markierung links hinab. An einer T-Kreuzung geht es in spitzem Winkel rechts bergab und nach 170 Metern scharf links. An einer Kreuzung in einer Linkskurve gehen wir mit der

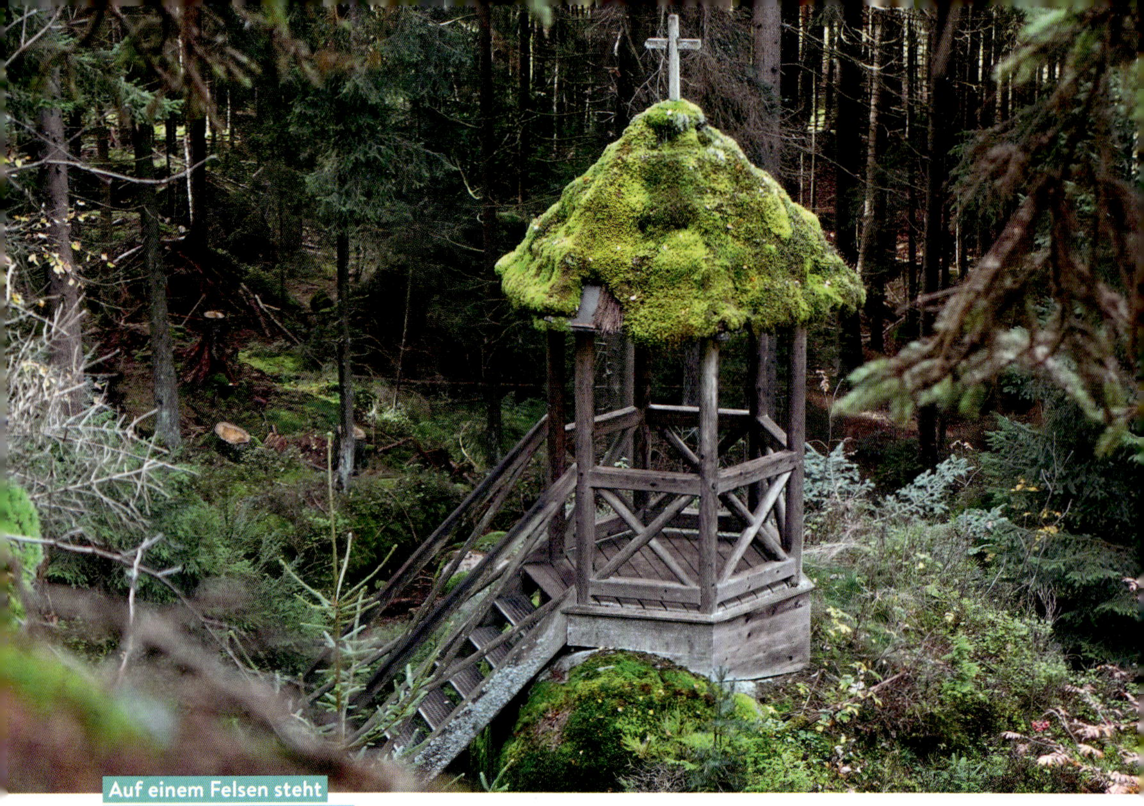

Auf einem Felsen steht ein romantischer Pavillon.

Tipp

BLAUER KÖSSEINE-GRANIT

Fast alle Granite des Fichtelgebirges sind im Grundton grau bis weiß. Der blaue Kösseine-Granit ist nicht nur im Fichtelgebirge eine Seltenheit. Die 300 Millionen Jahre alten Granitformationen am östlichen Rand der Luisenburg bestehen ebenso wie ein schmales Band am südlichen Fuß der Kösseine aus blauem Granit. Vor seiner Erstarrung hat der Granit Nebengesteine assimiliert, was zur Bildung winziger blauer Partikel von Cordierit im Feldspat führte. An der Kösseine ist der einzige Abbauort von blauem Granit in Deutschland. Vor dem Granitlabyrinth bei Kirchenlamitz stehen Musterquader vom Kösseine-Granit und andere Sorten von Fichtelgebirgsgraniten (Tour 1).

Markierung 6 in Richtung Püttnerfels links aufwärts. Das Naturdenkmal **3 Püttnerfels** besteht aus einer Aneinanderreihung wildromantischer Felsentürme auf einem Berggrat. An einer T-Kreuzung geht es links und dann mit der Nummer 6 immer geradeaus in Richtung Burgsteinfels. Erst an einer T-Kreuzung müssen wir rechts hinauf und an einer Gabelung nochmals rechts zum **4 Burgsteinfelsen**. Die Aussicht von der Plattform wird bestimmt vom Schneeberg und rechts davon liegt im Tal Wunsiedel. Wir steigen vom Burgsteinfelsen ab und wenden uns nach rechts in Richtung Luisenburg abwärts. An einer Weggabelung geht es rechts zum **5 Kaiserfelsen**, von dem Wunsiedel jetzt noch etwas näher von oben zu betrachten ist.

Wieder unten gehen wir unter dem Kaiserfelsen durch und erreichen am Bundesstein mit dem großen Kreuz das Gebiet des Felsenlabyrinths, durch das es den Roten Weg und den Blauen Weg gibt. Fantastische Felsgebilde mit fantasievollen Namen begeistern die Besucher. Riesige Felsbrocken umrandet von Höhlen und Schluchten bestimmen diese einzigartige Landschaftskulisse. Goethe schrieb 1820: »Die ungeheure Größe der, ohne Spur von Ordnung und Richtung, übereinander gestürzten Granitmassen gibt einen Anblick, dessen Gleichen mir auf allen Wanderungen niemals wieder vorgekommen, und es ist niemanden zu verargen, der, um diese, Erstaunen, Schrecken und Grauen erregenden chaotischen Zustände zu erklären, Fluten und Wolkenbrüche, Sturm und Erdbeben, Vulkane, und was nur sonst die Natur gewaltsam aufregen mag, hier zu Hülfe ruft. Bei näherer Betrachtung jedoch, und bei gründlicher Kenntnis dessen was die Natur, ruhig und langsam wirkend, auch wohl Außerordentliches vermag, bot sich uns eine Auflösung dieses Rätsels dar.« Goethe hatte recht, denn die Formen der einzelnen Blöcke entstanden durch Wollsackverwitterung im feuchtwarmen Klima des Tertiärs. Durch Erosion wurden sie im Lauf der Zeit herauspräpariert. Daraus ergaben sich die wildromantischen Wege durch enge Spalten und über steile Treppen. In dieser Traumwelt kann man beliebig lange umherstreifen, bevor man am Ende an der Kasse doch noch den Eintritt bezahlen darf. Nach der Kasse rechts auf der Treppe hinunter liegt der Ausgangspunkt der Wanderung, der Parkplatz **E Luisenburg**.

INFO

TOURENCHARAKTER

Mittelschwere, meist schattige Wege durch Wälder und Felsgebiet.
Trittsicherheit und Wanderschuhe mit griffigen Sohlen sind erforderlich.

AUSGANGS-/ENDPUNKT

Parkplatz Luisenburg 2,
95632 Wunsiedel,
GPS 50°00‘47.9“N 11°59‘31.6“E (650 m)

ANFAHRT

ÖPNV: Mit der Bahn nach Wunsiedel und mit dem Rufbus 8239 zur Luisenburg
Auto: Von der A 9 Ausfahrt 37 Gefrees und auf der St 2180 zur Luisenburg

GEHZEITEN

Luisenburg–Haberstein 0:45 Std.–Kösseine 0:50 Std.–Püttnerfels 0:55 Std.–Burgsteinfelsen 0:25 Std.–Kaiserfelsen 0:20 Std.–Luisenburg 0:35 Std.

EINKEHR

Unterkunfthaus, Kösseine 1, 95632 Wunsiedel,
Tel. 09232/20 61,
www.das-koesseinehaus.de

INFORMATION

Jean-Paul-Straße 5, 95632 Wunsiedel,
Tel. 09232/60 21 62,
www.wunsiedel.de

Mittel | 11,5 km | 420 Hm | 3.50 Std.

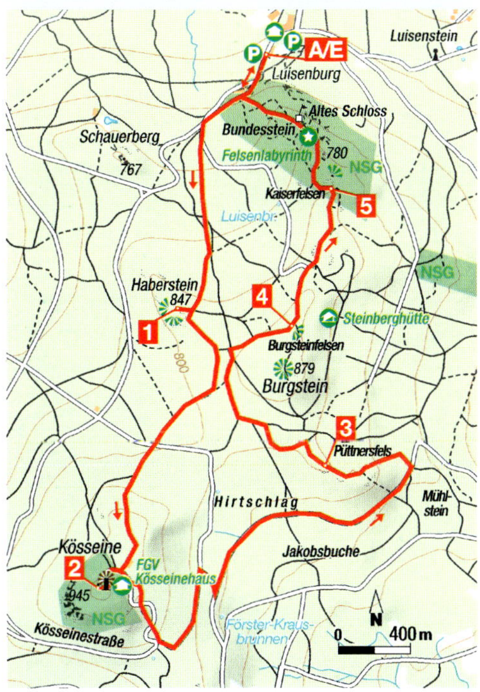

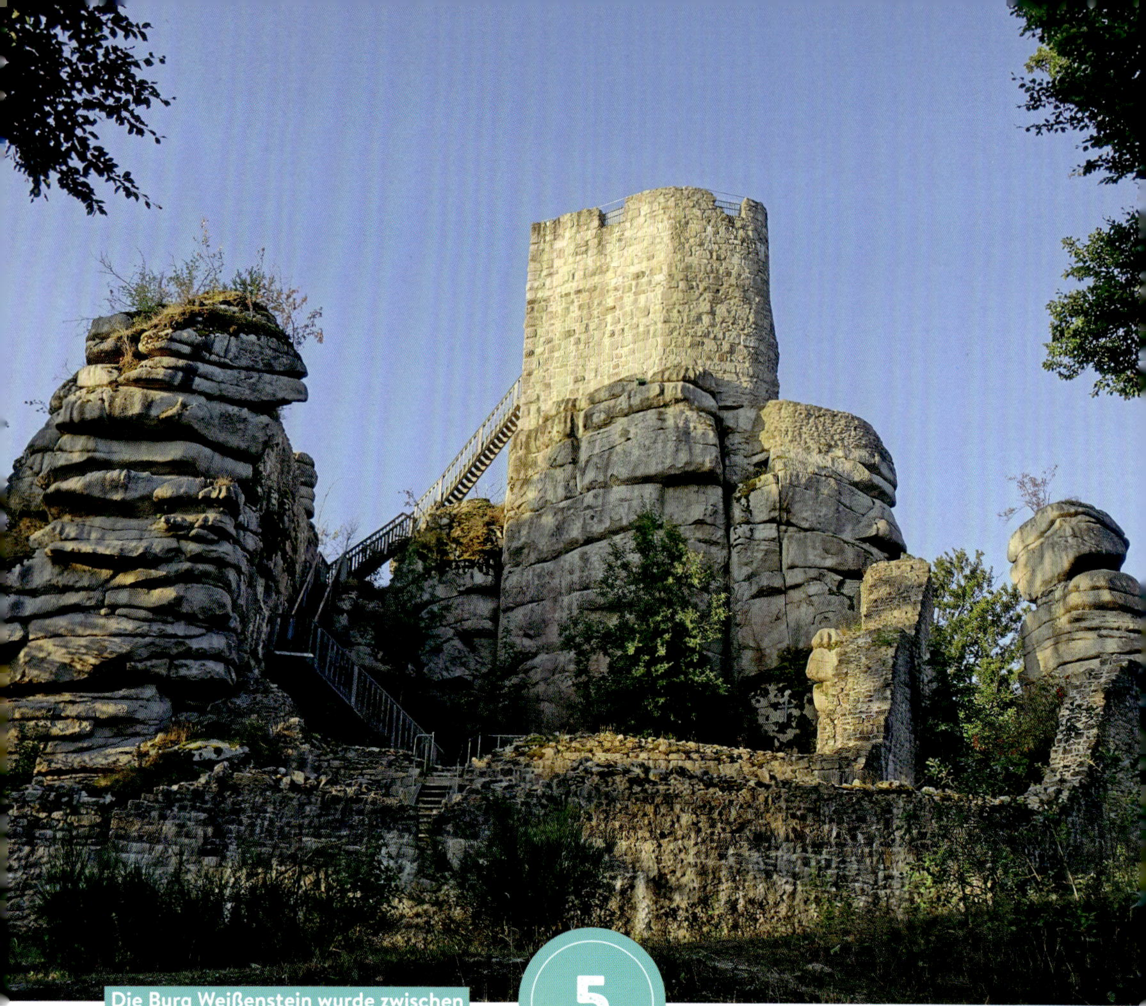

Die Burg Weißenstein wurde zwischen Felsentürme hineingebaut.

5

GEHEIMNISSE IM STEINWALD

Märchenfelsen aus der Sagenwelt

Zieht der mystische Nebel durch den Steinwald, erscheinen die magischen Felsen vor dem Wanderer wie Figuren aus der Welt der Märchen. Die bizarren Granitformationen haben zu allen Zeiten die Fantasie der Menschen beflügelt. Die aufgezeichneten Sagen füllen ein ganzes Buch.

Eines der beliebtesten Ausflugsziele in der nördlichen Oberpfalz ist die Burgruine Weißenstein. Wer die Wanderung auf den Samstag oder Sonntag legt, erlebt eine schöne Einkehrmöglichkeit im historischen Waldhaus. Ein Wildgehege und ein Kinderspielplatz und die spannende Burgruine Weißenstein machen die Wanderung auch für Familien interessant.

ZUR RUINE WEISSENSTEIN Vom **A Wanderparkplatz Weißenstein** eröffnen wir die Tour mit der Markierung weiß-rotes Rechteck und gelbes S, Symbol des Goldsteiges, nach Süden in Richtung Burgruine Weißenstein. An einer Weggabelung müssen wir links und an der nächsten Gabelung rechts auf der Forststraße hinauf. Schöner geht es auf dem Pfad links parallel zur Forststraße,

Tipp

IN DER GLASSCHLEIF

In einer Waldlichtung südlich von Pullenreuth steht das Haus Glasschleife 1. Die ehemalige Glasschleife wurde von der Gesellschaft Steinwaldia renoviert. Weiher, Wasserrad und die Schleifanlage können besichtigt werden. Im Haus ist eine Dokumentation zur örtlichen Geologie am Beispiel Wetzsteinbruch und zu Felsen im Steinwald. Eine Ausstellung zeigt Scherbenfunde aus der Burgruine Weißenstein, aus der Glasschleif, von Kohlenmeilern und Wolfsgruben. Die Glasschleif ist auch Informationsstelle für den Naturpark Steinwald. Außerdem wird Besuchern an Wochenenden im Sommer Speis und Trank angeboten (www.steinwaldia.de).

Tiefblick auf die ehemaligen Wohngebäude der Burg Weißenstein

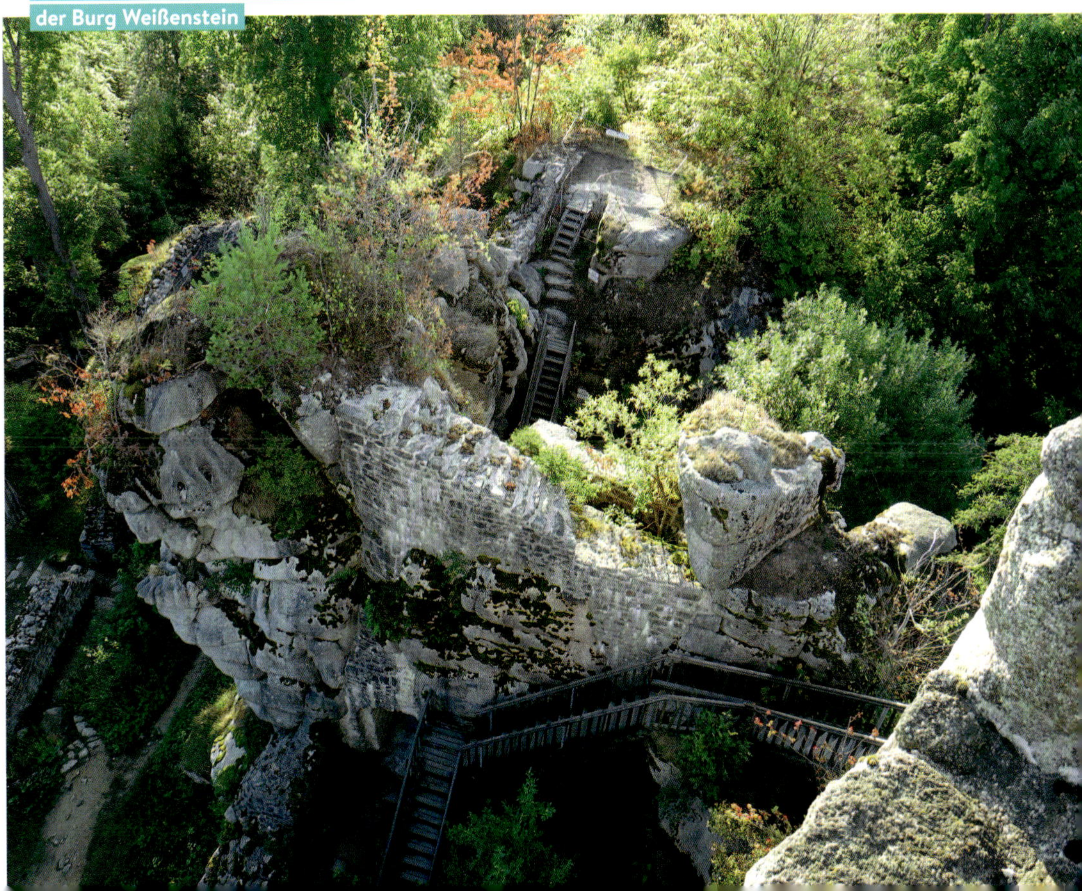

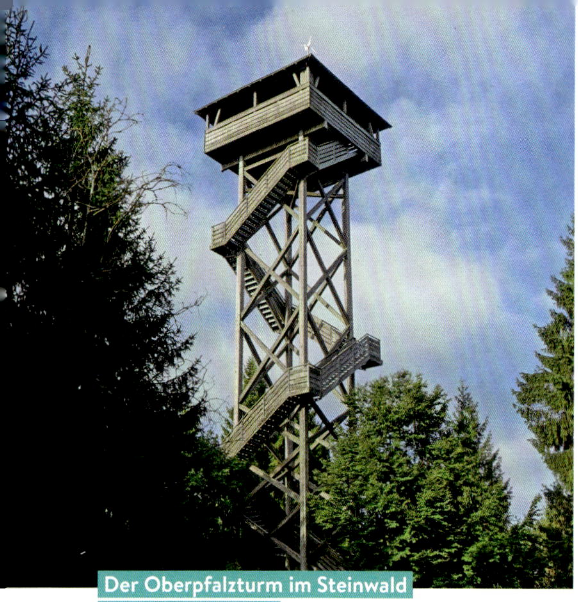

Der Oberpfalzturm im Steinwald ist 35 Meter hoch.

der 20 Meter geradeaus weiter vorne beginnt. Wieder auf der Forststraße steigen wir an der Gabelung rechts aufwärts und stehen bald vor der beeindruckenden **1 Ruine Weißenstein**. Erstmals urkundlich erwähnt wurde Burg Weißenstein im Jahr 1279. Die Erbauer, das Geschlecht der Weißensteiner, nutzten die natürliche Felsenburg und ergänzten nur Teile durch Mauern. Die kühne Anlage wurde schon 1560 aufgegeben. Auf luftigen Treppen können wir bis ganz hinaufsteigen und nach Tschechien und über den Oberpfälzer Wald schauen. Im Westen geht der Blick über die Fränkische Schweiz (www.burgruine-weissenstein.de).

ZUM WALDHAUS Auf dem Steg anstelle der früheren Zugbrücke verlassen wir im Norden die Ruine und steigen mit der weiß-roten Markierung aufwärts in Richtung Platte. Unterwegs treffen wir an einer Kreuzung auf die ökumenische Dreifaltigkeitskapelle, die auf der Wasserscheide steht. Das Regenwasser auf der linken Seite fließt der Donau zu, auf der rechten Seite der Elbe.

An der Kapelle bleiben wir geradeaus und kommen an der Informationstafel einer mittelalterlichen Wolfsgrube vorbei. Immer geradeaus taucht dann der 35 Meter hohe **2 Oberpfalzturm** auf. Er steht auf der 946 Meter hohen Platte, dem höchsten Berg des Steinwaldes. Oben haben wir einen grandiosen Rundblick über die Landschaft. Die markantesten Punkte der Fernsicht sind im Nordwesten der Schneeberg mit dem Fernmeldeturm, höchster Berg im Fichtelgebirge mit 1051 Metern Höhe, und der rechts benachbarte Ochsenkopf mit einer Höhe von 1024 Metern (Tour 3).

Im Sinn des vorherigen Weges bleiben wir mit der Markierung blaues Rechteck auf weißem Grund am Oberpfalzturm immer geradeaus abwärts in Richtung Waldhaus. Seit 1837 bis heute wird im alten **3 Waldhaus** Bier ausgeschenkt. Eine schöne Tradition und beliebte Einkehr für Wanderer, die nicht mit dem Auto erreichbar ist. Im Obergeschoss wurden Informationsstellen eingerichtet. Ein kurzer Weg auf der südlich verlaufenden Forststraße nach links führt zu einem Wildgatter.

RÜCKWEG ÜBER DEN OBERPFALZTURM

Auf gleichem Weg wandern wir mit der Markierung blaues Rechteck auf weißem Grund zurück in Richtung Oberpfalzturm. Doch 20 Meter vor dem Aussichtsturm gehen wir ohne Markierung links an einem Grenzstein mit den Buchstaben HP vorbei auf einen romantischen Pfad. Nach 300 Metern sind wir an der Felsformation **4 Katzentrögel**. Dieser Felsen war vor dem Bau des Oberpfalzturmes ein Aussichtsfelsen, von dem man ins Fichtelgebirge schauen konnte.

Ab hier neigt sich der Pfad steiler abwärts und die Felsen am Weg bedürfen unserer Aufmerksamkeit. Wir bleiben immer geradeaus und treffen weiter unten auf eine Forststraße, der wir nach rechts folgen. Wir kommen auf die bekannte Forststraße mit der Markierung des Goldsteiges, wandern links und an einer Weggabel noch mal links zum Parkplatz zurück. Doch es gibt hier noch eine Besonderheit zu sehen. An der nördlichen Einfahrt des Parkplatzes zeigt ein Wegweiser mit der Aufschrift »Basaltpferde« rechts in den Wald hinein. Nach 40 Metern sind rechts zwischen den Bäumen zwei Felsen zu sehen. Die **5 Basaltpferde** bestehen aus schräg liegenden Basaltsäulen, die als Spitze eines Vulkanschlotes aus der Erde ragen. Dieses Relikt eines Vulkans ist nur eines von über 100 Vulkanen, die es in der Oberpfalz gibt. Nun kann es zurück zum **E Wanderparkplatz Weißenstein** gehen.

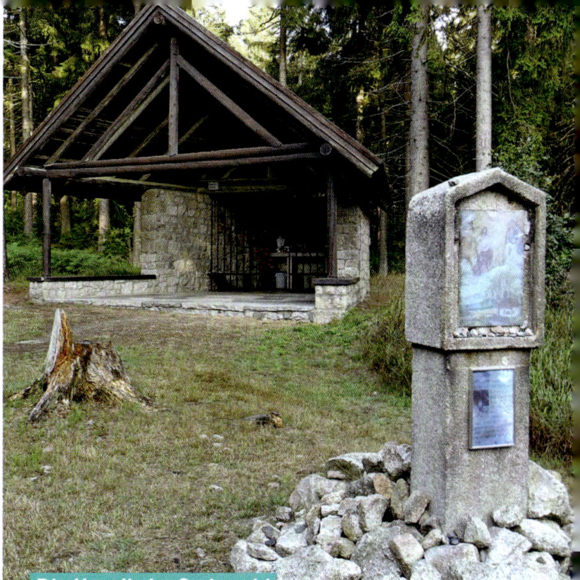

Die Kapelle im Steinwald

INFO

Mittel | 11,8 km | 430 Hm | 3.30 Std.

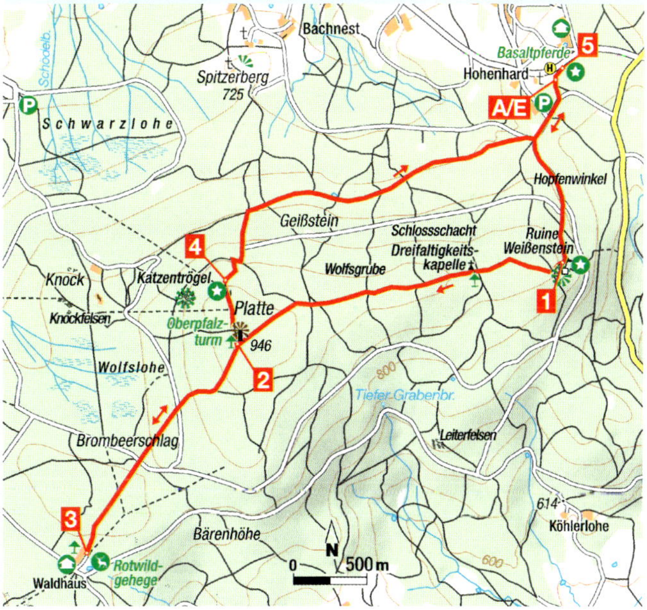

TOURENCHARAKTER

Leichte, schattige Wege, aber felsiger Abstieg vom Katzentrögel. Trittsicherheit und Wanderschuhe mit griffigen Sohlen erforderlich

AUSGANGS-/ENDPUNKT

Wanderparkplatz Weißenstein, Kalvarienbergstraße, 95679 Waldershof, GPS 49°55‘31.6“N 12°04‘57.1“E (778 m)

ANFAHRT

ÖPNV: Mit der Bahn nach Marktredwitz und mit dem Bus 21 nach Poppenreuth

Auto: Von der A 93 Ausfahrt 16 Mitterteich-Nord auf der St 2170 und St 2121 zum Parkplatz

GEHZEITEN

Parkplatz–Ruine Weißenstein 0:25 Std.–Oberpfalzturm 0:40 Std.–Waldhaus 0:30 Std.–Katzentrögel 0:50 Std.–Basaltpferde 1:00 Std.–Parkplatz 0:05 Std.

EINKEHR

Waldhaus, Waldhaus 1, 95679 Pullenreuth, Tel. 09683/929 97 97, www.waldhaus-steinwald.de

INFORMATION

Markt 1, 95679 Waldershof, Tel. 09231/979 90, www.waldershof.de

VON PFABEN IN DEN STEINWALD

Mysteriöse Felsen im Märchenwald

Der bizarre Zipfeltannenfelsen aus Granit ist das Symbol des südlichen Steinwaldes. Die Felsengestalt wird auch Steinwaldsphinx genannt und andere sehen in dem riesigen Gebilde eine Ähnlichkeit mit einem Kamel. Das Gestein Granit entstand vor 300 Millionen Jahren im Erdinnern.

6

Am Eingang zum Steinwald begrüßen uns gleich zwei Wildschweine.

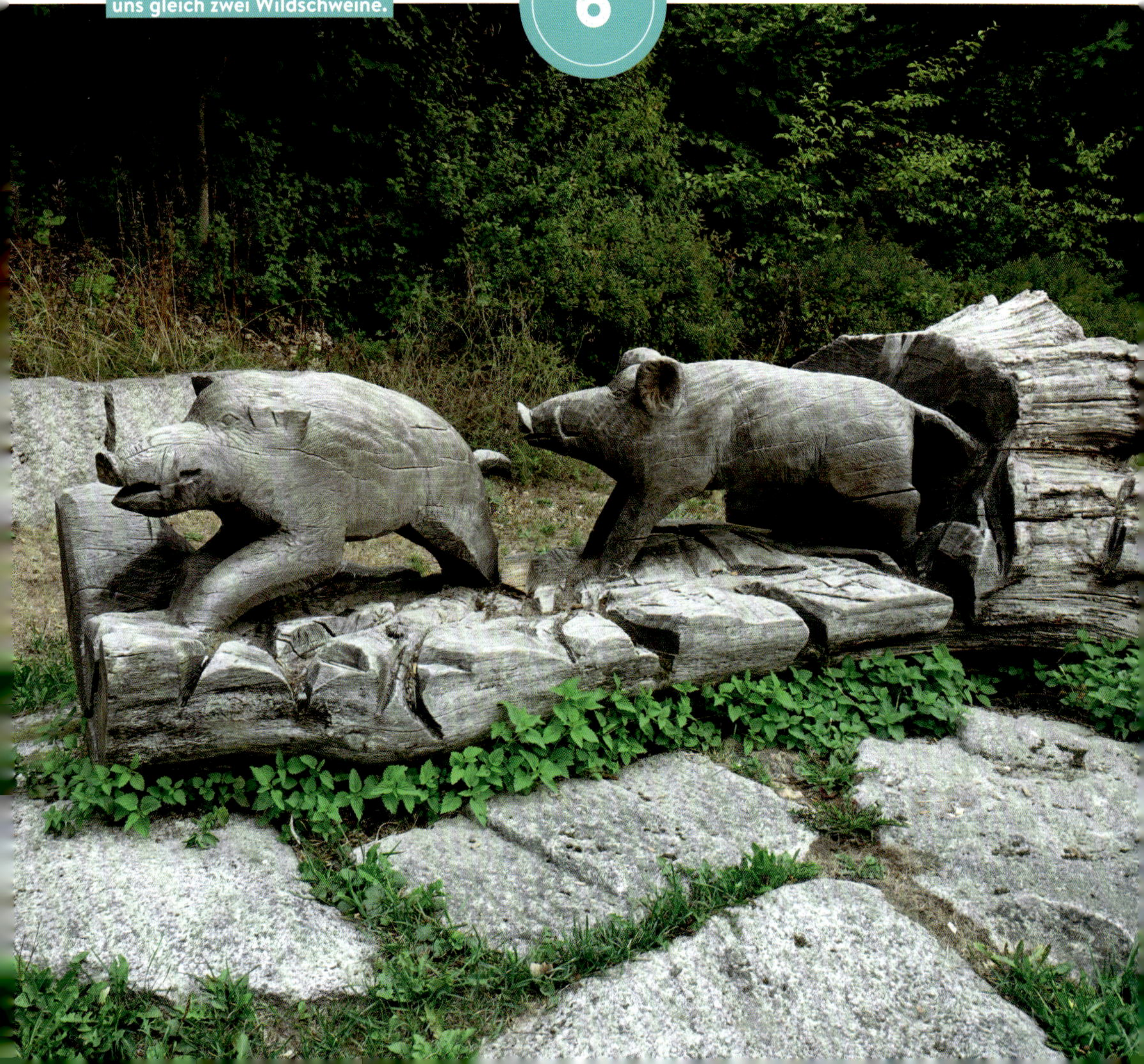

Was uns als kurioses Naturwunder aus Granit erscheint, ist doch nur in Jahrmillionen durch den natürlichen Vorgang der Wollsackverwitterung entstanden. Der Steinwald überrascht die Wanderer immer wieder mit Felsenbildern verschiedenster Art. Kein Wunder, dass sich unsere Vorfahren keinen natürlichen Vorgang für die Entstehung der Felsfiguren vorstellen konnten. So entstanden Sagen und übersinnliche Geschichten über Tod und Teufel, die heute noch erzählt werden.

ZUM ZIPFELTANNENFELSEN Vom **A Wanderparkplatz** in Pfaben gehen wir zu Beginn auf der Straße aufwärts auf den Wald zu. Der Wegweiser zeigt in Richtung Ruine Weißenstein und die Markierung ist ein blaues Rechteck auf weißem Grund. Am Spielplatz mit Empfangskomitee einer hölzernen Wildschweinfamilie steigen wir links am Infostand auf dem Pfad in Richtung Zipfeltannenfelsen hinauf. An der Weggabelung wandern wir links auf dem Waldhistorischen Lehrpfad zum skurrilen **1 Zipfeltannenfelsen**. An unzähligen Stellen treten oft bizarre Felsen aus Granit zutage, die von der Erosion freigestellt wurden. Der Zipfeltannenfelsen ist ein besonderes Exemplar, der zu Fantasien anregt.

ZUM SAUBADFELSEN Nach dem Zipfeltannenfelsen halten wir uns bei einer undeutlichen Gabelung eher links und überqueren weiter unten eine Forststraße in Richtung Saubadfelsen. Nun geht es fast nur noch aufwärts. Unterwegs kommen wir an einer Quelle vorbei und überqueren weiter oben nochmals eine Forststraße. Unser Pfad verläuft direkt über den Ascheboden eines früheren Köhlerplatzes. An einer T-Kreuzung der Pfade gehen wir in einem Abstecher links zum mächtigen **2 Saubadfelsen** aus Granit. Das Wort Granit stammt vom lateinischen *granum*, was Korn bedeutet. Damit ist auch

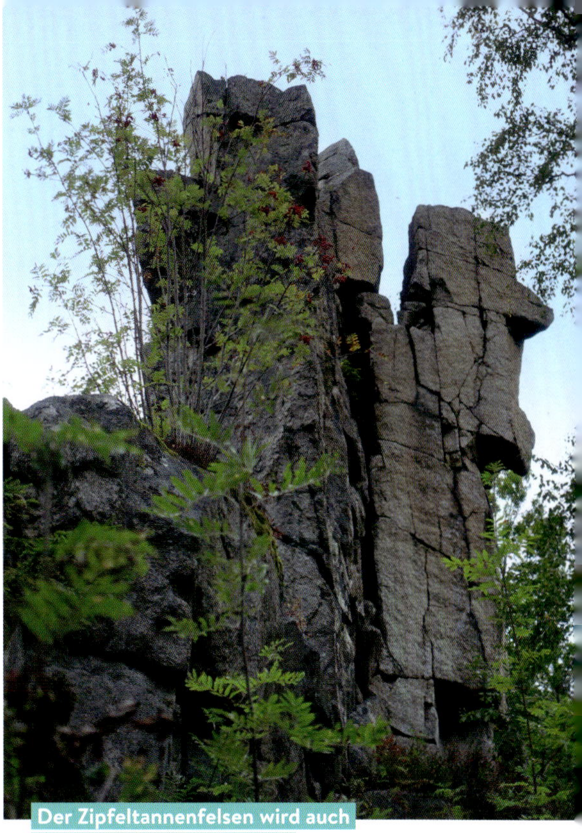

Der Zipfeltannenfelsen wird auch Steinwald-Sphinx genannt.

Tipp

HEIMAT- UND BERGBAUMUSEUM

Im Museum der Bergbaustadt Erbendorf können Besucher ein Stück Geschichte erleben. Ab dem frühen 13. Jahrhundert ist der Bergbau nachweisbar. Gefördert wurde bis 1927 Blei, Silber, Zink, Kupfer und Steinkohle. Die Mineralien- und Steinesammlung zeigt Achate, Jaspis, Kristalle und Gold. Das »Weiße Gold« Porzellan spielt noch heute eine Rolle in Erbendorf und auch im Museum. Zu den Themen des Museums zählt auch die Geschichte Erbendorfs mit altem Handwerk, mit der vergangenen Eisenbahnzeit und mit einem Tante-Emma-Laden (Georg-Bertelshofer-Platz 1, 92681 Erbendorf, Tel. 09682/921034, www.heimatmuseum.erbendorf.de).

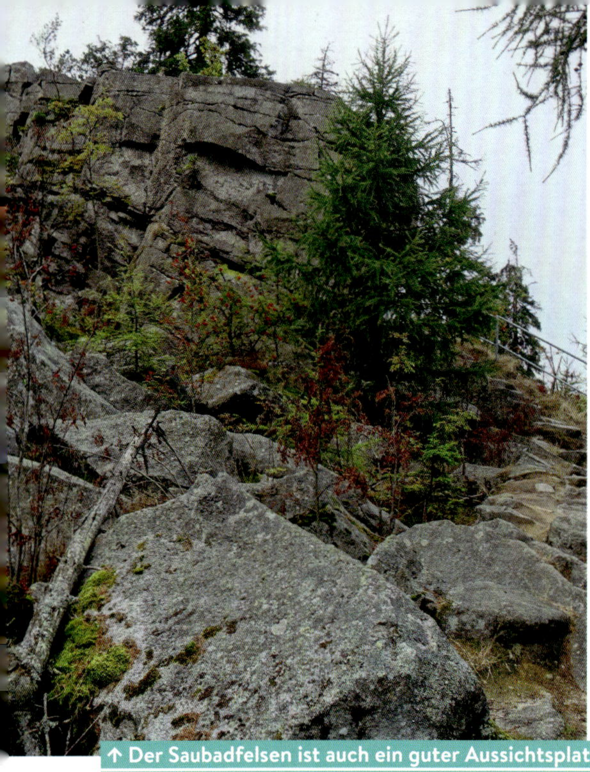

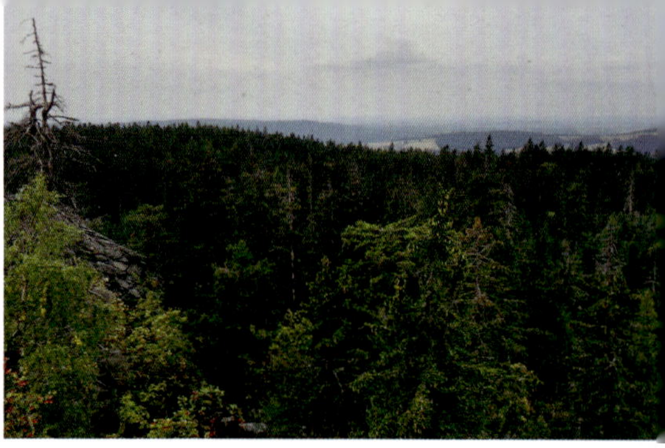

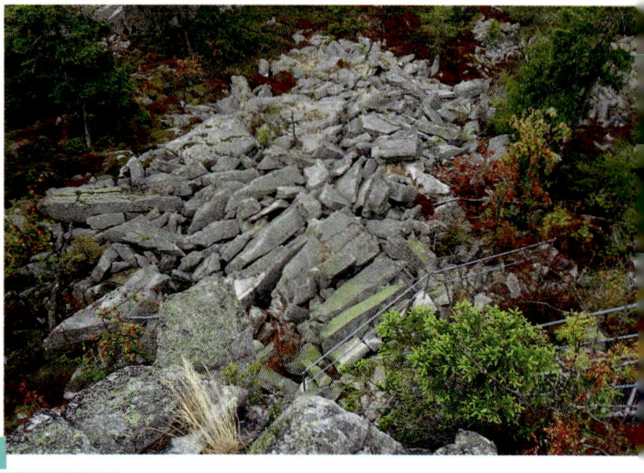

↑ Der Saubadfelsen ist auch ein guter Aussichtsplatz.
↗ Aussicht vom Saubadfelsen nach Westen ins Kemnather Land
→ In der Eiszeit wurden Granitblöcke abgesprengt, die eine Blockhalde bilden.

schon das grobkristalline Aussehen beschrieben. Granit ist ein magmatisches Tiefengestein (Plutonit), das aus Quarz, Feldspat und Glimmer besteht. Es entstand durch Kristallisation von Magma in der Erdkruste in einer Tiefe von ungefähr zwei Kilometern. Bei einer Temperatur von mindestens 1000 °C wird Material der unteren Erdkruste aufgeschmolzen. Gneis wird oft fälschlicherweise als Granit bezeichnet. In der Zusammensetzung ist Gneis dem Granit sehr ähnlich, doch Gneis ist ein metamorphes Gestein mit schiefrigem Aussehen, dagegen hat Granit eine richtungslos-körnige Textur. Mag der Granit auch noch so hart sein, so wird er doch zu immer kleineren Felsen, zu Steinen und schließlich zu Granitgrus zerlegt. Wir sehen nur einen kleinen Ausschnitt aus den Jahrmillionen der Erdgeschichte. Besonders von der Aussichtsplattform auf dem Saubadfelsen ist die Blockhalde gut zu sehen. Wahrscheinlich hatten die Eiszeiten die größte Wirkung auf die stückweise Zerlegung der Felsbastion. Das Eis bewirkte das Absprengen der Granitblöcke und den Transport der Felsen hangabwärts zu einem Blockstrom. Die Hohlräume bilden einen besonderen Lebensraum mit wechselnden kleinklimatischen Bedingungen. Die Aussicht nach Westen zeigt deutlich die Burgruine Waldeck (Tour 7) und den Rauhen Kulm (Tour 8), der als Vorposten des Fichtelgebirges gilt.

RÜCKWEG ÜBER DAS WALDHAUS Vom Abstecher zurück bleiben wir jetzt an der T-Kreuzung geradeaus, kommen an eine Forststraße und sehen schon von Weitem das historische **3 Waldhaus**. Die Einkehr kommt gerade zur richtigen Zeit. Im Obergeschoss kann noch die Ausstellung der Informationsstellen der Bayerischen Staatsforsten und des Geoparkes Bayern-Böhmen angeschaut werden. Hier wird der Naturpark Steinwald spielerisch erlebbar, was nicht nur Kinder anspricht. Wer möchte, wandert vom Waldhaus noch zwei Kilometer weiter hinauf zum Oberpfalzturm mit umfassender Aussicht (Tour 5). Auf dieser Wanderung geht es zurück in Richtung Südwesten und an der T-Kreuzung der Forststraßen mit der Markierung blaues S des Goldsteg-Zubringers links in Richtung Pfaben. An der Kreuzung nach dem Spielplatz bleiben wir aber geradeaus entlang des Zaunes des Rotwildgeheges auf dem Waldhistorischen Lehrpfad in Richtung Napfberg. Meistens sind die majestätischen Tiere weiter unten zu sehen. An einer Weggabelung müssen wir rechts hinunter und erreichen an den Grundmauern des **4 Glosenhofes** aus dem 18. Jahrhundert eine Forststraße. Auf dem Forstweg wandern wir rechts fast immer eben zum Spielplatz mit der Wildschweinfamilie und links hinunter zum **E Wanderparkplatz** in Pfaben zurück.

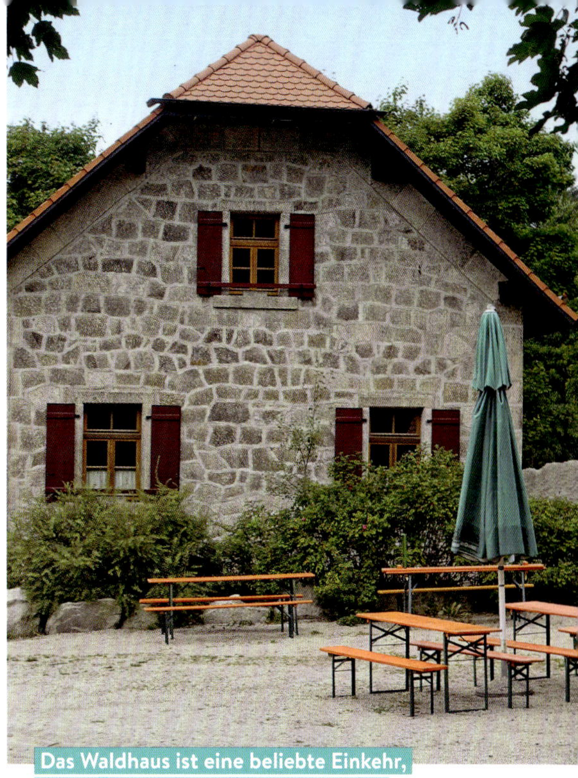

Das Waldhaus ist eine beliebte Einkehr, die nur zu Fuß erreicht werden kann.

INFO

TOURENCHARAKTER

Leichte, meist schattige Wege und Pfade durch Wälder. Feste Wanderschuhe mit griffigen Sohlen sind wegen des Aufstieges auf den Saubadfelsen angebracht.

AUSGANGS-/ENDPUNKT

Parkplatz, 92681 Erbendorf-Pfaben, GPS 49°52‘45.1“N 12°02‘15.1“E (712 m)

ANFAHRT

ÖPNV: Mit der Bahn nur bis Reuth bei Erbendorf
Auto: Von der A 93 Ausfahrt 19 Falkenberg auf der B 299 und St 2121 nach Pfaben

GEHZEITEN

Pfaben–Zipfeltannenfelsen 0:15 Std.–Saubadfelsen 0:35 Std.–Waldhaus 0:10 Std.–Glosenhof 0:20 Std.–Pfaben 0:30 Std.

EINKEHR

Waldhaus, Waldhaus 1, 95679 Pullenreuth, Tel. 09683/929 97 97, www.waldhaus-steinwald.de

INFORMATION

Bräugasse 6, 92681 Erbendorf, Tel. 09682/182 2190, www.steinwald-allianz.de

Leicht | 5,8 km | 160 Hm | 1.50 Std.

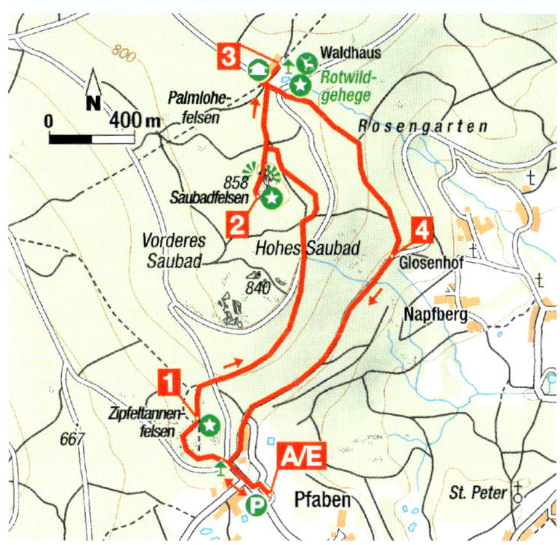

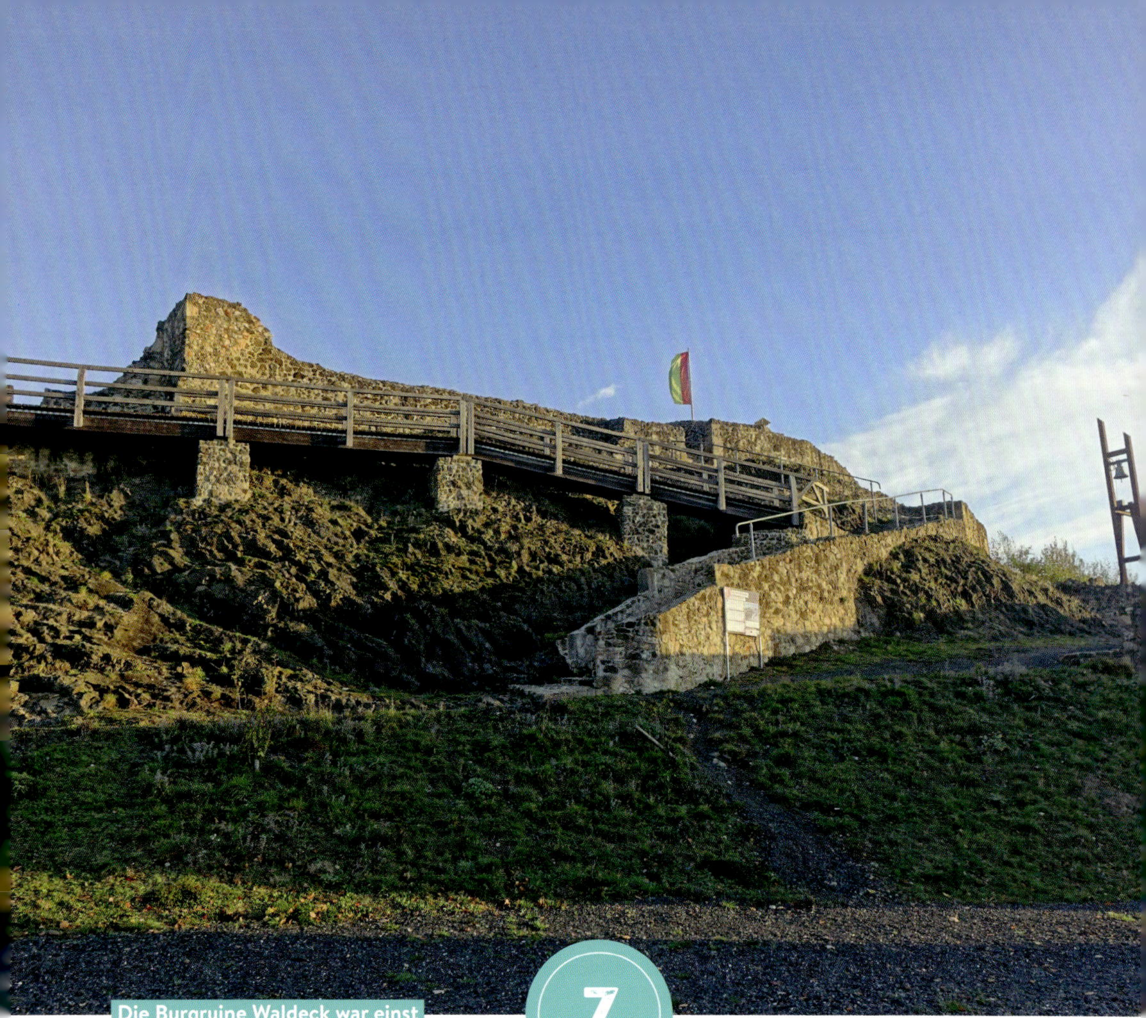

Die Burgruine Waldeck war einst eine der größten Burgen der Oberpfalz.

7

IN DER KEMNATHER VULKANLANDSCHAFT

Zeugnisse der heißen Erdphasen

Die Basaltkuppen der Kemnather Vulkanlandschaft erlauben weite Ausblicke über die Weiher in den weiten Ebenen und auf die geologische Verwerfung der Fränkischen Linie und des dahinterliegenden Fichtelgebirges. Der Anzenstein nimmt eine geheimnisvolle Sonderstellung ein.

Diese Wanderung verbindet geologische Besonderheiten aus der heißen Erdgeschichte mit einer der größten Burgruinen der Oberpfalz. Zum Teil sind wir auf dem Kemnather geologisch-naturkundlichen Lehrpfad unterwegs.

ZUR BURGRUINE WALDECK Vom Parkplatz **A Am Schlossberg** in Waldeck beginnen wir die Wanderung auf der Straße aufwärts und gehen an der Kreuzung links am alten Friedhof vorbei, der schon im Jahr 1599 bestand. Dann geht es rechts hinauf zur **1 Ruine Waldeck**, die 1124 erstmals urkundliche Erwähnung fand. Sie wurde im 15. Jahrhundert zur Festung ausgebaut. Schließlich vernichtete ein verheerendes Feuer im Jahr 1794 die Burg und den Ort Waldeck, der ursprünglich direkt am Südhang vor der Burg angesiedelt war. Der heutige Ort Waldeck im Nordosten der Burgruine wurde nach der Feuersbrunst neu angelegt. Auf der Burgruine gibt es viel zu entdecken. Im Nordwesten ist Schönreuth vor dem Anzenstein zu sehen. Genau im Norden ist der Armesberg. Links daneben ist der Schneeberg im Fichtelgebirge auszumachen. Im Osten breitet sich der Steinwald aus (Tour 5 und 6) und im Südwesten steht der Rauhe Kulm am Horizont (Tour 8). Die Erhebungen im Umland sind die Reste benachbarter Vulkankegel, von denen es in der Oberpfalz 100 gibt. Auch die Fränkische Linie ist zu erkennen, die von Nordwesten nach Südosten von Kronach bis Weiden verläuft. Die Fränkische Linie war eine geologische Störung, die das Sediment-Deckgebirge des Süddeutschen Schichtstufenlandes nach Nordosten gegen das variszische Grundgebirge des Thüringisch-Fränkischen Schiefergebirges abgrenzt.

ZUM ANZENSTEIN Von der Burgruine laufen wir auf dem gleichen Weg abwärts an unserem Parkplatz vorbei. Der heutige Kalvarienberg war der frühere Galgenberg, wo rechts ein alter Steinbruch einen Blick in das

Tipp

IM EWILPA

EWILPA ist der EssbareWildpflanzen-Park, der auf einer Fläche von einem Quadratkilometer mit ausschließlich essbaren Wildpflanzen begründet wurde. An 13 Stationen entlang eines fünf Kilometer langen Weges rund um den Schlossberg Waldeck werden die essbaren Kräuter, Sträucher und Bäume vorgestellt. An verschiedenen Standorten bieten sich Entdeckern und Sammlern eine Vielfalt an schmackhaften Wildpflanzen an. Es ist eine nahrhafte Landschaft, in der Pflücken, Riechen und Schmecken ausdrücklich erlaubt ist. Zugleich entstand für Wildtiere, Insekten und Vögel ein attraktiver Lebensraum (www.ewilpa.net).

Aussicht am Anzenstein nach Westen über das Kemnather Land

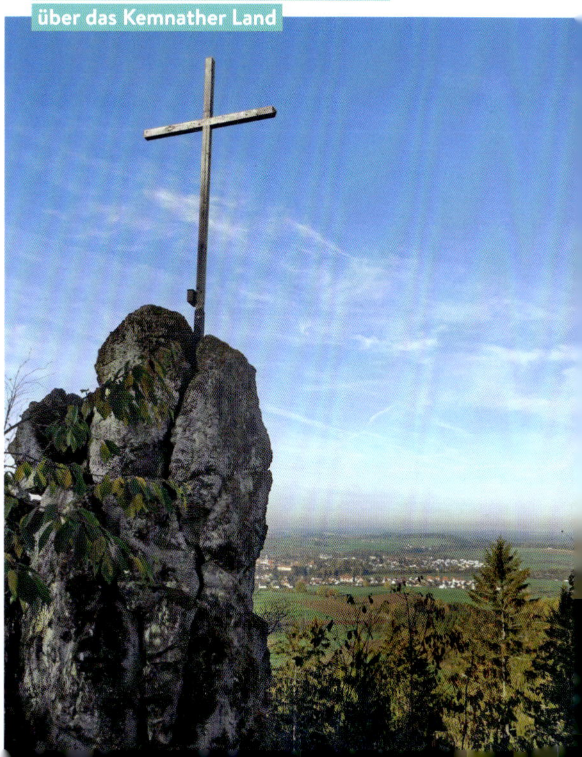

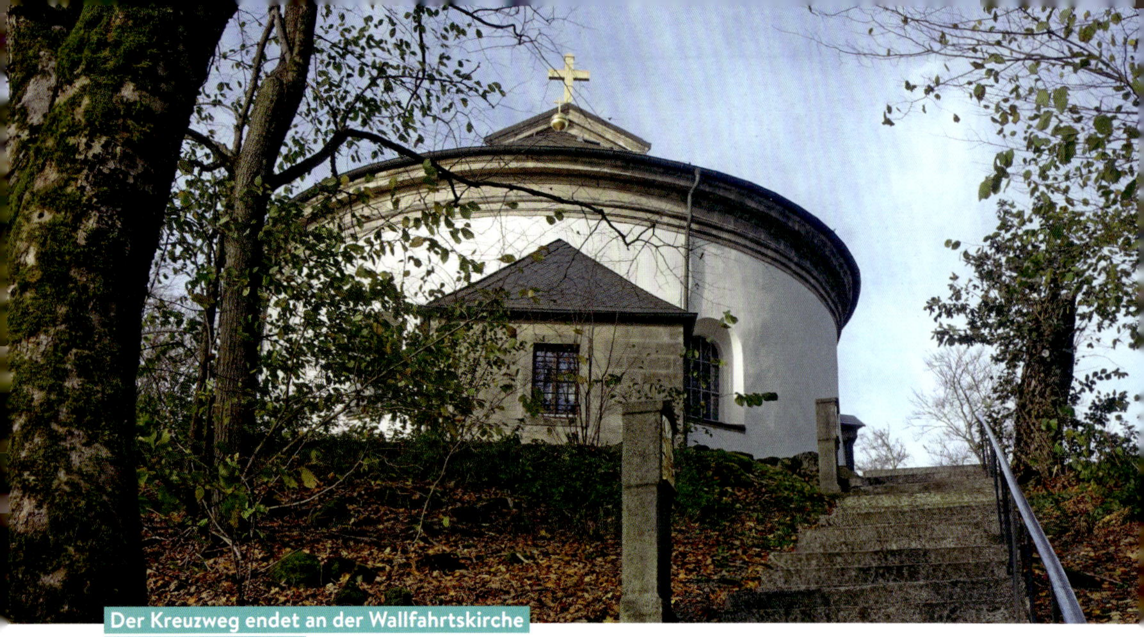

Der Kreuzweg endet an der Wallfahrtskirche auf dem Armesberg.

Innere eines Vulkans erlaubt. Am Ende der Straße Am Schlossberg gehen wir am Friedhof links auf dem Oberen Markt weiter und bleiben am Gasthof Goldener Engel auf der Köglitzer Straße geradeaus abwärts. Auf dem Quellenweg wandern wir rechts, nach dem Spielplatz mit Blick auf den Anzenstein links und überqueren weiter unten die B 22. Auf dem Radweg laufen wir links und in Schönreuth rechts aufwärts in Richtung Dorfplatz. An der Kreuzung geht es links und dann rechts an der **2 Kirche** vorbei in Richtung Anzenberg. Am letzten Haus gehen wir nach der Garage links auf dem Weg mit der Markierung 4 parallel zur Straße im Wald bergauf. An einer T-Kreuzung müssen wir links und nach einem kleinen alten Steinbruch sehr steil rechts hinauf zum **3 Anzenstein.** Der Anzenberg ist ein tertiärer Basaltkegel und besteht aus Basaltbrekzie, die bei einem Explosionsereignis vulkanischer Vorgänge im Vulkanschlot gebildet wurde. Es handelt sich dabei um ein Konglomerat aus Basalt mit Material des umgebenden Sandsteines und Einschlüssen von Augit und Olivin. Vom Anzenstein können wir das Kemnather Land überblicken.

AUF DEN ARMESBERG Auf der anderen Seite des Anzensteines geht es steil abwärts und im Feld an dem Kreuz an der riesigen Ulme geradeaus. Am Waldrand wandern wir rechts und an einer T-Kreuzung links mit der Markierung 4 an der Anzensteinhütte vorbei. Bald geht es am Feldrand entlang und wieder in den Wald hinein. An drei aufeinanderfolgenden Weggabelungen halten wir uns jeweils rechts und kommen nahe des Waldkindergartens an eine Forststraße, auf der wir rechts gehen. An der Kreuzung an einem Hof geht es rechts auf der Straße zur Kreuzung in **4 Neusteinreuth.** Hier links und nach 150 Metern rechts in Richtung Armesberg an einem Wasserbehälter vorbei. An einer Weggabelung müssen wir mit der Markierung blaues Kreuz links und nach 15 Metern rechts im Wald aufwärts. Weit oben geht es am Aussichtsplatz am Gregerhaus geradeaus und vor der Wirtschaft Mesnerhaus links auf dem Kreuzweg zur Wallfahrtskirche auf dem **5 Armesberg.**

RÜCKWEG ÜBER GODAS Auf gleichem Weg steigen wir wieder zur Wirtschaft Mesnerhaus hinab und mit Blick in den Steinwald rechts hinunter. Vor dem Zaun des Gregerhauses wandern wir mit der Markierung MD links und dann links über die Zufahrtsstraße zum Armesberg auf dem Wiesenweg abwärts. An dem Feldkreuz an den zwei Eichen gehen wir rechts auf der Straße durch das Dorf Godas, das schon im 7. Jahrhundert als slawische Siedlung bestand. Nach der Bushaltestelle bleiben wir vor der Rechtskurve geradeaus am **6 Wasserbehälter** vorbei. Oben am Waldrand geht es mit der Markierung 2 rechts und nach 15 Metern ohne Markierung links. An einer Gabelung steigen wir rechts hinab und finden wieder die Markierung MD. An einer dreifachen Gabelung nach einer Geo-Infotafel steigen wir auf dem mittleren schmalen Pfad steil zu einer Wiese hinab und bleiben am Waldrand. Unten schlendern wir durch die Unterführung auf dem Unteren Markt durch Waldeck an der Wallfahrtskirche St. Johannes Nepomuk vorbei. Am Gasthof Goldener Engel geht es links und am Friedhof rechts zum Parkplatz **E Am Schlossberg** zurück.

INFO

TOURENCHARAKTER

Mittelschwere sonnige Wege mit vielen Steigungen durch Felder und Wälder. Wanderschuhe mit griffigen Sohlen sind angemessen.

AUSGANGS-/ENDPUNKT

Am Schlossberg 34, 95478 Kemnath-Waldeck, GPS 49°51'37.5"N 11°57'07.6"E (565 m)

ANFAHRT

ÖPNV: Mit der Bahn nach Weiden und mit dem Bus 6277 nach Waldeck (www.bahn.de)
Auto: Von der A 9 Ausfahrt 42 Bayreuth-Süd auf der B 22 nach Waldeck

GEHZEITEN

Schlossberg–Ruine Waldeck 0:20 Std.–Kirche 0:45 Std.–Anzenstein 0:20 Std.–Neusteinreuth 0:30 Std.–Armesberg 0:45 Std.–Wasserbehälter 0:35 Std.–Schlossberg 0:25 Std.

EINKEHR

Gaststätte Mesnerhaus, Armesberg 2, 95508 Kulmain, Tel. 0151/11 05 62 81, www.mesnerhausarmesberg.de

INFORMATION

Stadtplatz 38, 95478 Kemnath, Tel. 09642/70 70, www.kemnath.de

Mittel | 12,6 km | 470 Hm | 3.40 Std.

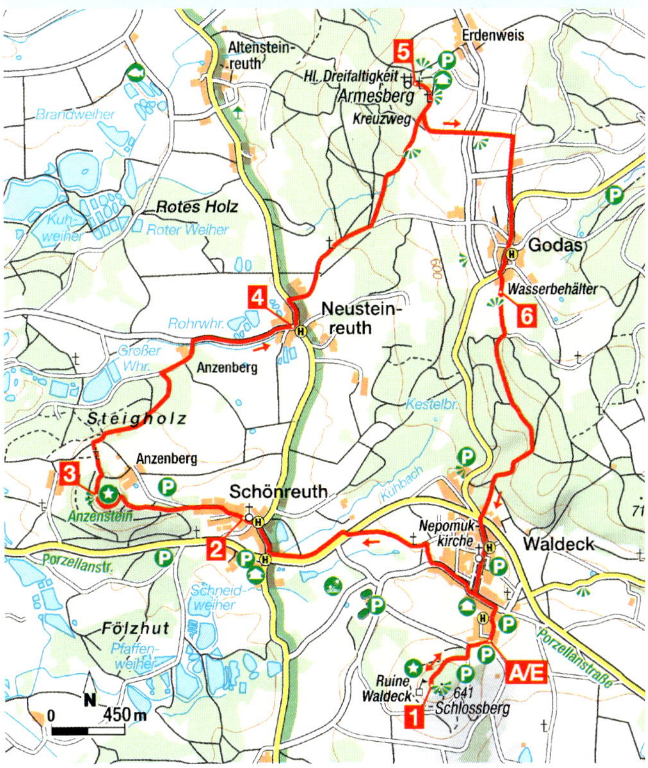

AUF DEN VULKAN RAUHER KULM

Berg mit Rätseln und Aussicht

Der Rauhe Kulm wurde zu einem der schönsten Naturwunder Deutschlands gewählt. Er ist einer der auffallendsten Basaltberge Bayerns und als Naturdenkmal geschützt. Als markante Landmarke ist der Rauhe Kulm aus geologischer und historischer Sicht besonders wertvoll.

Blick vom Kleinen Kulm zur schönen barocken Dreieinigkeitskirche

8

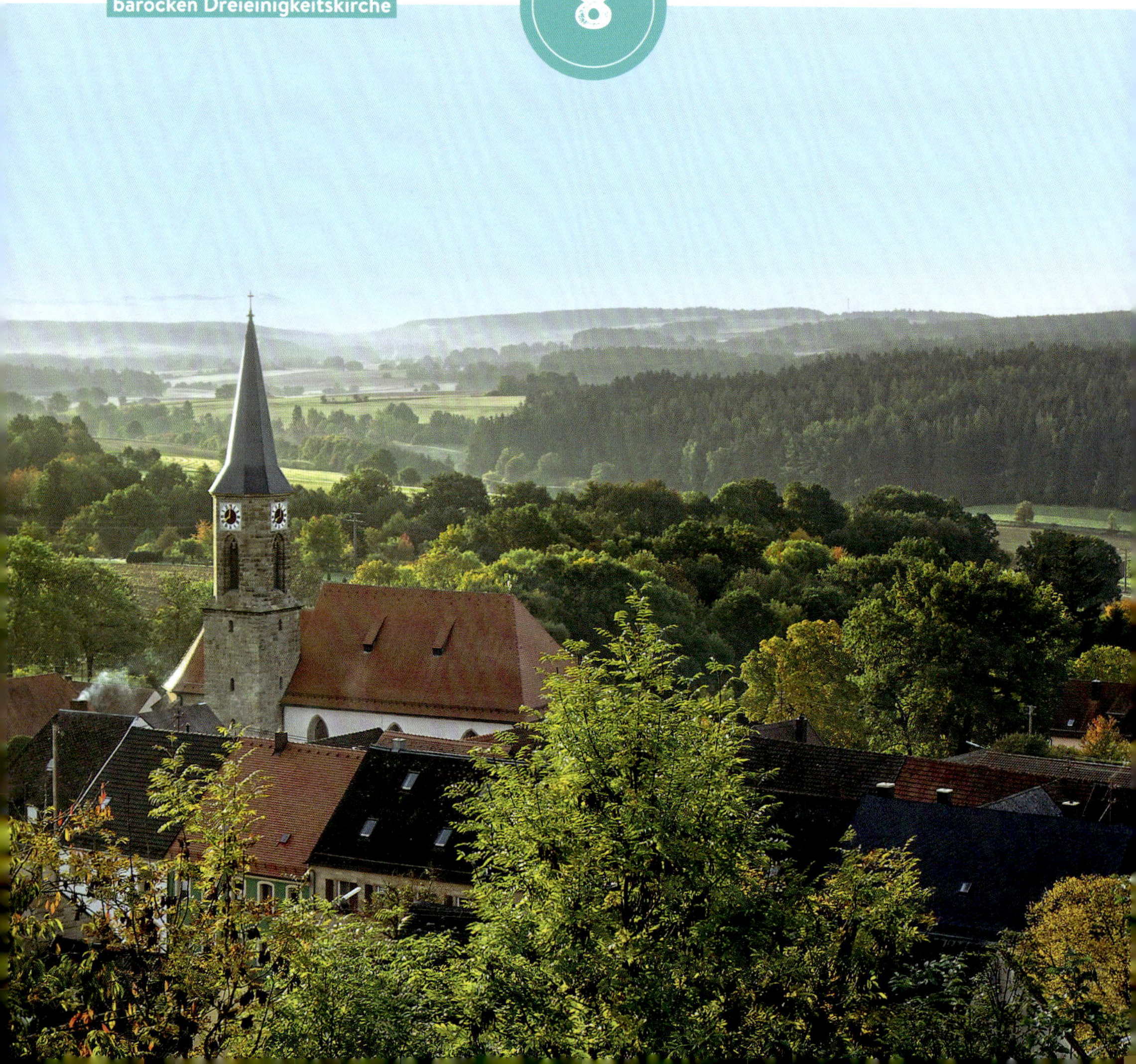

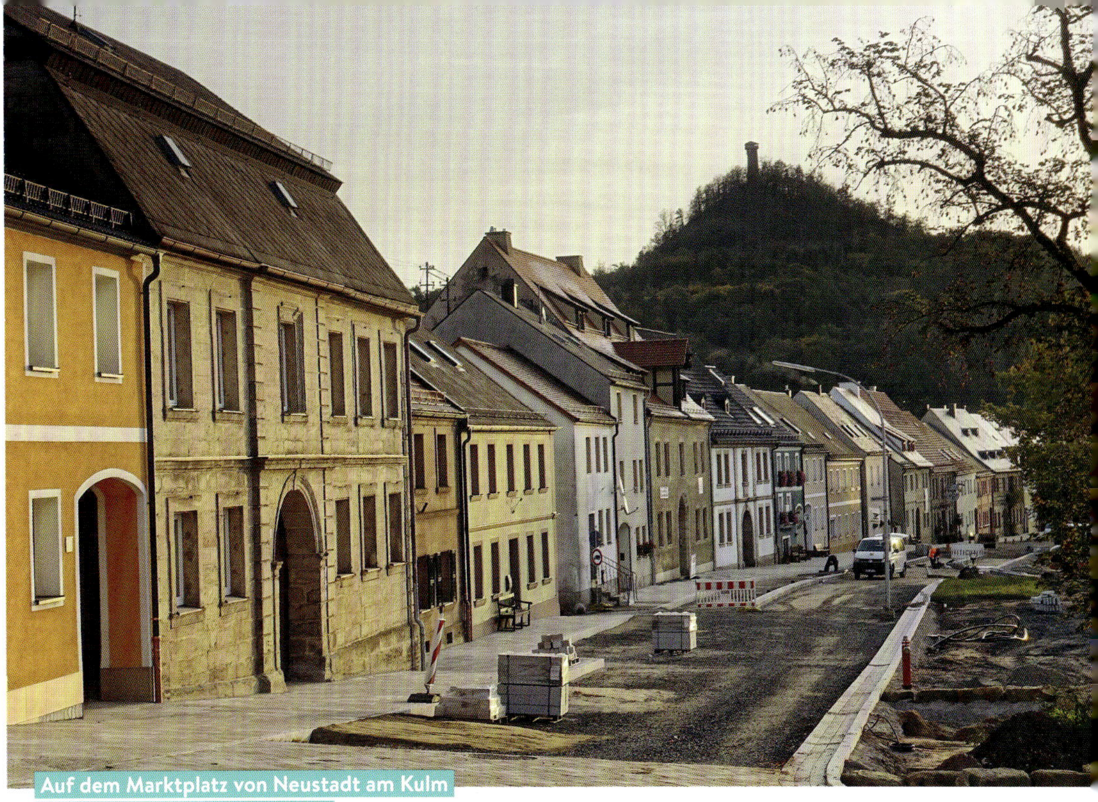

Auf dem Marktplatz von Neustadt am Kulm mit Blick auf den Rauhen Kulm

Der Rauhe Kulm ist ein Vorposten des Fichtelgebirges und einer der besten Aussichtspunkte der Oberpfalz. Vom Aussichtturm besteht ein 360-Grad-Rundblick. Die Basalt-Blockschutthalde um den Berg ist von besonderer naturkundlicher Bedeutung. Über den geheimnisvollen Berg gibt es Sagen vom Berggeist und von einer versteckten Glocke aus purem Silber.

ZUM KLEINEN KULM Auf der rechten Seite des **A Marktplatzes** in Neustadt am Kulm gehen wir aufwärts und auf der Straße Oberes Tor weiter. An einer Straßengabelung geht es rechts immer aufwärts und oben an einem leer stehenden Haus vorbei auf den **1 Kleinen Kulm**. Am 22 Millionen Jahre alten Gestein kann man die Struktur der Basaltbrekzie mit den Augitkristallen gut studieren. Auf dem Kleinen Kulm wurden Beweise für die Besiedelung in der Bronzezeit, der Latènezeit und des Frühmittelalters gefunden. Die mittelalterliche Burg ist gänzlich abgegangen. 50 Meter über der Stadt schauen wir über die Dächer zur Stadtkirche, die eine der schönsten evangelischen Barockkirchen Bayerns ist.

ZUM LANGWEIHER MOOR Auf gleichem Weg müssen wir wieder zum Marktplatz hinab und laufen jetzt aber auf der rechten Seite auf der Straße Neues Tor zur Evangelischen Dreieinigkeitskirche. Ein Blick auf die klare Barockausstattung lohnt sich. Auf der Kirchgasse gehen wir nach Osten, an der nächsten Straße links wieder zum Marktplatz und rechts an unserem Parkplatz vorbei auf der Straße Unteres Tor an der Ampel über die Straße Vorstadt (St 2168). An der Gabelung wandern wir rechts auf dem Brunnröhrenweg und bleiben an der nächsten Gabelung links aufwärts auf dem Brunnröhrenweg, der gleich zu einem Forstweg wird. Auf der linken Seite ist der Eingang eines Felsenkellers

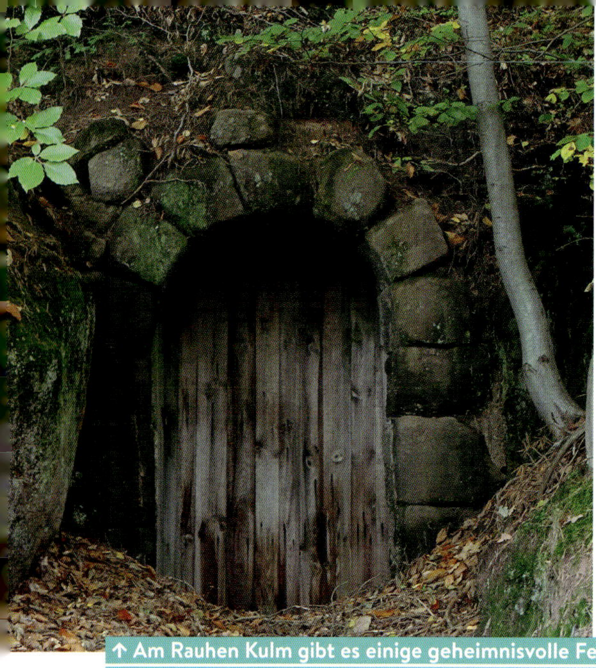
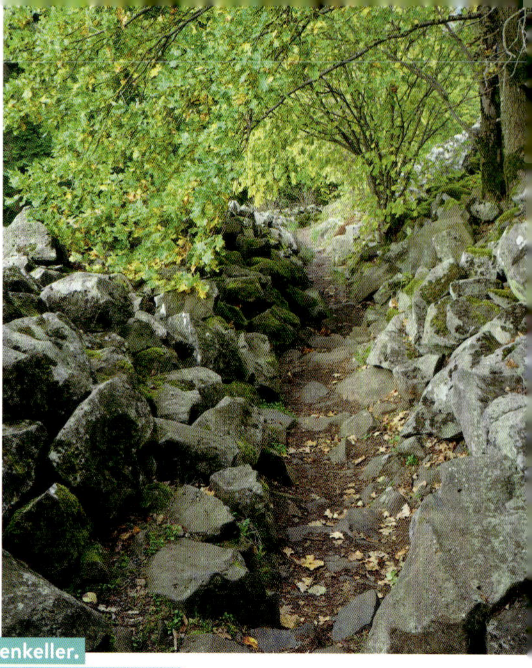

↑ Am Rauhen Kulm gibt es einige geheimnisvolle Felsenkeller.
↗ Die Wege über die Blockhalden am Vulkan erfordern Aufmerksamkeit.

zu sehen, von denen es am Fuße des Rauhen Kulms viele gibt. An einer Gabelung gehen wir auf dem rechten ebenen Weg ohne Markierung weiter und kommen zur 2 **Kulmhütte**. Danach überqueren wir eine Forststraße und biegen in einer Linkskurve nach rechts mit der Markierung einer senkrechten blauen Linie ein. Nach einem Anstieg wechseln wir in einer leichten Rechtskurve auf den tiefer liegenden Weg ohne Markierung nach rechts in einen Graben hinab. An einer T-Kreuzung müssen wir auf der Forststraße mit der Markierung V rechts. 50 Meter vor dem Waldrand geht es links und wir finden später die Markierung blauer Punkt. Eine Straße überqueren wir um zehn Meter nach rechts versetzt und laufen entlang des Waldrandes zu einer Waldecke, an der wir über die Wiese auf das 3 **Naturschutzgebiet** Langweiher Moor schauen. Das 15 Hektar große Moor ist in weiten Bereichen ein Übergangsmoor mit reichhaltiger Vegetation, das nicht betreten werden darf. Das Gebiet bietet Ringelnattern, Kreuzottern und Hochmoor-Perlmuttfaltern besten Lebensraum.

Tipp

INFOZENTRUM RAUHER KULM

Das Infozentrum an der Kulmterrasse informiert in einer geologischen und archäologischen Ausstellung über den Vulkan und seine Kulturgeschichte. Es werden verschiedene Artefakte aus Grabungen gezeigt. Aus dem frühen Mittelalter stammen Eisenfunde, Schmuckstücke, Glas- und Keramikscherben. Doch es gibt auch Fundstücke, die aus der Altsteinzeit, 8000 v. Chr. stammen. Die Geschichte und das Leben der Menschen früherer Zeiten wird lebendig (www.kulmterrasse-neustadt.de).

RÜCKWEG ÜBER DEN RAUHEN KULM

Wir bleiben an der Waldecke links am Waldrand und gehen an der nächsten Waldecke nach links zur kaum befahrenen Straße, auf der wir 500 Meter nach rechts laufen. Am Ende des Waldes folgen wir dem Waldrand nach links. An einer Waldecke geht es links und dann rechts am Feld entlang. Am Beginn einer Wiese laufen wir an einem Jagdansitz links auf einem verwachsenen Weg in den Wald hinein, überqueren eine Forststraße in Richtung Vogelherd und haben jetzt wieder die Markierung V. Eine Erhöhung des Geländes auf der rechten Seite erweist sich als Kante einer Grube mit einem Weiher am Grund, der durch einen **4 Steinbruch** entstanden ist. Wir bleiben der Markierung V treu und folgen einem Wegweiser in den Feldern nach links mit der Markierung W. Bald sehen wir zwischen den Bäumen den Aussichtsturm auf dem Rauhen Kulm. An einer Weggabelung bleiben wir mit dem W geradeaus aufwärts. An einer Kreuzung folgen wir der Markierung eines roten X links, nach 50 Metern auf dem Pfad geht es nach rechts hinauf und wieder nach 50 Metern auf der Forststraße nach rechts. Nach 100 Metern beginnt mit der Markierung rotes X links der Aufstieg auf den Rauhen Kulm. An einem Funkmast geht es nach links versetzt auf dem Burgsteig weiter geradeaus aufwärts. Der Weg über die Blockhalden erfordert volle Aufmerksamkeit. Die Basaltblockhalden bieten besonderen Lebensraum für seltene Tiere und Pflanzen, die vielfach alpine Arten sind. An einer Kreuzung an einem Picknickplatz steigen wir rechts zum **5 Aussichtsturm** hinauf und genießen die Aussicht über die Fränkische Schweiz, die Fränkische Alb und zum Fichtelgebirge. Die heutigen Kemnather Vulkankegel sind sogenannte Vulkanruinen, die aus der Landschaft herauserodiert wurden. Hinter dem Aussichtsturm kommen wir auf einem anderen Weg wieder zur Kreuzung an dem Picknickplatz und gehen nun rechts hinunter. Unten geht es auf der Straße Sandberg am Infozentrum an der Kulmterrasse vorbei und auf der Rauher-Kulm-Straße zum **E Marktplatz** zurück.

INFO

TOURENCHARAKTER

Mittelschwere Wege. Orientierungssinn, Trittsicherheit und Wanderschuhe mit griffigen Sohlen erforderlich

AUSGANGS-/ENDPUNKT

Marktplatz,
95514 Neustadt am Kulm,
GPS 49°49'33.9"N 11°50'17.7"E
(516 m)

ANFAHRT

ÖPNV: Mit der Bahn nach Kemnath-Neustadt und mit dem Rufbus 8438 nach Neustadt am Kulm
Auto: Von der A 9 Ausfahrt 42 Bayreuth-Süd auf der B 22 nach Neustadt am Kulm

GEHZEITEN

Marktplatz–Kleiner Kulm 0:15 Std.–Kulmhütte 0:35 Std.–NSG 0:45 Std.–Steinbruch 0:40 Std.–Aussichtsturm 0:55 Std.–Marktplatz 0:20 Std.

Mittel | **10,5 km** | **320 Hm** | **3.30 Std.**

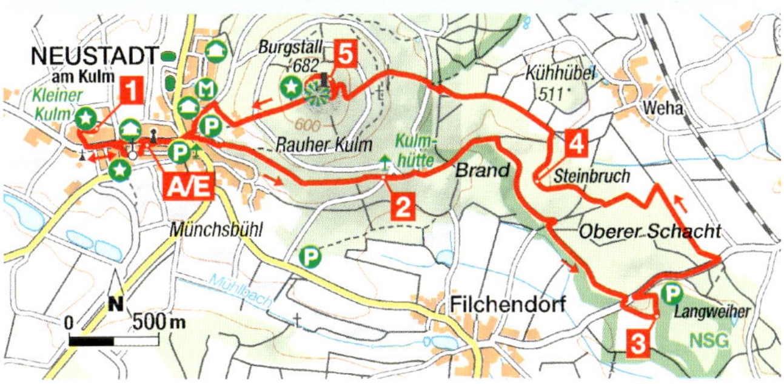

EINKEHR

Kulmterrasse, Rauher-Kulm-Straße 9, 95514 Neustadt am Kulm, Tel. 09648/913 99 01, www.kulmterrasse-neustadt.de

INFORMATION

Marktplatz 39, 95514 Neustadt am Kulm, Tel. 09648/273, www.neustadt-am-kulm.de

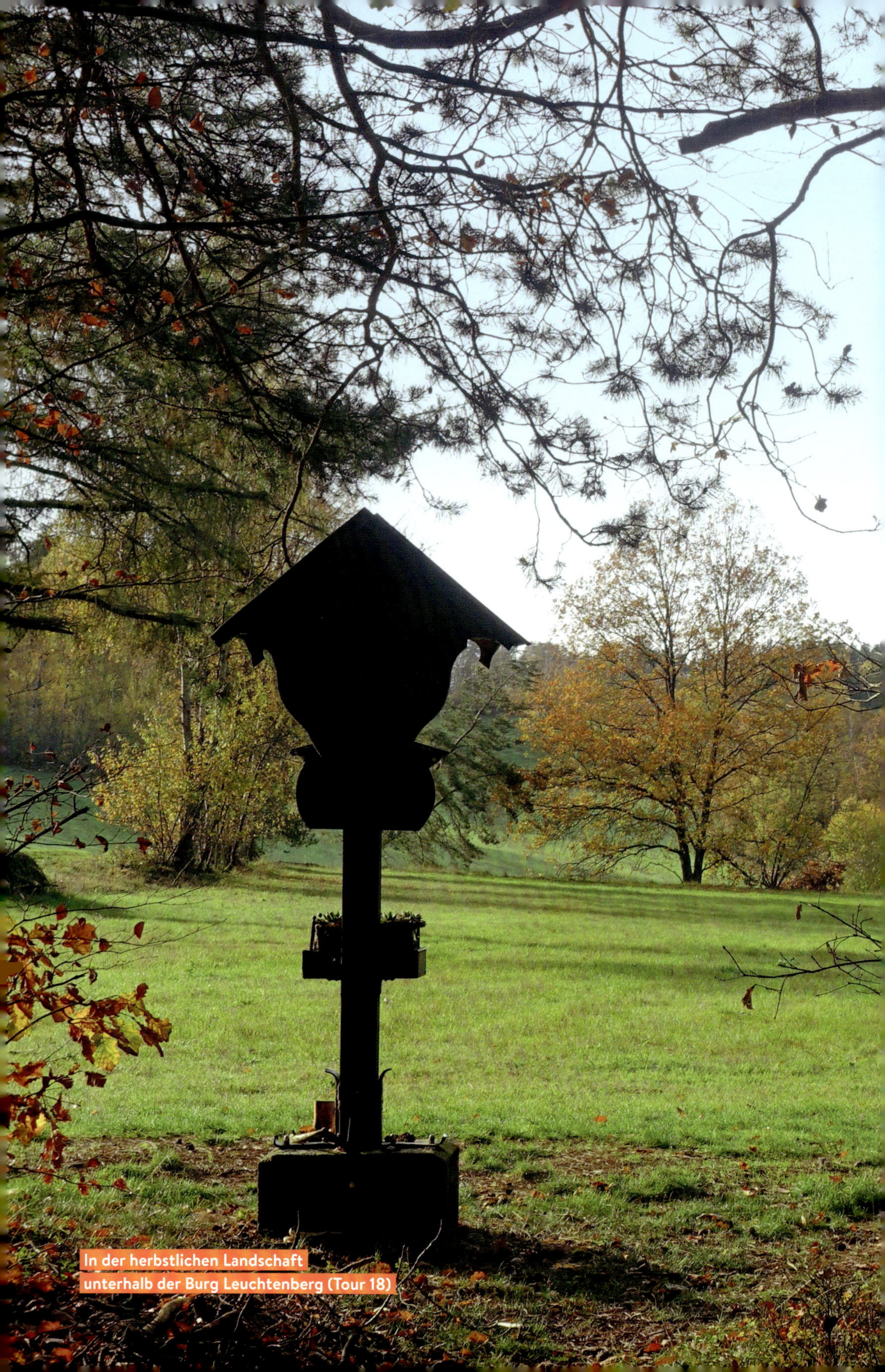

In der herbstlichen Landschaft
unterhalb der Burg Leuchtenberg (Tour 18)

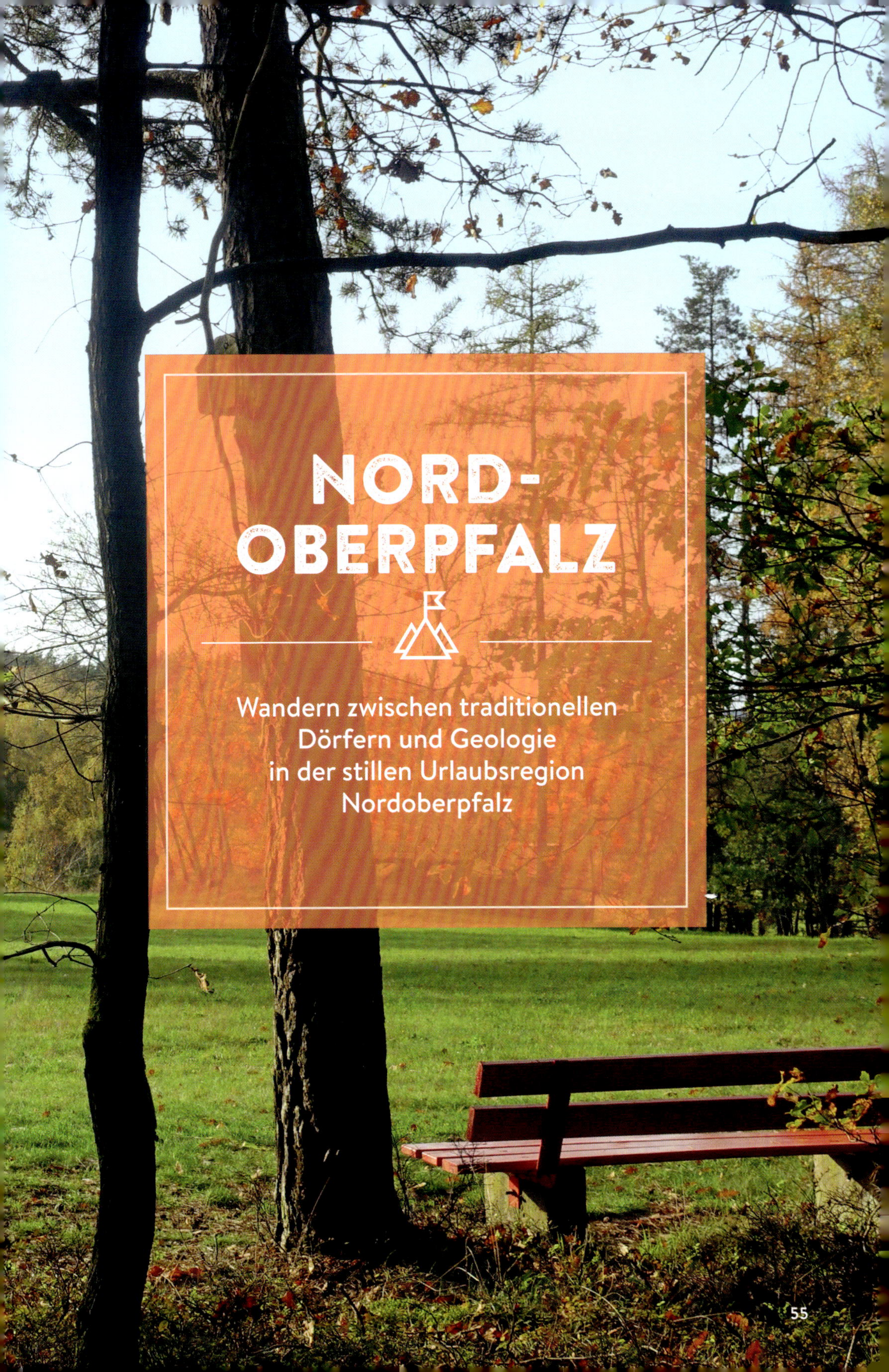

NORD-OBERPFALZ

Wandern zwischen traditionellen Dörfern und Geologie in der stillen Urlaubsregion Nordoberpfalz

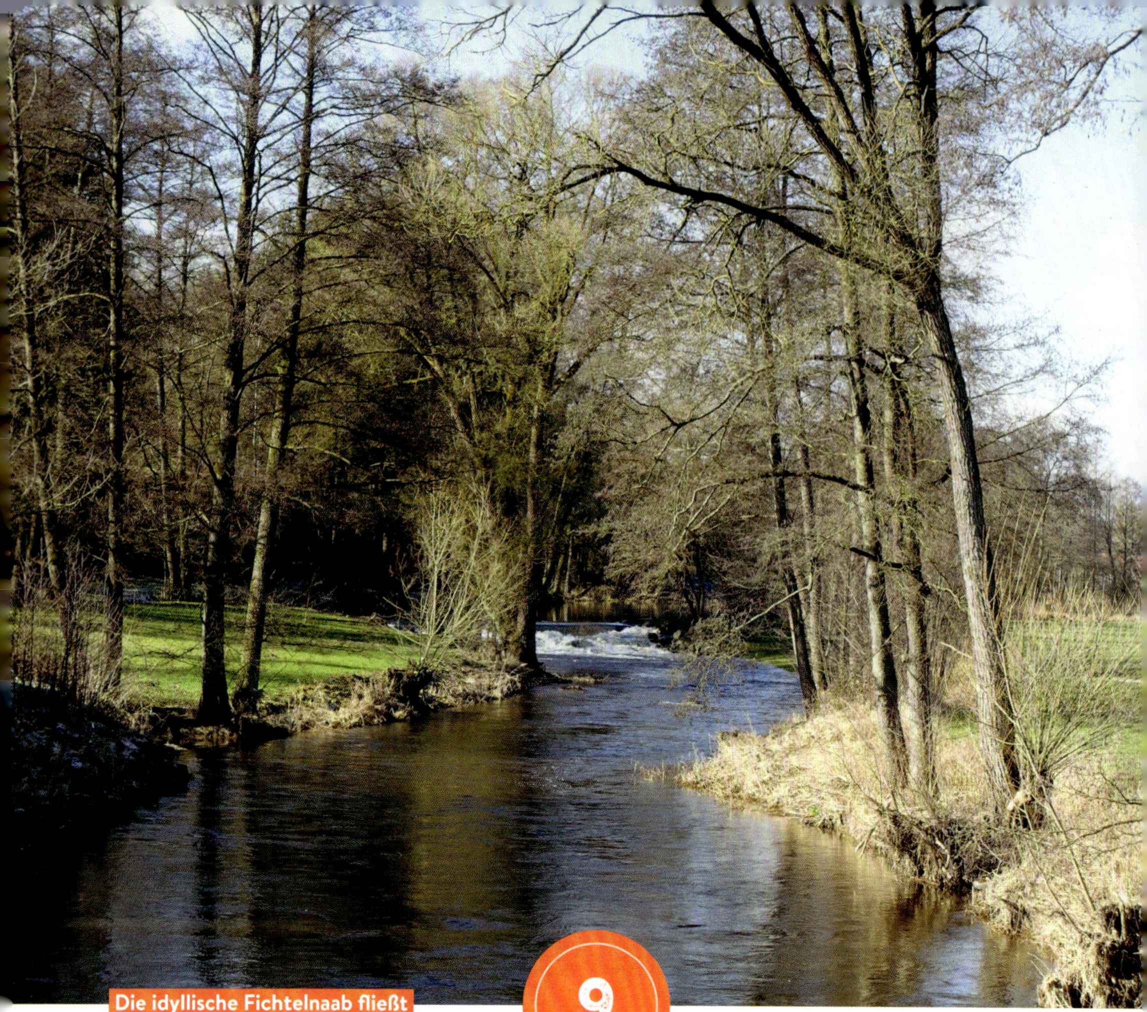

Die idyllische Fichtelnaab fließt durch ein weites Tal.

9

AN DER FICHTELNAAB ZUM GEO-ZENTRUM

9101 Meter tief in der Erdkruste

Kleine Dörfer zwischen Windischeschenbach und Steinwald erweisen sich bei historischer Betrachtung als Standorte alter Rittergüter mit geheimnisvoller Vergangenheit. Aussichtspunkte erlauben Blicke über die stille Landschaft bis in den Steinwald und über die Höhen des Oberpfälzer Waldes.

Zur Wanderung durch die hübsche Flusslandschaft der Fichtelnaab gesellen sich die spannenden Erlebnisse im Geo-Informationszentrum an der kontinentalen Tiefbohrung und der Walderlebnisweg mit Damwildgehege und Streichelzoo an der Ausflugsgaststätte Schweinmühle.

ZUM GEO-ZENTRUM Vom **A Parkplatz** überqueren wir die St 2181 und steigen mit der Markierung 9 auf dem Weg rechts und dann gleich links aufwärts über die Felder in Richtung KTB. Im Weiler Berg geht es vor dem ersten Haus auf der rechten Seite rechts hinauf zur **1 Bergkapelle**. Wir genießen auf der Bank die Aussicht über Pleisdorf und in gerader Linie dahinter Fuchsmühl. Weiter links liegt Reuth bei Erbendorf vor dem Steinwald. Der Feldweg führt weiter an dem Naturdenkmal einer ausladenden Kiefer vorbei und bald sehen wir rechts unten die Fichtelnaab. Im Dorf Naabdemenreuth gehen wir an der Kreuzung links hinauf zum Bohrturm und **2 Geo-Zentrum an der KTB**. Das Hauptziel der Kontinentalen Tiefbohrung war, die Übergangszone in der Erdkruste zu erforschen, in der das Gestein nicht mehr spröde ist, sondern zähflüssig. Entscheidend für die Wahl dieses Standortes war auch die Existenz zweier großer zusammenstoßender Schollen in der Erdkruste an der geologischen Verwerfung der Fränkischen Linie.

ZUR BRÜCKE ÜBER DIE FICHTELNAAB Vom Parkplatz des Bohrturmes wandern wir direkt nach Norden am Waldrand steil abwärts in das Tal und an der T-Kreuzung links. An der folgenden Kreuzung bleiben wir fast geradeaus in den Wald hinein und nehmen an der dreifachen Gabelung die mittlere Hauptspur. Nach einem Jagdansitz geht es am zweiten Weg nach links. In einer Linkskurve in jungem Wald verlassen wir den Hauptweg nach rechts abwärts. Nach einer Kreuzung mit einem Jagdansitz kommen wir zum Waldrand und laufen rechts in eine Mulde hinab. Bald haben wir Blick auf Krummennaab und gehen durch Burggrub geradeaus aufwärts. An der Kreuzung mit Bushaltestelle geht es geradeaus auf der

↓ An der magischen Bergkapelle über dem Fichtelnaabtal
↘ Im gemütlichen Biergarten der Schweinmühle

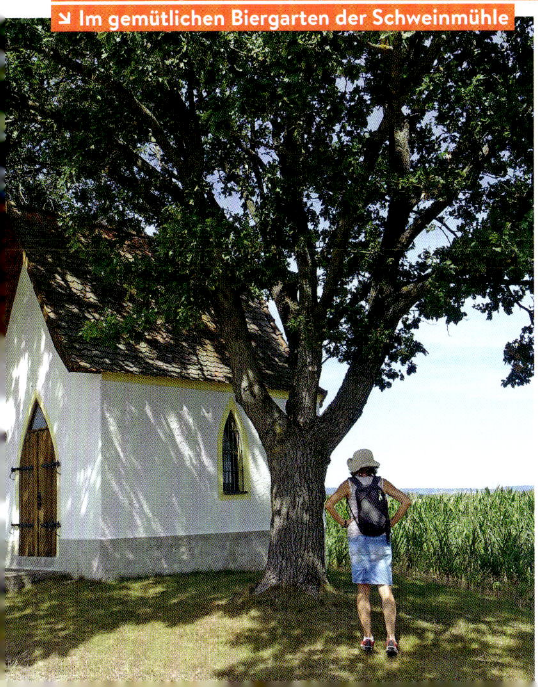

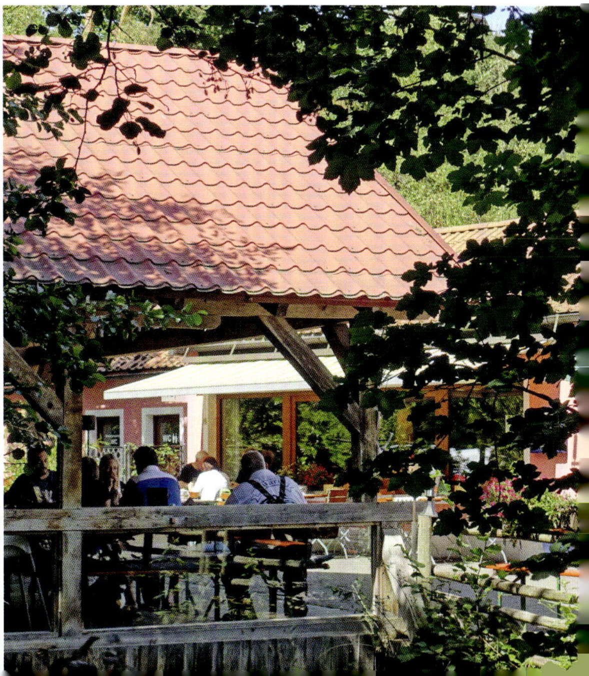

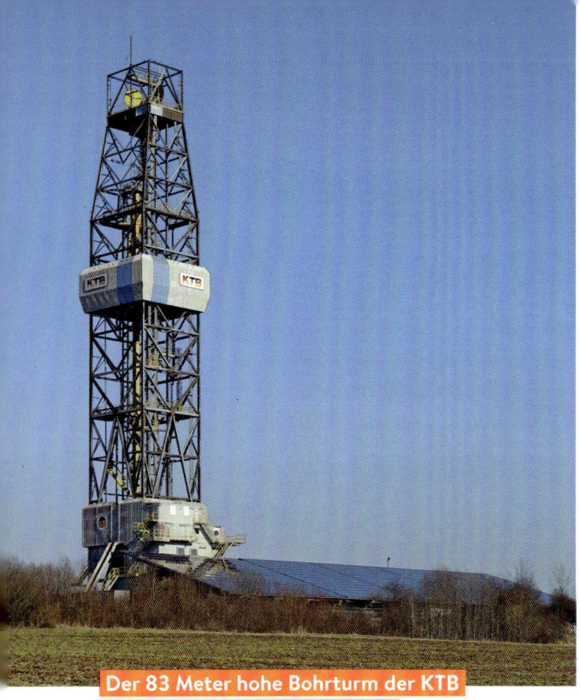

Der 83 Meter hohe Bohrturm der KTB ist schon von Weitem zu sehen.

St 2121 abwärts. Auf der rechten Seite stand hinter den einzelnen Pfosten aus Granit einst ein Landsassenschloss aus dem Jahr 1599. Ganz unten im Tal überqueren wir unterhalb von Krummennaab auf der **3 Brücke** die Fichtelnaab. Krummennaab war ein adliger Sitz der Trautenberger. An Stelle eines mittelalterlichen Urmeierhofes und einer späteren Burg stand ab 1897 eine Porzellanfabrik, die es nun auch nicht mehr gibt.

RÜCKWEG ÜBER DIE SCHWEINMÜHLE

60 Meter nach der Brücke wandern wir rechts durch die weiten Wiesen und Felder des Fichtelnaabtales. Nach 1,5 Kilometern laufen wir im idyllischen Trautenberg ein, das ein Schloss aus dem Jahr 1608 besitzt. Die heutige Ansicht der Gebäude wurde jedoch im 18. und 19. Jahrhundert gestaltet. Nach dem Schloss liegen im bewaldeten Hügel über der Bahnlinie die spärlichen Reste der alten Burg aus dem 12. oder 13. Jahrhundert mit geheimnisvoller Vergangenheit. Sie war einst der Stammsitz des Geschlechts der Trautenberger.

Wir folgen jedoch der Straße vor der Bahnlinie nach rechts und überqueren auf einem **4 Steg** wiederum die Fichtelnaab. Das große Gebäude wurde einst als Glas-Polier-Schleiferei erbaut. Das Wasser versorgte das Polierwerk mit Kraft und erzeugt heute Strom. Wir kommen wieder hinauf zur Kreuzung vor dem Wald unterhalb des Bohrturmes und müssen jetzt links in Richtung Windischeschenbach. In Naabdemenreuth wandern wir jetzt nach dem Gasthaus Zum Schwarzen Raben links auf der kaum befahrenen Straße in Richtung Pleisdorf zur Fichtelnaab hinunter. Einen Kilometer nach der Brücke führt die Straße unter der Bahnlinie hindurch, wir bleiben jedoch auf dem Feldweg geradeaus in Richtung Windischeschenbach zur **5 Schweinmühle**. Die Ausflugsgaststätte ist ein guter Rastplatz, zumal Spielmöglichkeiten und die zahmen Tiere die Zeit für Kinder verkürzen.

Tipp

IM GEO-ZENTRUM

An der Kontinentalen Tiefbohrung (KTB) wurde mit geowissenschaftlichem Schwerpunkt ein Geo-Informationszentrum als Umweltbildungsstätte eingerichtet. Geowissenschaftler bohrten hier 9101 Meter tief in die Erdkruste. Das Museum bietet ein reiches Informationsangebot. Unter anderem wird der Film »Expedition Erde« gezeigt. Die Dauerausstellung »System Erde« umfasst das Bohrprobenarchiv der Kontinentalen Tiefbohrung, den höchsten Landbohrturm Europas, eine komplette Bohrausrüstung für Tiefbohrungen, das GEO-Labor, Fachvorträge und allgemeine Vorträge zur Geologie und zur KTB (Am Bohrturm, 92670 Windischeschenbach, Tel. 09681/40 04 30, www.geozentrum-ktb.de).

ZUM PARKPLATZ Am Gasthaus gehen wir auf der Brücke über den Werkkanal und vor dem Campingplatz links zwischen Kanal und Fichtelnaab in Richtung Windischeschenbach. An einem hölzernen Steg lässt sich links die 1,6 Kilometer lange Schleife des Walderlebnisweges mit Damwildgehege einbauen. In Wiesenthal, wo ehemals eine Pappenfabrik stand, müssen wir an der Weggabelung 60 Meter vor dem Gebäude rechts, überqueren auf einem Steg die Fichtelnaab und gehen links unter der Bahnbrücke hindurch. Dann überschreiten wir wieder auf einem Steg den Fluss und unterqueren erneut eine Bahnbrücke. Am alten Sägewerk Oberbaumühle vorbei geht es auf der Bernsteiner Straße weiter und direkt vor der Brücke der St 2181 rechts den Wiesenhang hinauf und geradeaus zum **E Parkplatz**.

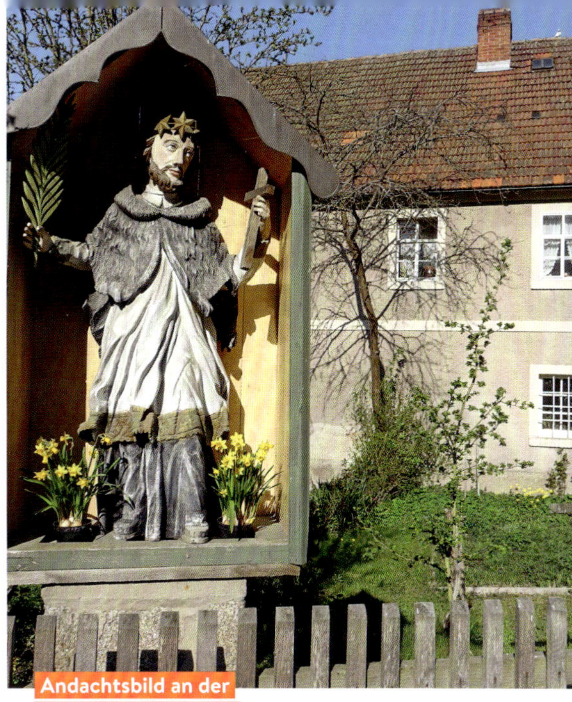

Andachtsbild an der alten Oberbaumühle

INFO

TOURENCHARAKTER

Leichte, meist sonnige Wege durch Wälder und Felder. Im Ortsbereich auf Straßen

AUSGANGS-/ENDPUNKT

Parkplatz Erbendorfer Straße / Ecke St 2181, 92670 Windischeschenbach, GPS 49°48'24.8"N12°08'59.9"E (460 m)

ANFAHRT

ÖPNV: Mit der Bahn nach Windischeschenbach
Auto: Von der A 93 Ausfahrt 20 Windischeschenbach und auf der St 2181 zum Parkplatz an der Einfahrt der Erbendorfer Straße

GEHZEITEN

Parkplatz–Bergkapelle 0:25 Std.–Geo-Zentrum KTB 0:30 Std.–Brücke 0:50 Std.–Steg 0:35 Std.–Schweinmühle 0:50 Std.–Parkplatz 0:50 Std.

Leicht | 13,7 km | 190 Hm | 4.00 Std.

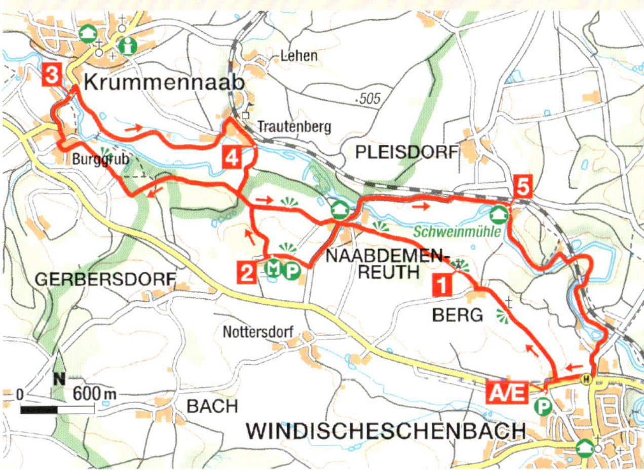

EINKEHR

Schweinmühle, Schweinmühle 1, 92670 Windischeschenbach, Tel. 09681/1359, www.schweinmuehle.de

INFORMATION

Hauptstraße 34, 92670 Windischeschenbach, Tel. 09681/4010, www.windischeschenbach.de

DURCH DAS NATURIDYLL WALDNAABTAL

Das schönste Tal der Oberpfalz

Die vom Wasser geschliffenen Granitfelsen in der Waldnaab bilden Anblicke von besonderer Romantik und Ursprünglichkeit. Geradezu magische und übersinnliche Felsformationen begleiten den kleinen Fluss zu beiden Seiten. Auf einigen dieser Felstürme standen einst wehrhafte Burgen.

10

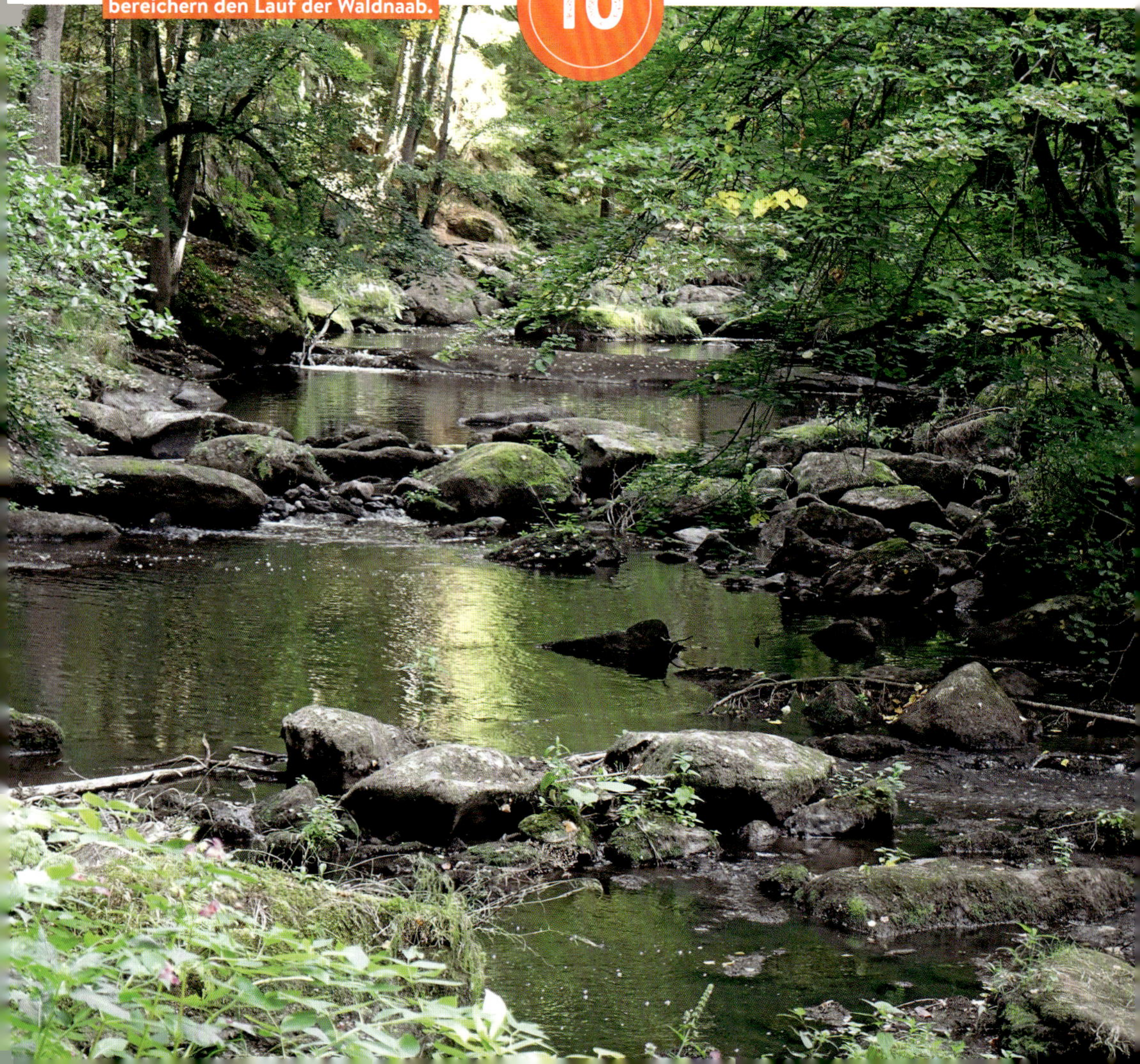

Kleine Kaskaden und Wasserfälle bereichern den Lauf der Waldnaab.

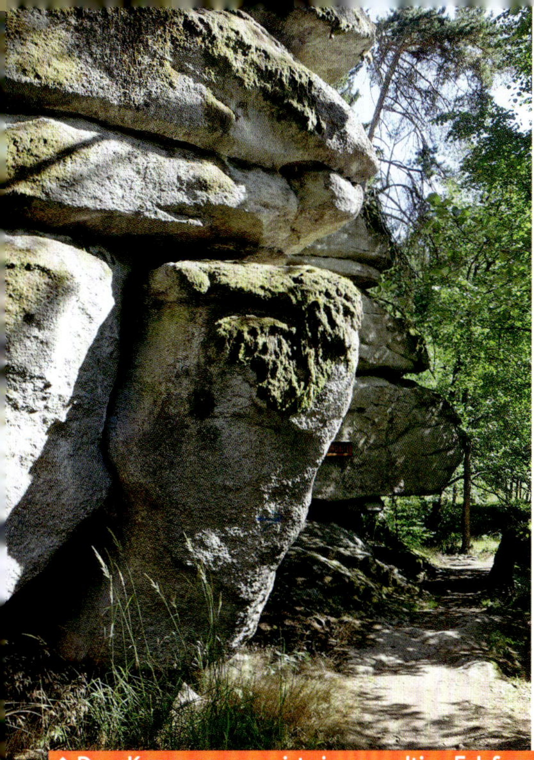

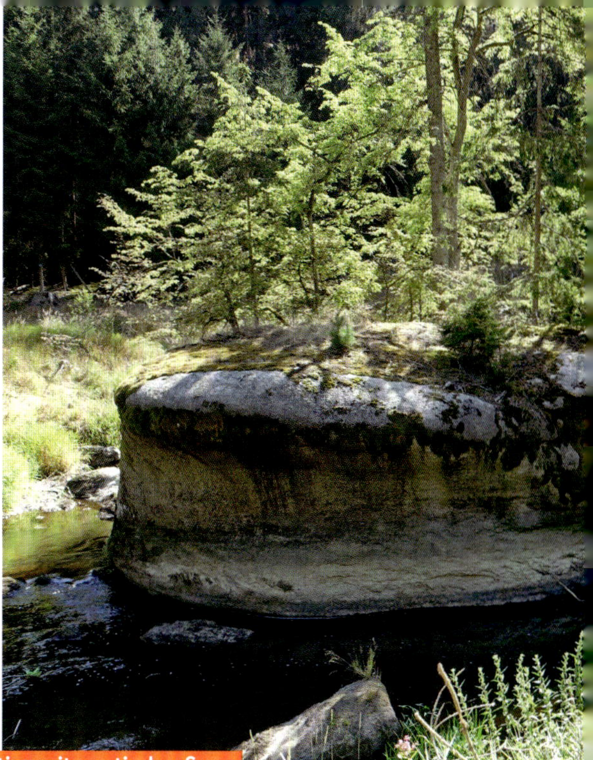

↑ Der »Kammerwagen« ist eine gewaltige Felsformation mit mystischer Sage.
↗ Der Amboss-Felsen wurde vom Wasser geformt.

Das mystische Waldnaabtal ist ein einzigartiges Naturschutzgebiet mit einer außergewöhnlichen Flora und Fauna zwischen den malerischen Felsformationen. Das Sonnenlicht spielt auf der Wasseroberfläche und glänzt silbern auf den kleinen Kaskaden, auf den Wellen und Schaumkronen. Die Blockhütte inmitten des Tales ist eine willkommene Einkehr mit guter Küche. Auf dieser Wanderung haben wir zweimal die Möglichkeit, dort einzukehren. Das beliebte Ausflugsziel ist nur zu Fuß oder mit dem Fahrrad zu erreichen.

ZUR BLOCKHÜTTE Vom **A Wanderparkplatz Hammermühle** in Falkenberg beginnen wir die Wanderung mit der Markierung gelbes S des Goldsteiges auf dem Pfad über die Wiese entlang der Waldnaab nach Westen in Richtung Blockhütte. Das erste Naturdenkmal ist die Granitformation **1 Kammerwagen**. Die Sage erzählt, der Teufel habe den Kammerwagen mit hoch aufgetürmter Aussteuer einer Braut auf dem Weg zur Hochzeit in Stein verwandelt. Nach einem Anstieg bleiben wir an der Kreuzung im Wald geradeaus und kommen wieder zur Waldnaab hinunter, an der wir uns an Abzweigen immer nahe am Fluss halten. Bald wird die Aufmerksamkeit vom Amboss eingenommen. Den pilzartigen Felsen im Wasser hat der Fluss in diese bizarre Form gebracht. Eine Quellfassung am Weg schützt den Sauerbrunnen, der ein Beweis für die frühere vulkanische Tätigkeit im Untergrund ist. Das Wasser enthält Kohlensäure und Eisen und hinterlässt daher eine rötliche Ausfällung. Das Naturdenkmal Butterfass ist ein wildes Felschaos im Flussbett mit eingeschliffenen Strudellöchern. Gleich danach laufen wir am schönen Biergarten der **2 Blockhütte** vorbei oder vielleicht jetzt schon in den Biergarten hinein.

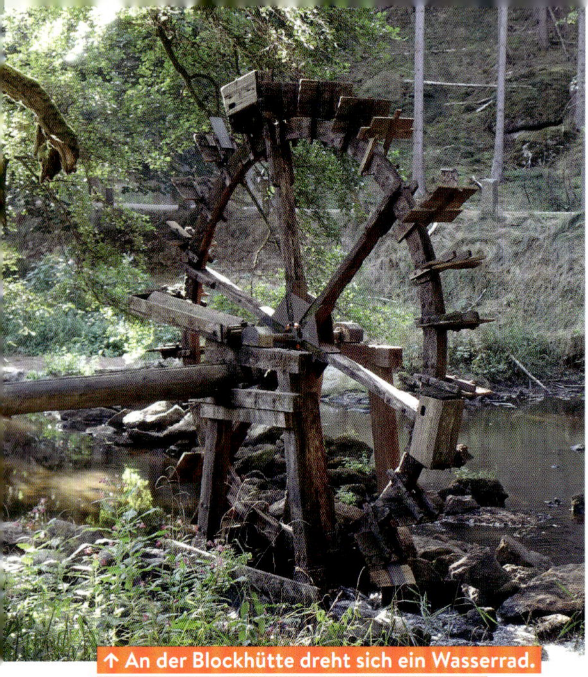

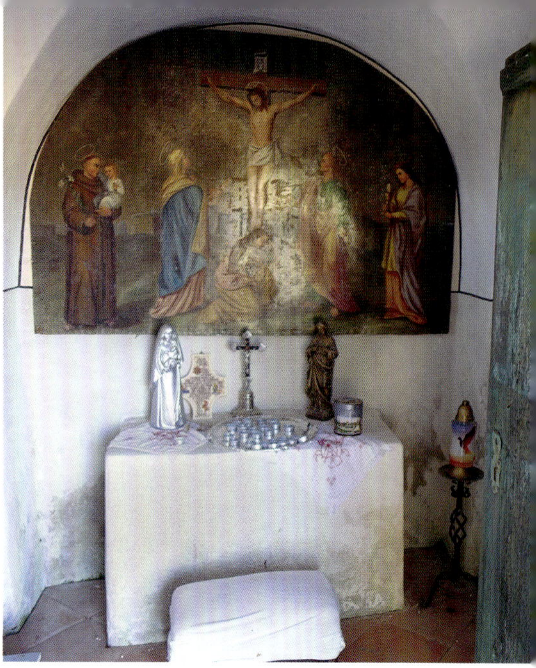

↑ An der Blockhütte dreht sich ein Wasserrad.
↗ Blick in die bäuerliche Hammerkapelle

ZUM STEG Wie dem auch sei, 200 Meter nach der Blockhütte gehen wir in der Rechtskurve links auf dem anspruchsvollen Uferpfad mit der Markierung U weiter und bleiben immer nahe an der Waldnaab. Kurz darauf weist ein Schild auf die einstige Burg Schwarzenschwal hin, die im 13. Jahrhundert auf dem Felssporn auf der rechten Seite erbaut wurde, von der aber fast nichts mehr zu sehen ist. Auf einer Treppe mit Laufsteg können wir steile Felsen umgehen. 500 Meter nach der Ruine Schwarzenschwal kommen wir an einem hölzernen Steg vorbei, über den wir die Wanderung abkürzen könnten, doch nach gut einem Kilometer ragt der wohl eindrucksvollste Felsenturm über die Waldnaab. Kurz vorher steigen wir auf der rechten Seite des Wanderweges auf einer Treppe hinauf, die in die Erde gegraben wurde. Oben stehen wir durch eine Felsspalte getrennt vor dem Felsen, der aufgrund seiner kuriosen Form **3 Tischstein** genannt wird. Am schönsten zeigt er sich auf dem Rückweg von der anderen Seite der Waldnaab. Später hilft wieder eine Treppe, große Felsen zu umgehen. Schließlich bildet ein langer **4 Steg** über die Waldnaab den Umkehrpunkt der Wanderung.

Tipp

IN DER BURG FALKENBERG

Eindrucksvoll thront die Burg Falkenberg auf einem Granitfelsen über dem Ort. Der markant verwitterte Fels wird wegen seines Aussehens Wollsackfelsen genannt. Die ältesten Bauteile der Burg gehen auf das 11. Jahrhundert zurück. Nach Eroberung durch die Schweden und Verfall restaurierte Friedrich Werner Graf von der Schulenburg die Anlage in den 1930er-Jahren. Als Mitverschwörer des Stauffenberg-Attentates im Juli 1944 wurde er von den Nazis ermordet. Heute sind in der Burg ein Hotel und ein Museum untergebracht (Besichtigung sonntags und an Feiertagen um 14 und 15.30 Uhr, www.burg-falkenberg.bayern).

RÜCKWEG ÜBER DEN MÜHLNICKELWEIHER Nach der Überquerung des Flusses wenden wir uns jetzt links flussaufwärts nach Norden. Auf dem Forstweg sind wir nun schneller unterwegs und sehen alle Felsformationen von der anderen Seite. Ein Strudelloch im Flussbett wurde von Steinen und Wasser ausgewaschen, das auf einem Schild fälschlicherweise als Gletschermühle bezeichnet wird. Die Burg Altneuhaus auf einem Granitturm wurde im 13. Jahrhundert von den Herren von Falkenberg erbaut. Von der Burganlage sind nur noch Grabenreste zu sehen. Bald sind über der Waldnaab wieder das Wasserrad und der Biergarten der Blockhütte zu sehen und am **5 Abzweig Blockhütte** besteht die Möglichkeit, spätestens jetzt dort einzukehren. Vom Abzweig Blockhütte müssen wir mit der Markierung rotes X in Richtung Falkenberg entlang des Mühlnickelbaches nach Nordosten weiter. In den Mühlnickelteichen wächst viel Pfeilkraut und Wasserlinse. Der **6 Mühlnickelweiher** ist ein größeres Gewässer, an dessen südlichen Ufern einige versteckte Badeplätze liegen. Noch vor dem Mühlnickelweiher müssen wir auf dem Damm links in Richtung Falkenberg. An den folgenden Kreuzungen und Abzweigen bleiben wir immer geradeaus in Richtung Falkenberg. Erst an der Hammerkapelle geht es links abwärts in Richtung Hammermühle an den Weiden mit den Angus-Rindern und Herdeford-Rindern vorbei. Auf einer hölzernen Brücke kommen wir über die Waldnaab zum **E Wanderparkplatz Hammermühle** zurück.

INFO

TOURENCHARAKTER

Der anspruchsvolle Uferpfad führt über Felsen. Trittsicherheit und Wanderschuhe mit griffigen Sohlen sind wichtig. Nicht bei Nässe gehen.

AUSGANGS-/ENDPUNKT

Parkplatz Hammermühle, Hammermühlweg, 95685 Falkenberg, GPS 49°51‘29.7“N 12°12‘45.8“E (460 m)

ANFAHRT

ÖPNV: Mit der Bahn nach Wiesau und mit dem Bus 6267 nach Falkenberg
Auto: Von der A 93 Ausfahrt 19 Falkenberg auf der St 2167 zum Hammermühlweg

GEHZEITEN

Hammermühle–Kammerwagen 0:25 Std.–Blockhütte 0:40 Std.–Tischstein 0:35 Std.–Steg 0:15 Std.–Abzweig Blockhütte 0:45 Std.–Mühlnickelweiher 0:25 Std.–Hammermühle 0:35 Std.

EINKEHR

Blockhütte, 95685 Falkenberg, Tel. 09637/415

INFORMATION

Marktplatz 1, 95676 Wiesau, Tel. 09634/920 00, www.markt-falkenberg.de

Mittel | 12,3 km | 180 Hm | 3.40 Std.

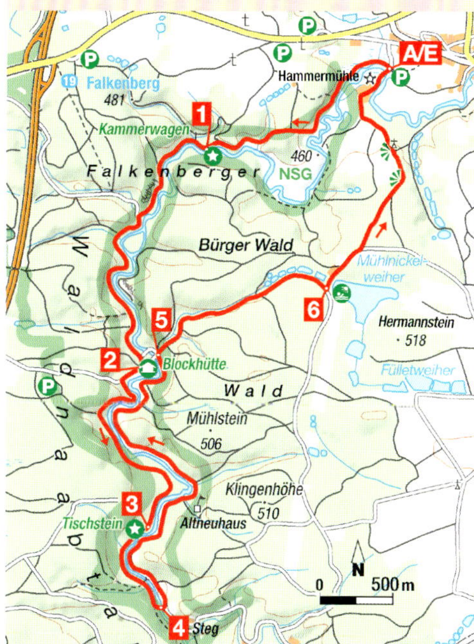

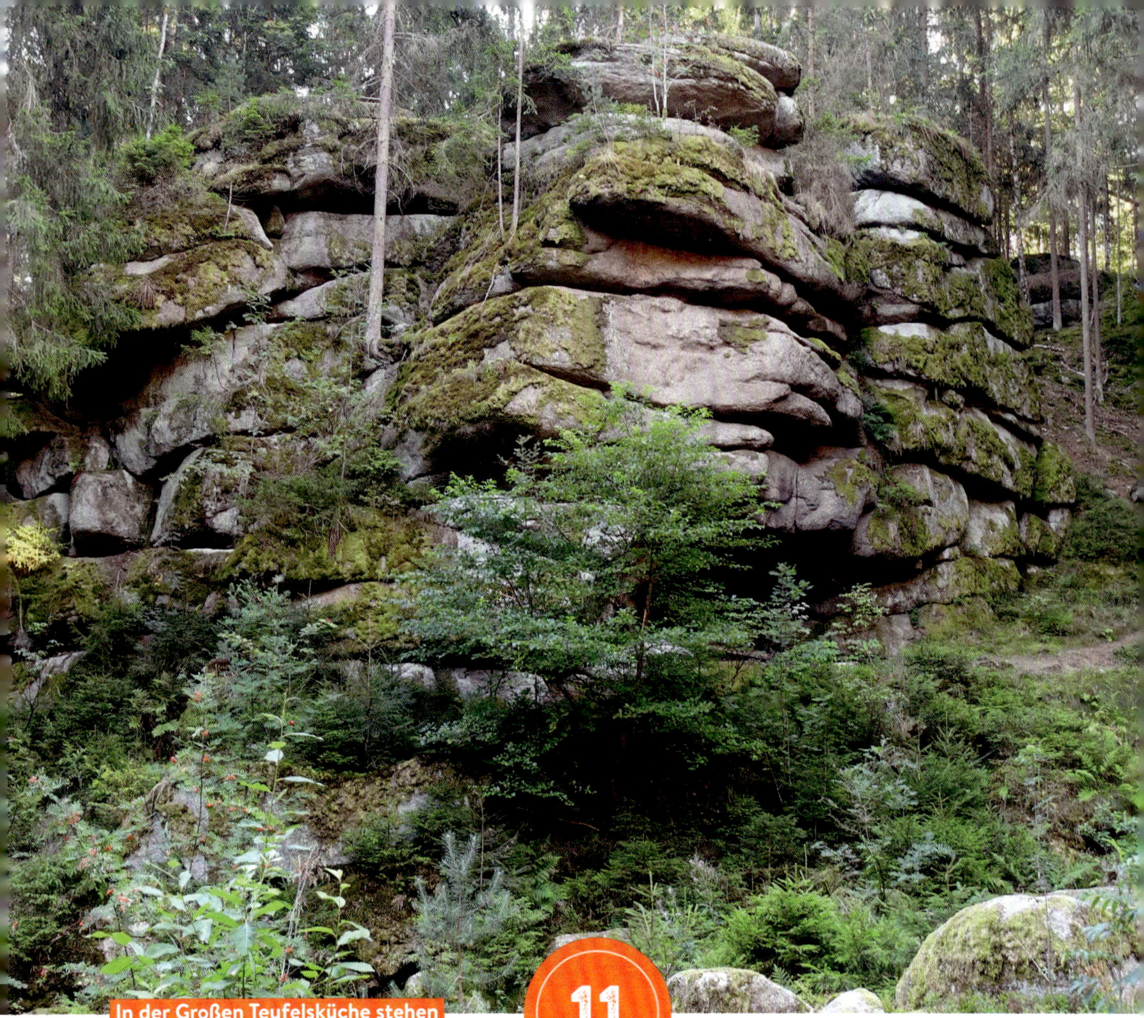

In der Großen Teufelsküche stehen beeindruckende Felstürme.

11

DURCH DIE MYSTISCHEN TEUFELSKÜCHEN

Gefangen zwischen Felsgiganten

Die wildromantischen Täler der Teufelsküchen stehen voller aufgetürmter Granitriesen, zwischen denen nach einer Sage Schwarze Messen gehalten wurden. In den Felsenlabyrinthen zu wandeln, ist heute ein großartiges Naturerlebnis. Ein Bad im Rothenbürger Weiher rundet den Tag ab.

Diese Wanderung ist etwas für große und kleine Entdecker, die das magische Felsenchaos erkunden möchten und den Wackelstein ins Tal zu schieben versuchen. Am Wegrand gibt es obendrein die kleinen Geheimnisse der Natur zu beobachten. Ein Blick auf die Karte zeigt auch noch längere Streckenvarianten zu den Teufelsküchen. Aber es folgen ja noch am Ende der Wanderung der Badegenuss im sauberen Wasser des Rothenbürger Weihers und eine Ruhephase auf der blitzsauberen Liegewiese.

ZUR GROSSEN TEUFELSKÜCHE Vom Wanderparkplatz am **A Rothenbürger Weiher** gehen wir zu Beginn über die Rothenbürger Straße und an der Informationstafel auf dem Pfad neben der Straße links nach Osten in Richtung Teufelsküchen. Nach 70 Metern

Tipp

IM FISCHHOFPARK

Der hübsche Fischhofpark in Tirschenreuth wurde im Rahmen der Gartenschau 2013 angelegt und wiederbelebt. Doch der Fischhof besteht aus historischen barocken Gebäuden aus dem Jahr 1689. Seit dem 13. Jahrhundert gehörte Tirschenreuth dem Kloster Waldsassen. Zur Bewirtschaftung der Fischteiche bauten die Mönche auf der Insel im oberen Stadtteich den Gutshof, der auch als Sommerresidenz der Waldsassener Äbte diente. Mitte des 18. Jahrhunderts wurde die steinerne Bogenbrücke hinzugefügt. Heute ist der Fischhofpark ein beliebter Anziehungspunkt für Erholung und kulturelle Veranstaltungen (www.fischhofpark-tirschenreuth.de).

Morgenstimmung am Badeplatz des Rothenbürger Weihers

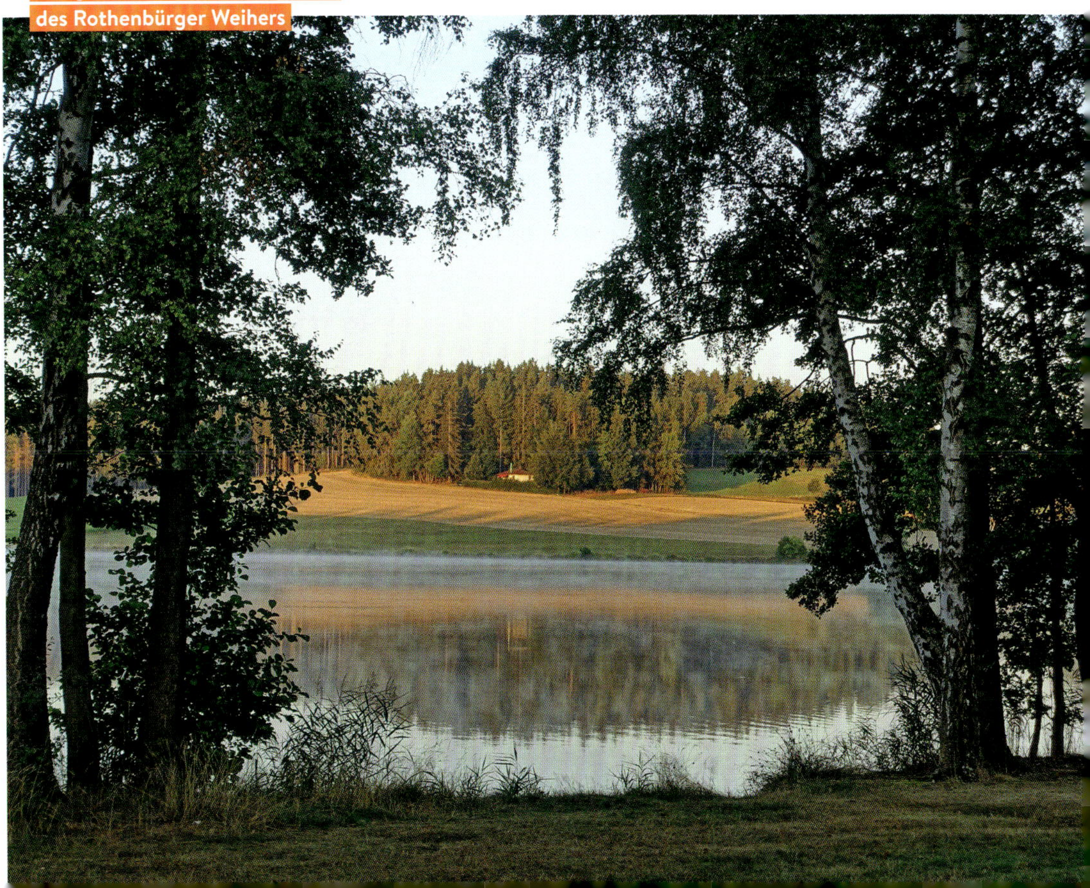

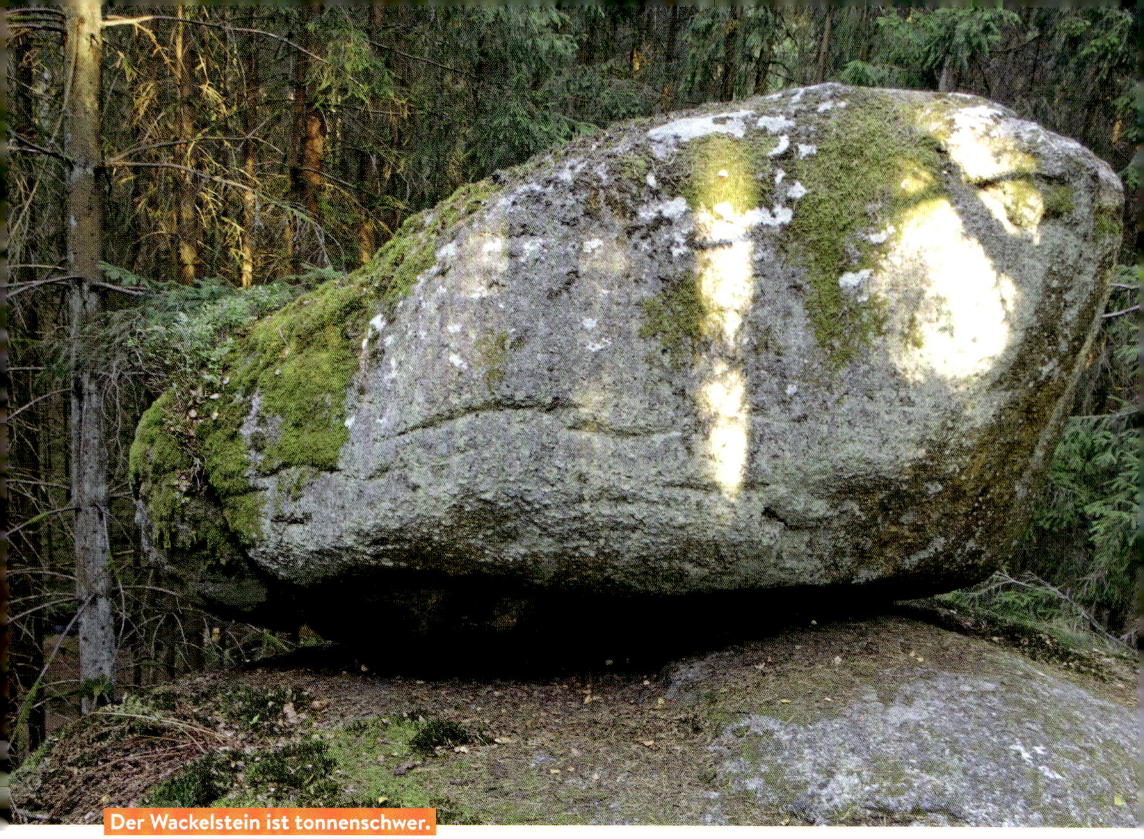

Der Wackelstein ist tonnenschwer.

folgen wir der Markierung 1 nach rechts in den Wald hinein. Vor einem Weiher müssen wir rechts und an einer folgenden Weggabelung links. An einer Kreuzung bleiben wir geradeaus über eine bessere Forststraße. Nach einer großen Lichtung geht es auf einer Forststraße rechts zu einer **1 T-Kreuzung**, an der wir uns rechts halten.
Nach einer großen Wiese bleiben wir auf dem Pfad geradeaus in den Wald hinein. An einer Kreuzung folgen wir der Markierung 1 nach rechts und an einer Gabelung links hinunter in Richtung Große Teufelsküche. Weiter unten kommen wir nahe an einem Weiher vorbei und wandern an der nächsten Kreuzung links hinab zu den riesigen bis zu zehn Meter hohen Felstürmen in der **2 Großen Teufelsküche**. Die Sage erzählt, an diesem mystischen Ort seien einst Schwarze Messen gelesen worden. Tatsächlich hob sich durch die variszische Gebirgsbildung der Untergrund vor 500 Millionen Jahren im Erdzeitalter des Paläozoikums. Der Granit stellte sich so dem Netzbach in den Weg. Die Teufelsküchen zeigen sich als kleine Durchbruchstäler, in denen der Granit als Felsenlabyrinth in Erscheinung trat. Wenn auch noch so klein, so ist dieses winzige Bächlein durch den Abtransport des Granitgruses für die Entstehung der Teufelsküche verantwortlich, aber vermutlich mit zeitweise größeren Wassermassen. Schon lange Zeit vorher verwitterte das Gestein im Untergrund entlang seiner Bankung. Heute zeigt sich das Bild der Granitblöcke, als wären sie wie Wollsäcke aufeinandergetürmt. Der Begriff Wollsackverwitterung hat sich in der geologischen Wissenschaft seit Langem etabliert. Der kleine Netzbach gluckst zwischen Granitfelsen und macht die beeindruckende Szenerie zu einem harmonischen Naturerlebnis. Doch ist die heutige magische Kulisse nur eine Zeitaufnahme in den langen Prozessen der Erdgeschichte.

ZUR KLEINEN TEUFELSKÜCHE Wir gehen auf gleichem Weg zurück, weiter oben an der Kreuzung rechts in Richtung Wanderparkplatz und an der Gabelung oberhalb des Weihers links in Richtung Kleine Teufelsküche. An einer T-Kreuzung nach einem winzigen umzäunten Fischweiher geht es links. An einem Wegweiser lohnt der Aufstieg rechts auf der Treppe hinauf zum Wackelstein, der aber nicht wirklich bewegt werden kann. Solche Wackelsteine stellen die Endphase der Wollsackverwitterung dar, bevor die Felsen irgendwann ins Tal stürzen. Wieder unten wandern wir rechts weiter durch das enge, lang gezogene Tal der **3 Kleinen Teufelsküche**, das mit Wänden aus felsigen Türmen gesäumt ist. Auch hier hat der Netzbach den Granitgrus abtransportiert und die Felsformationen freigelegt.

ZUM ROTHENBÜRGER WEIHER Am Ende der Kleinen Teufelsküche kommen wir längs einer Wiese zu einer Kreuzung hinauf, gehen links und nach zehn Metern rechts in Richtung Rothenbürger Weiher weiter. Dann leitet uns der Pfad direkt am Rothenbürger Weiher entlang. Später entfernt sich der Weg in einem Rechtsbogen vom Weiher und wir kommen an einem Graben vorbei, der ein wenig Wasser führt. Wer will, kann hier die Wanderung durch einen Sprung über den Graben um fast zwei Kilometer verkürzen. Der markierte Wanderweg trifft wieder auf den bekannten Weg, dem wir nach links zur **1 T-Kreuzung** folgen. Jetzt links und am Abzweig vor der großen Lichtung noch mal links. Immer geradeaus finden wir zum Wanderparkplatz am **E Rothenbürger Weiher** zurück. An schönen Tagen lockt hier der Badeplatz am Weiher.

INFO

TOURENCHARAKTER

Leichte, schattige Wege durch Wälder. Etwas Orientierungssinn ist nötig. Feste Schuhe mit griffigen Sohlen sind passend.

AUSGANGS-/ENDPUNKT

Parkplatz Rothenbürger Weiher, Rothenbürger Straße, 95643 Tirschenreuth, GPS 49°51‘34.9“N 12°18‘22.6“E (498 m)

ANFAHRT

ÖPNV: Mit der Bahn nach Wiesau und mit dem Bus 6267 und 6288 zum Rothenbürger Weiher
Auto: Von der A93 Ausfahrt 20 Windischeschenbach auf der St 2181 und B15 zum Rothenbürger Weiher

GEHZEITEN

Rothenbürger Weiher–T-Kreuzung 0:30 Std.–Große Teufelsküche 0:40 Std.–Kleine Teufelsküche 0:40 Std.–T-Kreuzung 0:40 Std.–Rothenbürger Weiher 0:30 Std.

EINKEHR

Keine Möglichkeit

INFORMATION

Regensburger Straße 6, 95643 Tirschenreuth, Tel. 09631/60 02 48, www.stadt-tirschenreuth.de

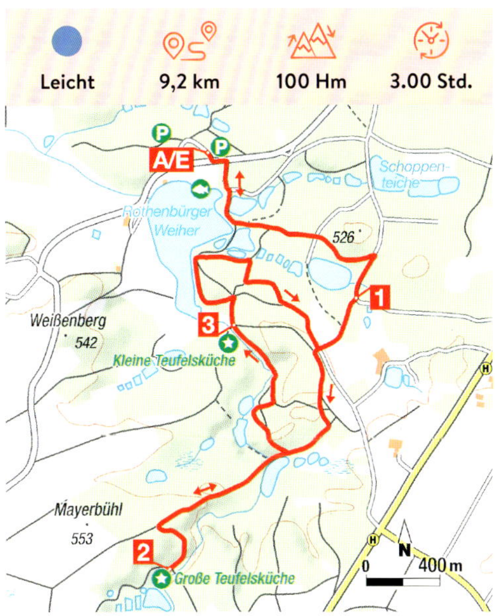

VON SPEINSHART AUF DEN BARBARABERG

Auf magischen Wallfahrtswegen

Das Bild der Heiligen Barbara auf dem Barbaraberg war mindestens seit dem 14. Jahrhundert ein beliebtes Ziel von Wallfahrten. Auch heute noch pilgern Gläubige dorthin. Um das Jahr 1000 stand dort schon eine romanische Saalkirche und es gibt Siedlungsspuren und eine Nekropole aus vorchristlicher Zeit.

12

Das Klosterdorf Speinshart ist ein großer Komplex.

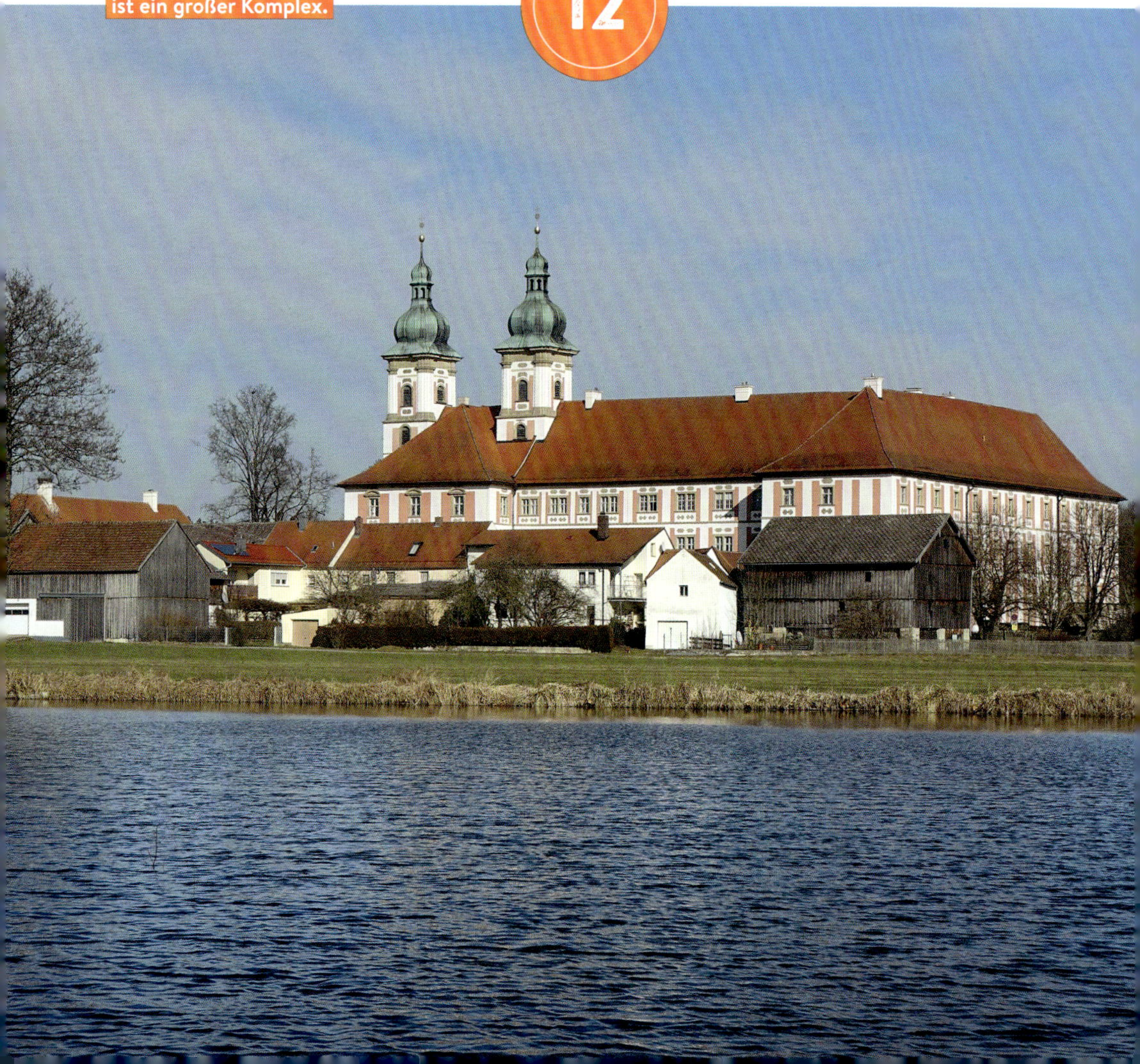

Der Barbaraberg zieht seit Jahrhunderten die Menschen in seinen mystischen Bann. Dazu trägt auch die Aussicht bei, die weit in das Land reicht und die Schönheit der barocken Kulturlandschaft um das Kloster Speinshart zeigt. Die Klosterkirche Maria Immaculata zählt mit dem hochbarocken Innenraum zu den bedeutendsten Kirchenbauten in Süddeutschland. Die Siedlung am Parkplatz ist nach Gereon Motyka benannt, der im 20. Jahrhundert Prior der Abtei Speinshart war.

AUF DEN BARBARABERG Vom Parkplatz in der **A Gereon-Motyka-Siedlung** entfernen wir uns vom Kloster nach Norden an der Grundschule vorbei und biegen links in die Straße Am Klosterkeller ein. Am Ende der Straße geht es über eine Wiese in den Wald hinein. Nach einem Anstieg wandern wir an der T-Kreuzung auf der Forststraße rechts. An einer Weggabelung müssen wir rechts und überqueren die Staatsstraße 2168 in Richtung Süßenweiher. Nach dem kleinen Gasthaus **1 Waldeslust** laufen wir mit der blau-weiß-blauen Markierung im Wald entlang der wildromantischen Weiher, kommen 130 Meter nach dem letzten Teich an eine Kreuzung im Wald und gehen auf dem bewachsenen Weg rechts. Nach Wiesen und Feldern überschreiten wir um 50 Meter nach links versetzt die Straße NEW 5 auf eine Fahrspur in den Wald. Schließlich knickt die Spur nach rechts zum Waldrand, an den wir uns an der Waldecke nach links halten. Nun sind wir auf dem Wallfahrtsweg vom Kloster Speinshart zum Barbaraberg. Eine der großen Heiligenfiguren, die an den Wallfahrtswegen um das Kloster Speinshart in der Landschaft stehen, ist die Statue der **2 Heiligen Margaretha**, an der wir vorbeikommen. Geradeaus geht es wieder in einen Wald hinein und weiter oben über eine Wiese aufwärts auf einen Strommast zu. Auf der Straße wandern wir rechts und an der Gabelung

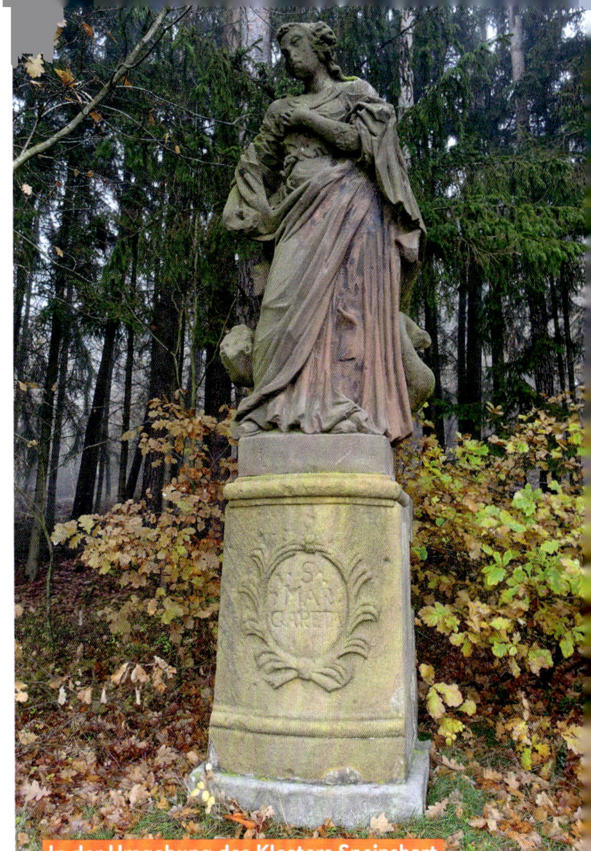

In der Umgebung des Klosters Speinshart stehen viele Heiligenfiguren.

links hinauf. In der Rechtskurve bleiben wir geradeaus auf dem Kreuzweg in der Kastanienallee auf den Barbaraberg hinauf. Die herrliche Rokokofassade mit barocken Zügen der **3 Kirchenruine** ist noch gut erhalten. Der Barbarastatue im Giebel wurde durch einen Blitzeinschlag der Kopf abgesprengt. Hinter der Fassade duckt sich nur eine kleine Kapelle. Schon um das Jahr 1000 gab es hier eine erste Kirche. Im 18. Jahrhundert wurde die Kirche erbaut, von der heute nur noch Reste stehen. Das Ensemble wurde einst auch als Sommerresidenz des Klosters genutzt.

ZUM KLOSTER SPEINSHART Hinter der Kirchenruine folgen wir an den Informationstafeln der Straße rechts abwärts und steigen nach der Rechtskurve links auf der Treppe am Waldrand nach Süden hinab. Am Ende des Waldes überqueren wir die Straße

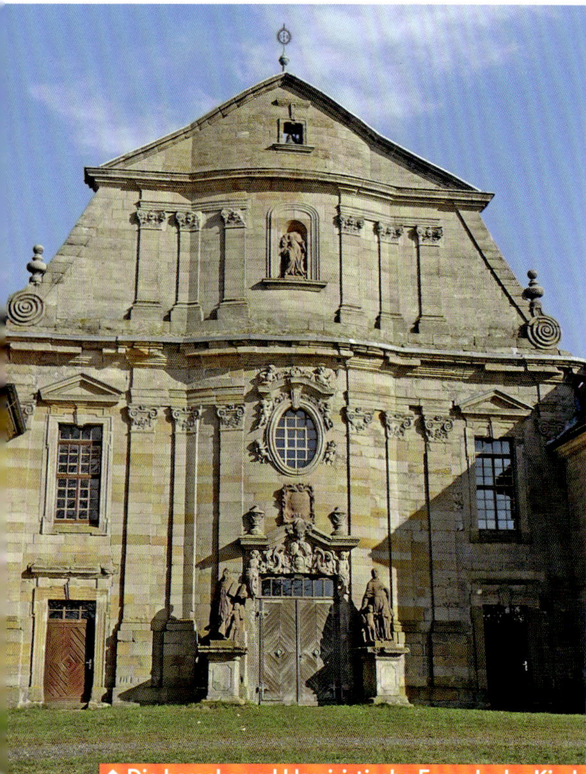

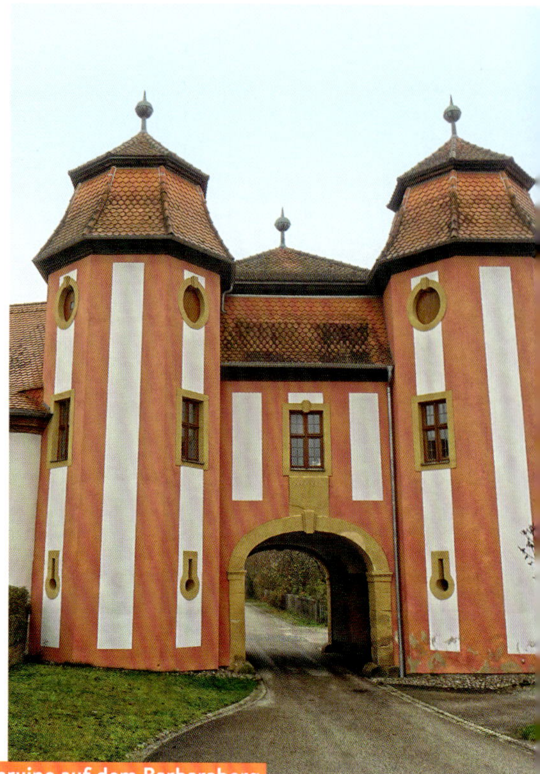

↑ Die barocke und klassizistische Fassade der Kirchenruine auf dem Barbaraberg
↗ Das barocke Torhaus am Klosterdorf stammt aus dem 18. Jahrhundert.

Tipp

IN DER STIFTSKIRCHE

Die reichen Stuckaturen und Fresken der italienischen Brüder Lucchese heben die barocke Stiftskirche in den Rang bedeutender Kirchenbauten. Die Fresken stehen in farblicher Einheit mit der gesamten Ausstattung und Ausmalung des harmonischen Innenraumes. Am Chorbogen ist der Gruß des Engels Gabriel an Maria zu sehen. Über der Verkündigungsszene schwebt der Heilige Geist in Gestalt einer Taube. Die Kirche ist voller allegorischer Darstellungen der Tugenden und Gaben des Heiligen Geistes (www.kloster-speinshart.de).

geradeaus über die Wiese hinab und laufen auf der unteren Straße rechts in das Dorf **4 Seitenthal** hinein. An der Kreuzung mit der Bushaltestelle müssen wir links und nach dem Haus, an dem der Briefkasten der Post hängt, rechts aus dem Ort hinaus. Wir überqueren eine Ortsverbindungsstraße in eine Betonstraße zwischen noch tiefer liegenden Feldern und Wiesen. Auf der linken Seite trägt das Gebiet den Namen Mooshut. Die Gegend um das Kloster Speinshart war bis ins 19. Jahrhundert ein Sumpfgebiet. Dazu passt die Gründungslegende von Speinshart. Im Jahr 1150 soll sich die Gattin des Grafen von Reifenberg in den Sümpfen verirrt haben. Da versprach die Gräfin Gott, ein Kloster bauen zu lassen, wenn sie gerettet würde. Der Graf ließ die Sümpfe trockenlegen und baute das Kloster. Wir tauchen wieder in einen Wald ein und wandern an der Kreuzung auf der Forststraße rechts. Nach einer Wiese geht es am Waldrand rechts und uns begleiten abwechselnd Wälder, Felder und Wiesen. An einer T-Kreuzung, an der wir wieder links von uns einen Wald haben, laufen wir links entlang des Waldrandes und dann in den Wald hinein, in dem wir an einem kleinen **5 Kreuzigungsbild** am Baum vorbeikommen. Am Ende des Waldes öffnet sich der Blick auf das Klosterdorf Speinshart. Das Prämonstratenser-Kloster wurde im 12. Jahrhundert gegründet und im Jahr 1921 wieder besiedelt. Die Klostermauer stammt noch aus dem späten Mittelalter. Das Klosterdorf entstand aus den Gebäuden der Abtei, die nach der Säkularisierung 1803 den Angestellten und Verwaltern des Klosters verkauft wurden. Heute gilt das Klosterdorf als Baudenkmal von europäischem Rang.

Wir müssen am Waldrand links noch gut 200 Meter nach Süden und überqueren nach rechts die St 2168. Von Süden betreten wir den Klosterhof und stehen gleich vor der **6 Stiftskirche** Maria Immaculata. Vor dieser Kirche stand hier eine dreischiffige Basilika, die im 12. Jahrhundert erbaut wurde. In der Klosteranlage fanden sich bei Grabungen auch Reste eines hochmittelalterlichen Adelssitzes. Die Stiftskirche, der Konventbau und auch die gesamte Klosteranlage wurden ab dem späten 17. Jahrhundert erneuert.

Nach der Stiftskirche gehen wir durch den großen Klosterhof nach Norden durch das barocke Torhaus mit den zwei Türmen zum Parkplatz in der **E Gereon-Motyka-Siedlung** zurück.

INFO

TOURENCHARAKTER

Leichte, meist sonnige Wege und Pfade durch Wälder und Wiesen

AUSGANGS-/ENDPUNKT

Parkplatz Gereon-Motyka-Siedlung, 92676 Speinshart, GPS 49°47'18.3"N 11°49'15.7"E (425 m)

ANFAHRT

ÖPNV: Mit der Bahn nach Kemnath-Neustadt und mit dem Rufbus 8438 nach Speinshart
Auto: Von der A 9 Ausfahrt 42 Bayreuth-Süd auf der B 2 und B 22 nach Speinshart

GEHZEITEN

Parkplatz–Waldeslust 0:25 Std.–Hl. Margaretha 0:25 Std. Kirchenruine 0:20 Std.–Seitenthal 0:15 Std.–Kreuzigungsbild 0:40 Std.–Stiftskirche 0:20 Std.–Parkplatz 0:05 Std.

EINKEHR

Kloster-Gasthof, Klosterhof 8, 92676 Speinshart, Tel. 09645/60 19 37 01, www.kloster-speinshart.de

INFORMATION

Karlsplatz 3,
92676 Eschenbach,
Tel. 09645/92 00 16,
www.eschenbach-opf.de

Leicht | 8,4 km | 140 Hm | 2.30 Std.

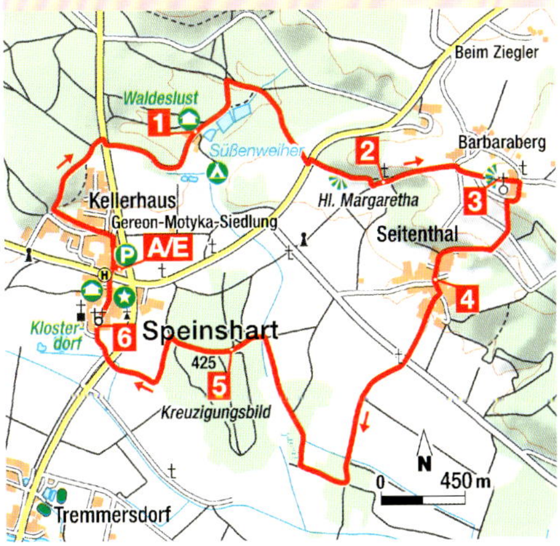

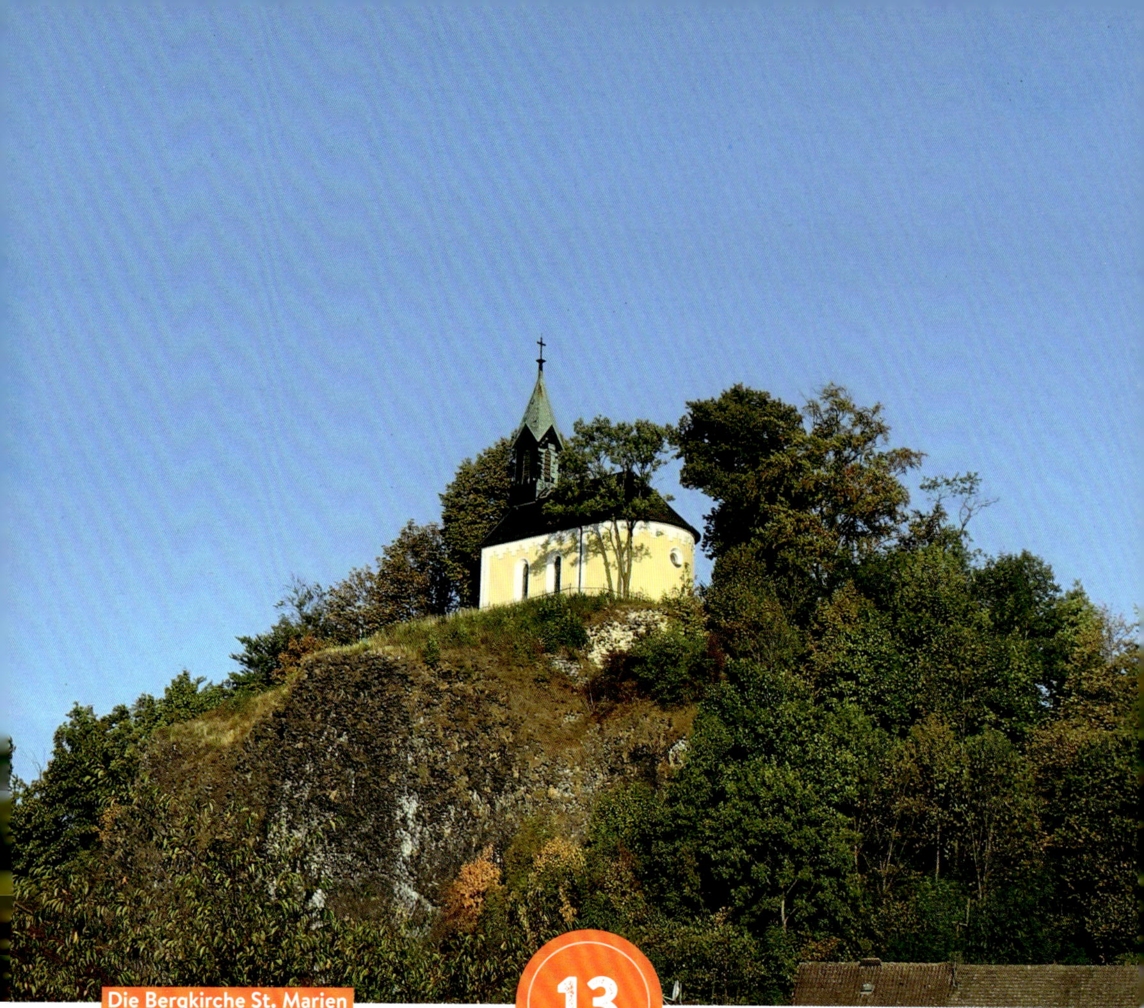

Die Bergkirche St. Marien steht auf dem Vulkan.

13

ZUR VULKANRUINE HOHER PARKSTEIN

Der schönste Basaltkegel Europas

Kein Geringerer als Alexander von Humboldt bezeichnete den Parkstein als schönsten Basaltkegel Europas. Die weit aus dem Umland zu sehende Vulkanruine war einst von einer großen Burg bekrönt. Die Entstehung der fünf- und sechseckigen Basaltsäulen stellt sich zunächst als geheimnisvoll dar.

Von der Spitze des Parksteines können wir weit über die Landschaft schauen. Der Blick schweift über den Ort Parkstein und über das Oberpfälzer Hügelland. Wegen der einmaligen Basaltwand mit den markanten Säulen und wegen der guten Aussicht ist der Parkstein zu einem beliebten Ausflugsziel geworden. Spannend wird der Blick auf die Felder südlich von Parkstein, auf denen der braune bis rote Edelstein Karneol zu finden ist.

ZUR NEUMÜHLE Vom Ernst-Pöhlmann-Parkplatz an der Kühbrücke in **A Grünthal** beginnen wir die Wanderung parallel zur Stromleitung nach Süden. Nach 170 Metern gehen wir mit der rot-grünen Markierung rechts nach Nordwesten und bleiben immer geradeaus. Wir sind im Tal der Schweinnaab, deren Wasserkraft einst Hammerwerke, Mühlen und Glasschleifen antrieb. Der Ortsteil Polier weist auf eine einstige Spiegelschleife hin. 800 Meter nach der Überquerung der Scharlmühlstraße müssen wir an der Kreuzung am Waldrand rechts, umgehen schon vor den Fahrsilos nach rechts die **1 Neumühle** und überschreiten wieder die Schweinnaab.

AUF DEN PARKSTEIN An einer Kreuzung an einem Zaun, in dem Damwild gehalten

Tipp

VULKANERLEBNIS PARKSTEIN

Das Vulkanmuseum in Parkstein im ehemaligen Landrichterhaus und im modernen Anbau bietet über drei Stockwerke voller Geologie und Geschichte interessante Informationen rund um den Vulkan Parkstein und zur Ortsgeschichte. Höhepunkt ist ein multimedial aufbereiteter Vulkanausbruch, wie er sich vor 24 Millionen Jahren zugetragen haben könnte (Schlossgasse 5, 92711 Parkstein, Tel. 09602/616 39 10, www.vulkanerlebnis-parkstein.de).

↓ Die restlichen Mauern lassen eine große Festungsanlage erkennen.
↘ Die Kreuzwegstationen auf dem Parkstein bestehen aus Mosaikbildern.

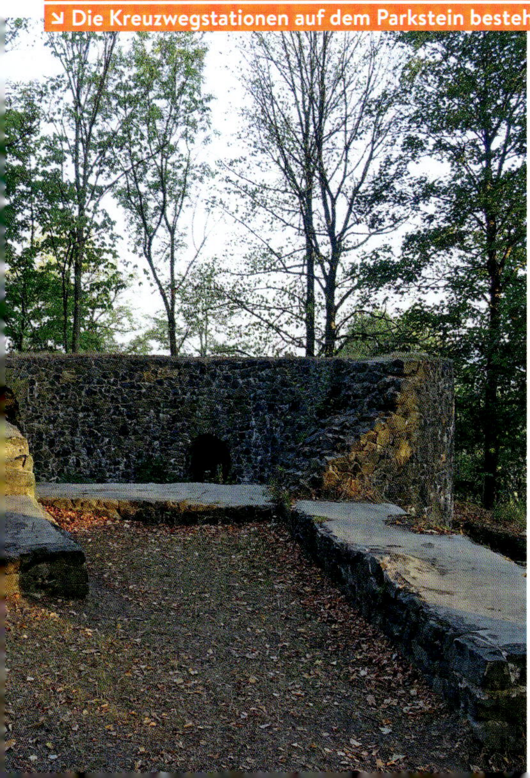

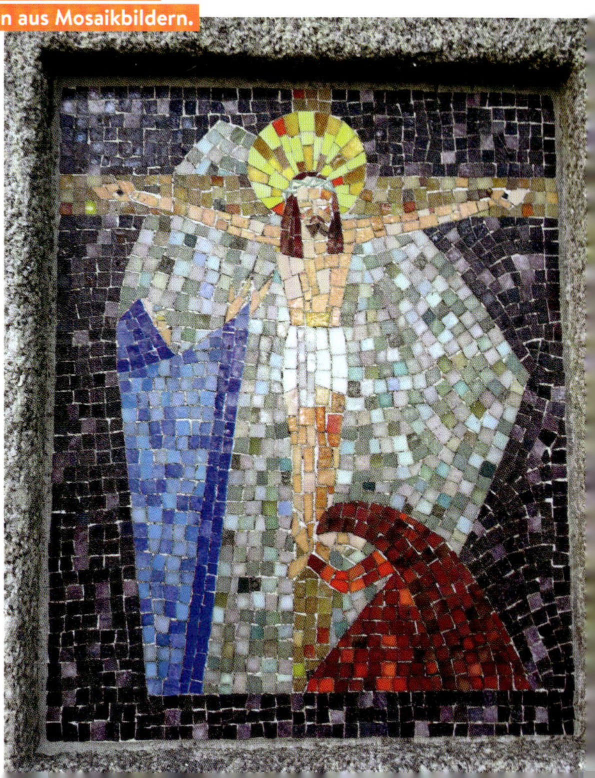

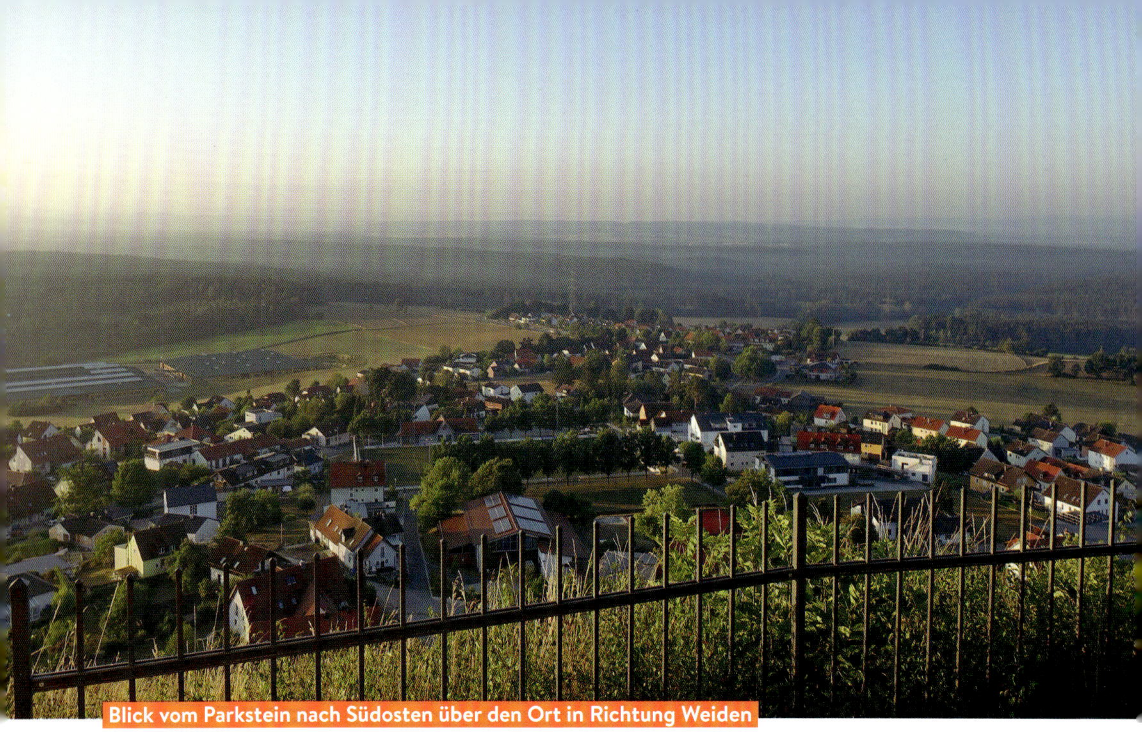

Blick vom Parkstein nach Südosten über den Ort in Richtung Weiden

wird, folgen wir der rot-grünen Markierung 5 und wandern geradeaus auf Parkstein zu, das auf dem Verwitterungsschutt des Vulkans steht. Die Geschichte Parksteins mit seiner Burg geht auf das 11. Jahrhundert zurück.
Der Fahrweg wird in Parkstein zur Straße Am Schutzengel, an deren Ende wir rechts über die Kreuzung mit der Pressather Straße gehen und in den Ahornweg links einbiegen. An der Straßengabelung bleiben wir rechts auf dem Ahornweg und steigen geradeaus auf der Straße Im Koch höher. An der Lichtensternstraße geht es in spitzem Winkel links und nach 100 Metern scharf rechts in die Bergstraße. Gleich vor dem Haus mit der Nummer 2 nutzen wir links den Gehweg steil aufwärts und wenden uns auf der oberen Straße um zehn Meter nach links versetzt nach rechts in den Neuweg, der in einem Abstecher zum Parkplatz unterhalb der imposanten Basaltwand führt. Vor 24 Millionen Jahren drang Magma aus der Tiefe in Risse der oberen Erdkruste vor, ohne dass es zum direkten Ausbruch kam. Durch langsame Abkühlung im Vulkanschlot entstanden die fünf- und sechseckigen Basaltsäulen, die bis 30 Meter tief in die Erde reichen. Doch sichtbar wurde der Förderschlot erst nach der Erosion des umliegenden Sandsteines, wobei die 38 Meter hohe Basaltwand ein Ergebnis des früheren Steinabbaues ist. Die mysteriösen polygonalen Basaltsäulen entstehen nach der Erstarrung der Lava bei der Abkühlung des heißen Gesteines. Die Wärmeentziehung führt zu einer Schrumpfung. Wenn die Spannung die Festigkeit des Gesteines überschreitet, reißen Spalten auf, die ein vier- bis sechseckiges polygonales Muster bilden. Ein ähnliches Phänomen zeigen die polygonalen Trockenrisse auf einer Schlammoberfläche.
Wir gehen von der Basaltwand 100 Meter zurück und steigen rechts auf dem interessanten Geopfad Richtung Bergkirche hinauf. Weiter oben geht es an den Resten der Burg rechts aufwärts. Die Burg aus dem 11. Jahrhundert diente unter Kaiser Karl IV. der Sicherung der Goldenen Straße von Prag nach Nürnberg. Weiter oben erreichen wir die **2 Bergkirche**, von der wir an der Panoramascheibe

einen herrlichen Blick auf die Hügellandschaft des Oberpfälzer Waldes genießen.

RÜCKWEG NACH GRÜNTHAL Von der Burgruine führt der Kreuzweg nach Norden zur Kapuzinergasse hinunter. Am Ende der Treppe gibt es Eingänge in Felsenkeller, die in den Vulkanschlot geschlagen wurden. Wir laufen auf der Kapuzinergasse hinab und am Ende auf der Basaltstraße links. Auf dem Gehweg neben der Neustädter Straße wandern wir mit der Markierung rot-grünes Rechteck 3 rechts abwärts aus dem Ort in Richtung Altenstadt hinaus. 150 Meter nach dem Wertstoffhof gehen wir am **3 Vögl-Marterl** aus Granit rechts in die Felder hinaus und an der Gabelung mit dem Trafohäuschen wieder rechts. Im Kiefern-Blaubeerwald geht es an einem Jagdansitz nochmals rechts zum kleinen Parkplatz **4 Rotes Kreuz**, auch wenn dieses schwarz angestrichen ist. Hier überqueren wir nach rechts versetzt die Weidener Straße in Richtung Hammerles. An einer Kreuzung mit Wegweisern wandern wir ohne Markierung links in Richtung Weiden. 270 Meter nach einem Kreuz aus Edelstahl müssen wir in der Linkskurve auf dem Pfad mit der Markierung rot-grünes Rechteck 4 rechts abwärts zum stillen Gemeindeweiher. Am linken Ufer entlang und dann längs der kleinen Schweinnaab kommen wir zur Kühbrücke und zum Ernst-Pöhlmann-Parkplatz im **E Grünthal** zurück.

INFO

TOURENCHARAKTER
Leichte, meist sonnige Wege durch Wälder und Felder.
Im Ortsbereich auf Straßen

AUSGANGS-/ENDPUNKT
Ernst-Pöhlmann-Parkplatz,
92711 Parkstein-Grünthal,
GPS 49°42'59.1"N 12°04'09.5"E
(440 m)

ANFAHRT
ÖPNV: Mit der Bahn nach Altenstadt und mit dem Rufbus 8440 nach Parkstein
Auto: Von der A 93 Ausfahrt 21b Altenstadt und auf der B 22 nach Parkstein

GEHZEITEN
Grünthal–Neumühle 0:40 Std.–Bergkirche 0:40 Std.–Vögl-Marterl 0:20 Std.–Rotes Kreuz 0:25 Std.–Grünthal 0:35 Std.

EINKEHR
Hotel Restaurant Parksteiner Hof, Basaltstraße 10, 92711 Parkstein, Tel. 09602/43 96, www.parksteiner-hof.de

Leicht | 9,6 km | 170 Hm | 2.40 Std.

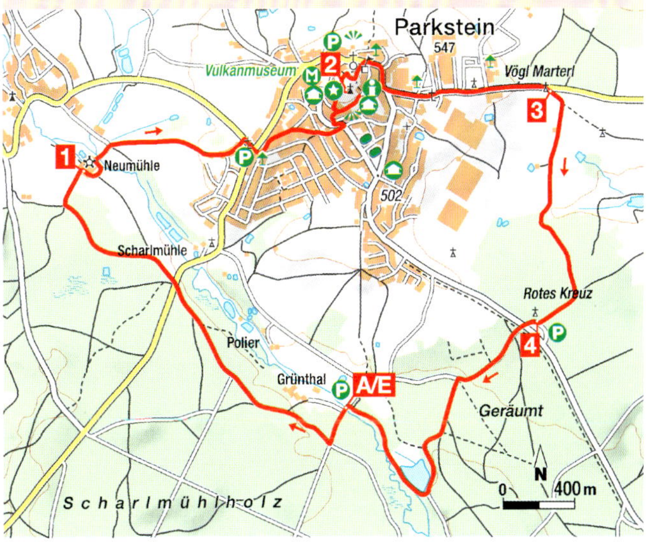

INFORMATION
Schlossgasse 5, 92711 Parkstein, Tel. 09602/61 63 90, www.parkstein.de

DURCH DEN MYSTISCHEN DOOST

Verwunschenes Felsenchaos

Der versteckte Doost im Tal der Girnitz war das erste Naturschutzgebiet der Oberpfalz. Die mächtigen Granitblöcke im Bett des Baches haben das Tal zu einem wildromantischen Abschnitt gestaltet. Am Rückweg liegt am Gollwitzerhof dann auch noch ein Badeweiher.

14

Im verwunschenen Felsenchaos im Doost

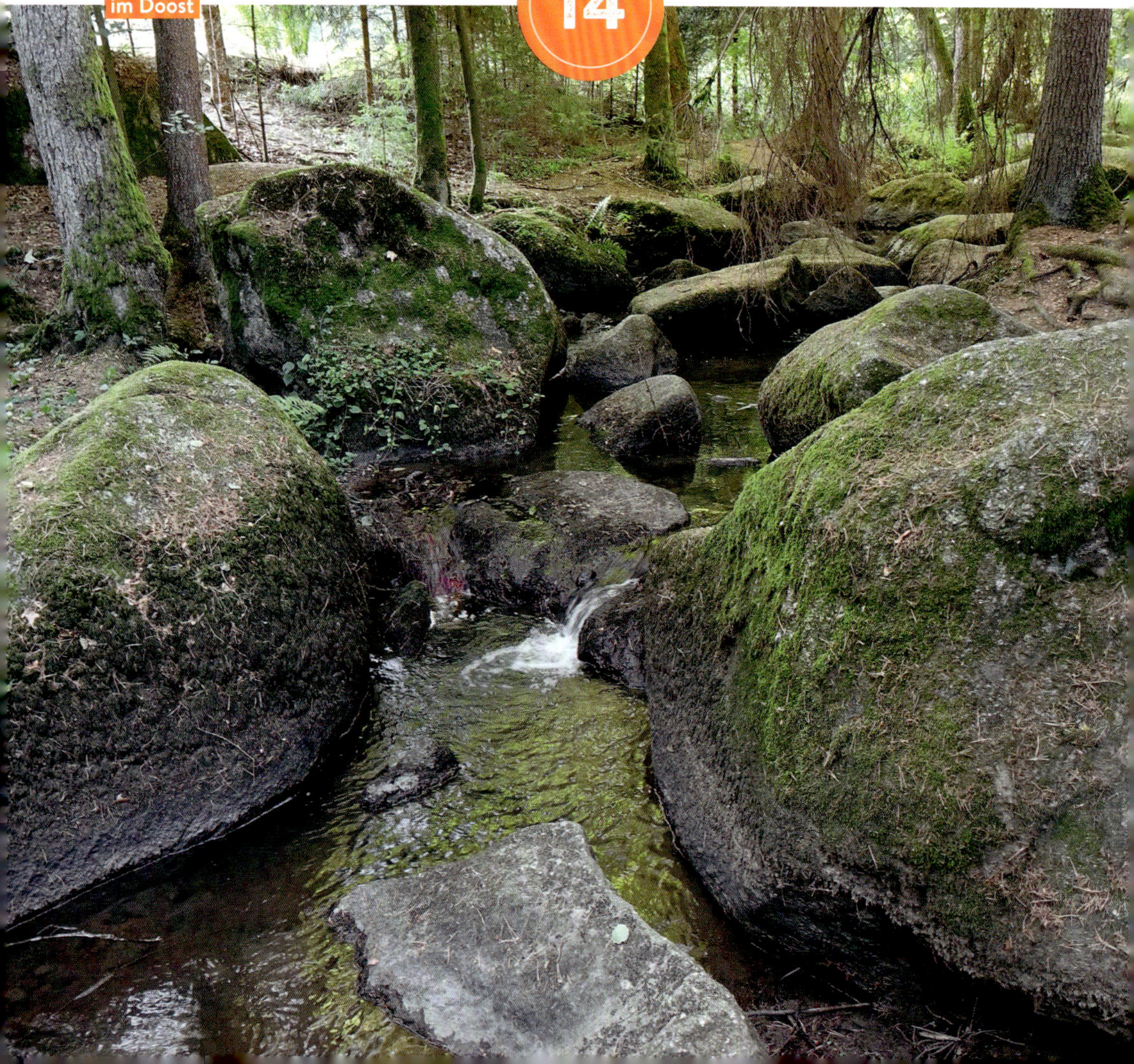

Der Doost ist schon lange ein beliebtes Ausflugsziel für Wanderer. Der Name entstammt dem Tosen des Wassers. Der Abschnitt der Girnitz, der das Blockmeer aus gerundeten Granitblöcken durchströmt, kann wie der herrliche Weiher am Schnepfenhof ein Ort der Besinnung und Meditation sein.

ZUM PRIMUSBLICK Am **A Marktplatz** in Floß steht der Brunnen aus dem 16. Jahrhundert, Rohrkasten genannt, weil er einst durch Rohre aus Holz mit Wasser versorgt wurde. Auf der Brunnensäule prangt der Adler, der für die historische Zugehörigkeit zum staufischen Reich steht. Das älteste Siegel aus dem 14. Jahrhundert zeigt ebenfalls den Adler. Vom Brunnen wandern wir zu Beginn am Hotel und Marktcafé vorbei, auf der Vohenstraußer Straße rechts nach Süden aufwärts und vor dem Biergarten des Gasthofes Schaller auf dem Bocklradweg rechts. Aber hinter dem Gasthof Schaller ist der liebevoll gestaltete Kreislehrgarten Floß »Garten der Sinne«, der auf jeden Fall zuerst einen Besuch wert ist.
An der nächsten Kreuzung auf dem Bocklradweg mit der Weidener Straße folgen wir dieser auf dem Gehweg nach links hinauf. Nach 300 Metern gehen wir vor einem einzelnen Haus rechts auf dem Kiessträßchen mit den Markierungen f für den Findlingsweg und blauem S für den Goldsteig-Zuweg in Richtung Galgen. Bevor wir in den Wald eintauchen, haben wir im Rückblick ein schönes Panorama über Floß in den Oberpfälzer Wald bis Tschechien hinein. Floß ist über 1000 Jahre alt und wurde im Jahr 948 das erste Mal als Amt urkundlich erwähnt. Weiter oben gilt der Platz **1 Primusblick** der Erinnerung an den Lehrer und Heimatforscher Primus Schellein, der hier gerne verweilte.

ZUM NATURSCHUTZGEBIET DOOST Am Primusblick wählen wir den linken Weg

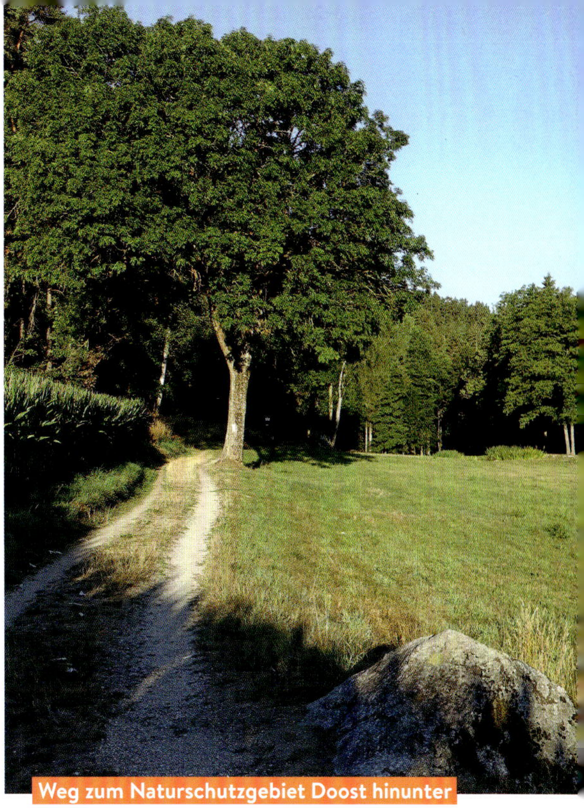

Weg zum Naturschutzgebiet Doost hinunter

nach Südwesten immer geradeaus über Felder und durch einen Wald hinab an einem einsamen Weiher vorbei. Im Weiler **2 Ritzlersreuth** müssen wir links und biegen nach

Tipp

IM GARTEN DER SINNE

Der Garten soll eine Philosophie zum Leben darstellen und selber ein Sinnbild des Lebens sein. Im Spiegelbild der Kugel kann sich jeder als ein Teil des Ganzen sehen. Ein Teich und Brunnen und natürlich viele Blumen, Obst- und Gartengewächse erfreuen die Sinne. Die Elemente Wasser, Erde, Feuer und Luft sollen die Sinne anregen und Kinder entdecken den geheimen Räuberpfad (www.gartenbauvereine-kreisverband-neustadt.de).

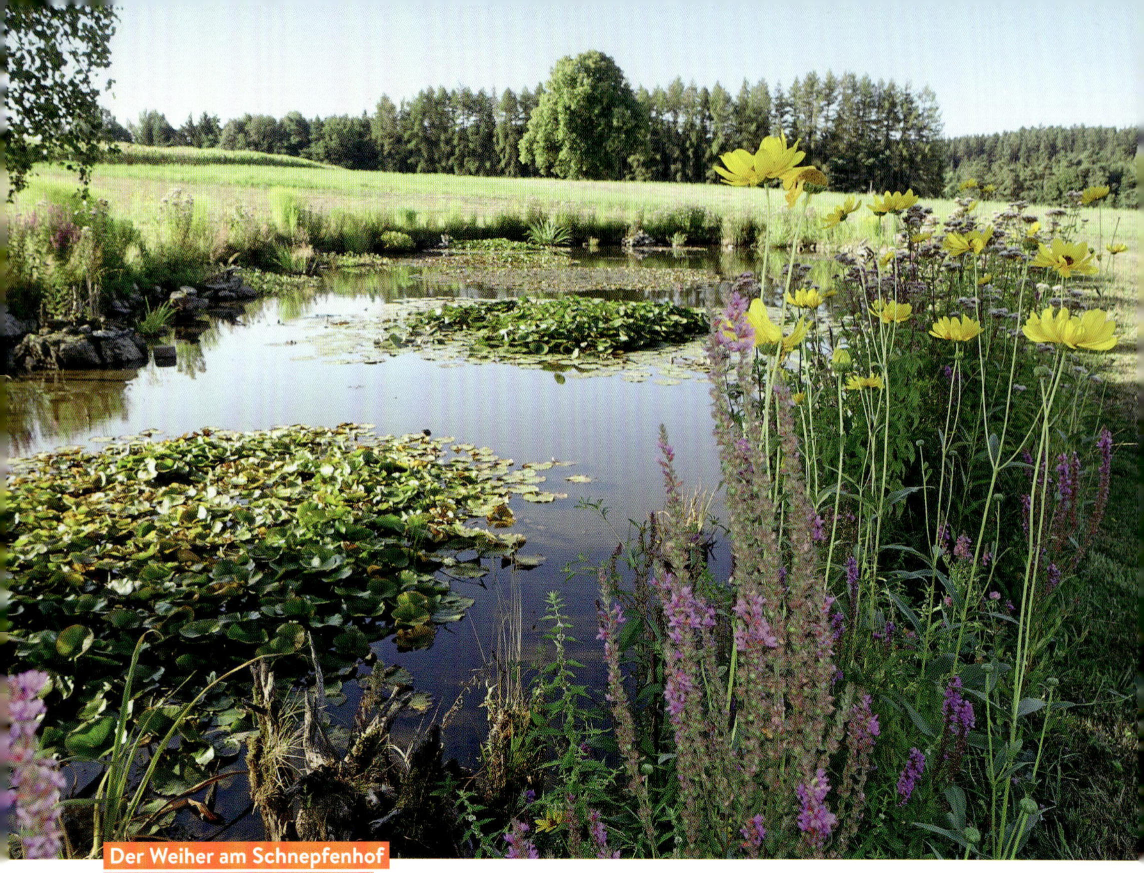

Der Weiher am Schnepfenhof ist ein idyllisches Refugium.

150 Metern rechts auf den Feldweg in Richtung Doost hinunter ab. Vor einem idyllischen Weiher steht der Teufelsstein, um den sich Sagen ranken. Danach geht es über den kleinen Paintbach und an der Gabelung am Beginn des Naturschutzgebietes Doost links abwärts. Weiter unten überqueren wir auf einer Brücke aus Granit die Girnitz, in die der Paintbach schon hineingeflossen ist. An der Weggabelung wandern wir rechts in das Felsenchaos im Girnitztal hinein. Immer wieder gibt es die Möglichkeit, auf die Granitblöcke zu klettern und das Naturschauspiel zu betrachten. Das fantastische Steinblockmeer wurde vom Bach durch Erosion freigelegt. Bald ist die Girnitz überhaupt nicht mehr zu sehen, nur ein Rauschen und Gluckern unter den Granitfelsen kündet von seiner Existenz. Das Felsenchaos wird Teufelsbutterfass genannt, und es gibt einige Sagen über den mystischen Doost, die zum Teil auf Schildern auf den Felsen erzählt werden. Auf einem **3 Steg** müssen wir das Bachbett überqueren und bald ist das Naturschutzgebiet und das Felsenchaos zu Ende.

ZUM WEIHER Nun laufen wir nicht auf der Wiese hinauf, denn oben versperrt ein Zaun den Weg. Noch vor der Wiese führt rechts ein markierter Pfad im Wald weiter hinauf. Am Ende des Waldes stoßen wir an einer Kreuzung auf den Weiher am Campingplatz Gollwitzerhof. Wir bleiben noch 25 Meter geradeaus entlang des Weihers und wandern dann rechts mit der Markierung f des Findlingweges in den Wald hinauf. Auf dem Feldweg kommen wir zu dem herrlichen **4 Weiher** vor dem Schnepfenhof. Allerlei Wasserpflanzen und Uferbereiche sind ein Refugium für Pflanzen, Insekten und Amphibien. Über der Wasserfläche segeln Schwalben auf gewagtem Beuteflug.

RÜCKWEG ÜBER DEN PRIMUSBLICK Den Schnepfenhof umgehen wir rechts, dann geht es auf der Straße links und nach 150 Metern nehmen wir den Feldweg rechts unter die Sohlen. Der Weg wird auf der Hochfläche immer geradeaus zu einer Schlepperspur. Rechts sehen wir im Süden den Fernmeldeturm Weiden, der bei Letzau steht. Wieder in einem Wald auf der Höhe Galgen nehmen wir mit der Markierung roter Ring den zweiten Weg rechts abwärts und kommen an der Richtstätte vorbei, an dem einst der Galgen des Hochgerichtes Floß stand. Auf dem Weg weiter abwärts erreichen wir erneut den **1 Primusblick**. Wieder auf der Weidener Straße bleiben wir jetzt immer auf dieser und erreichen nach 600 Metern den **E Marktplatz**.

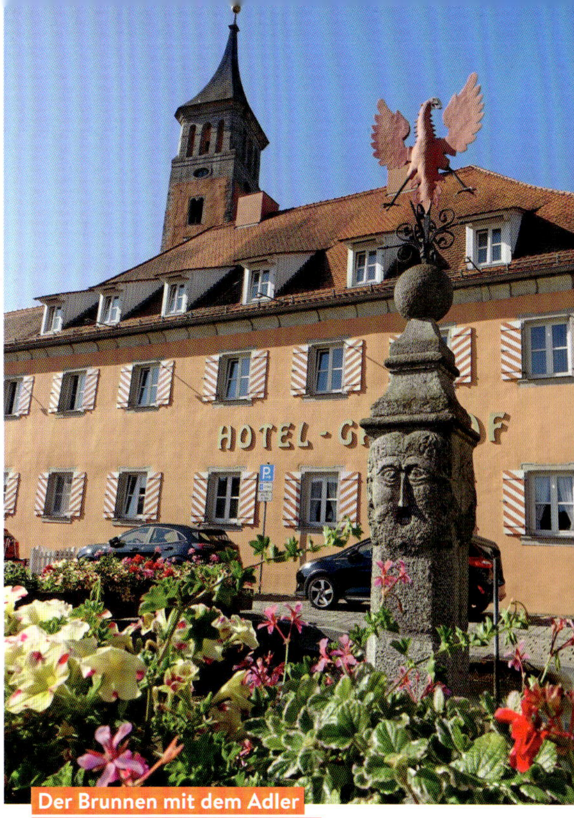

Der Brunnen mit dem Adler ist das Wahrzeichen von Floß.

INFO

TOURENCHARAKTER
Leichte, meist sonnige Wege und Pfade durch Wälder, Wiesen und Felder. Im Ortsbereich auf Straßen

AUSGANGS-/ENDPUNKT
Marktplatz, 92685 Floß, GPS 49°43‘25.9“N 12°16‘33.5“E (480 m)

ANFAHRT
ÖPNV: Mit der Bahn nach Weiden und mit dem Bus 6272 nach Floß
Auto: Von der A 93 Ausfahrt 21a Neustadt an der Waldnaab auf der St 2172 und St 2395 nach Floß

GEHZEITEN
Marktplatz–Primusblick 0:20 Std.–Ritzlersreuth 0:30 Std.–Steg 0:20 Std.–Weiher 0:15 Std.–Primusblick 0:35 Std.–Marktplatz 0:20 Std.

Leicht | 8,0 km | 140 Hm | 2.20 Std.

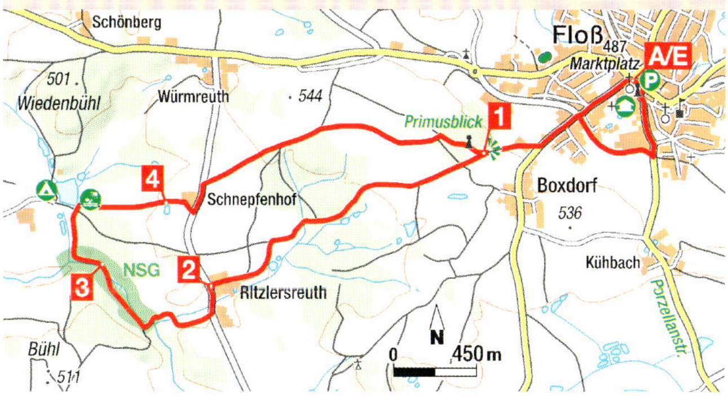

EINKEHR
Gasthof Biergarten Schaller, Vohenstraußer Straße 21, 92685 Floß, Tel. 09603/90 37 90, www.familiengasthof-schaller.de

INFORMATION
Rathausplatz 3, 92685 Floß, Tel. 09603/92110, www.floss.de

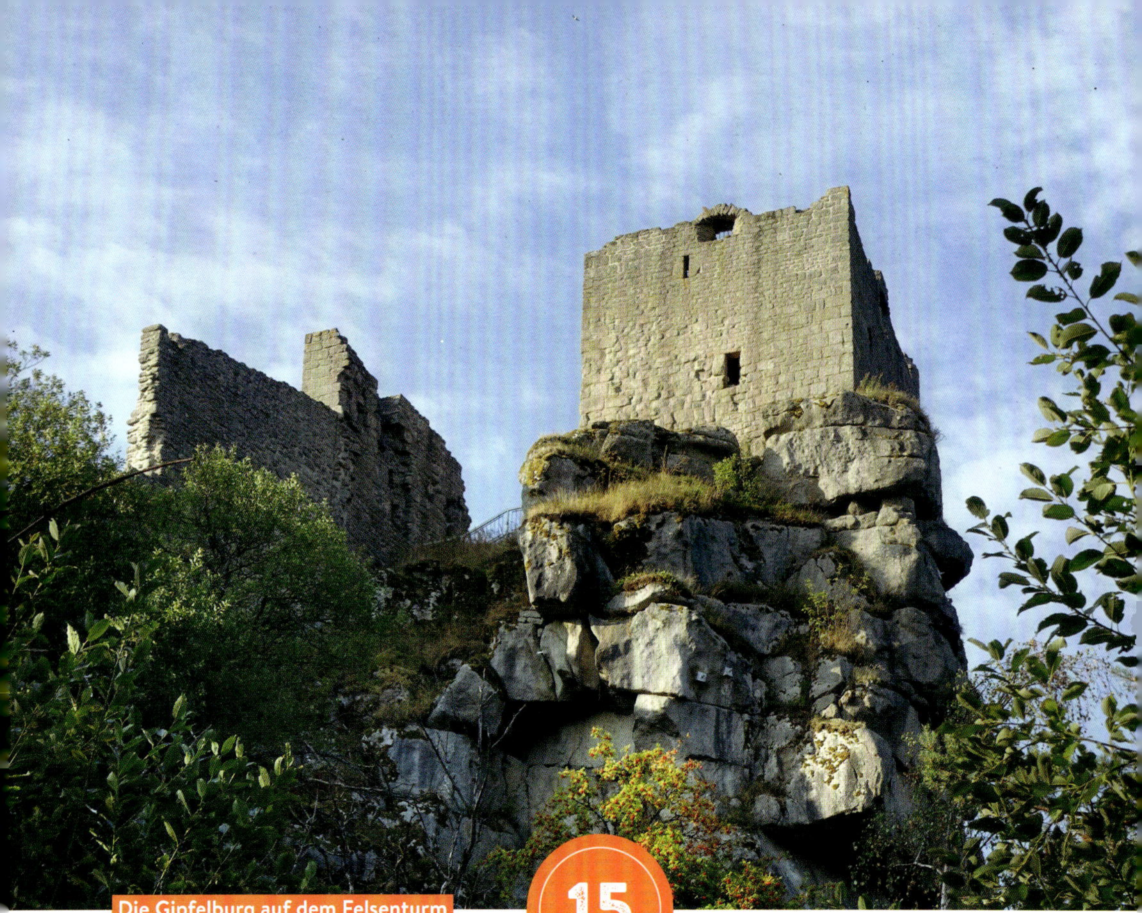

Die Gipfelburg auf dem Felsenturm ist der älteste Teil der Anlage.

15

BURGRUINE FLOSSENBÜRG UND BADESEE

Zauber des Flossenbürger Granits

Der Flossenbürger Schlossberg wird von einer der schönsten Burgruinen der Oberpfalz bekrönt. Der Berg besteht aus Granit mit einer seltenen zwiebelschaligen Bankung. Nach intensivem Granitabbau steht der Schlossberg heute wegen der kostbaren Arten dieses Extremstandortes unter Naturschutz.

Die Entstehung des Granits ist ein spannender Abschnitt der Erdgeschichte. Kilometertief unter der Erdoberfläche kristallisierte Magma zu Granitgestein, das nach Millionen Jahren durch Hebung und Erosion ans Tageslicht kam. Der Flossenbürger Schlossberg ist eines der schönsten Geotope Bayerns. Entdecker können die bisher nicht gelüfteten Geheimnisse der Burg aufspüren. Dort oben ist ein Schatz versteckt, und der sagenhafte Geheimgang zur Burg Haselstein wurde auch noch nicht gefunden. Real ist der Badeplatz am Großen Gaisweiher, wodurch sich diese Wanderung für warme Tage empfiehlt.

Tipp

BURG- UND STEINHAUERMUSEUM

Die Geschichte der Flossenbürger Burg und Fundstücke aus den Grabungen werden im Burgmuseum dokumentiert. Das Museum zeigt auch Erinnerungsstücke und Erklärungen zum Granitabbau in den Steinbrüchen. Die Steinbrüche spielten für die Gefangenen des KZ Flossenbürg eine schreckliche Rolle. Außer in der KZ-Gedenkstätte wird auch im Burg- und Steinhauermuseum darauf eingegangen (Silberhüttenstraße 4, 92696 Flossenbürg, Tel. 09603/531, von Ende Mai bis Ende August an Sonn- und Feiertagen 14–17 Uhr, www.flossenbuerg.de).

ZUR BURGRUINE FLOSSENBÜRG Vom Parkplatz P1 an der **A KZ-Gedenkstätte** beginnen wir an der Bushaltestelle am südöstlichen Ausgang auf der Silberhüttenstraße nach rechts abwärts die Wanderung. Am Ende der Straße ist links das **1 Burg- und Steinhauermuseum**, natürlich in einem Granithaus. Wir biegen links in die Hohenstaufenstraße und wandern nach 50 Metern vor der Kirche St. Pankratius rechts auf der Schlossbergstraße aufwärts. Die Kirche aus

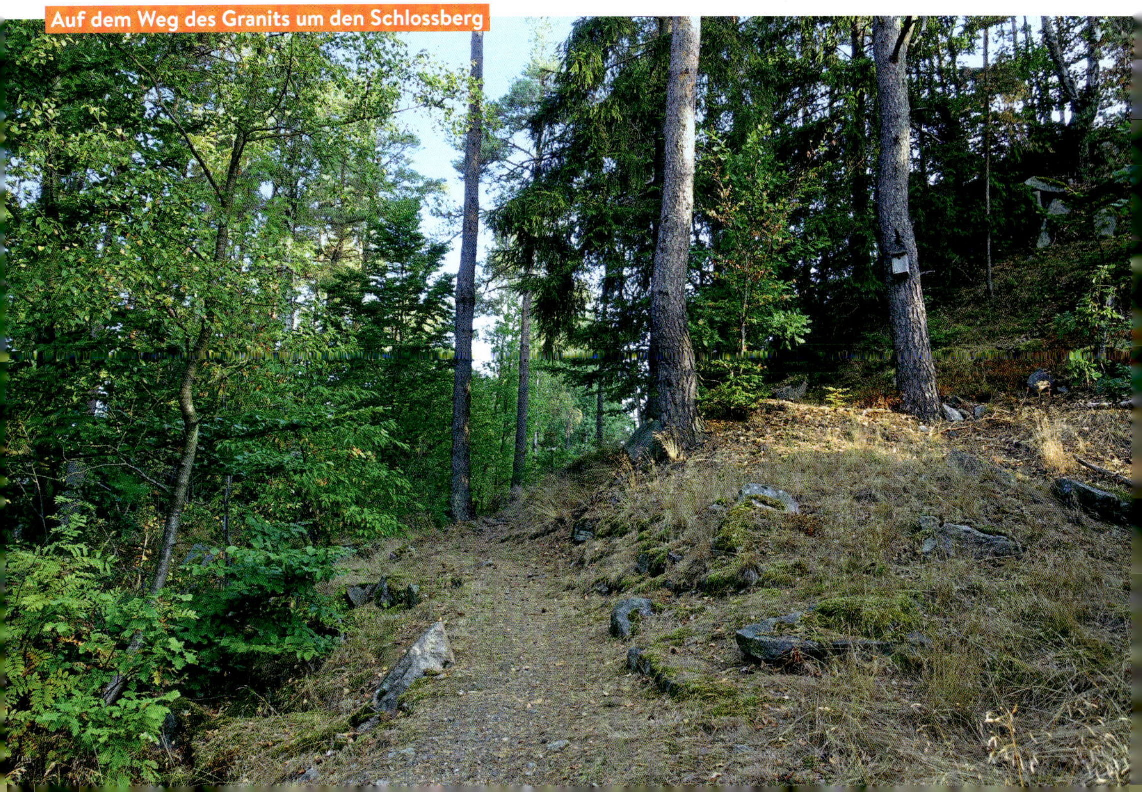

Auf dem Weg des Granits um den Schlossberg

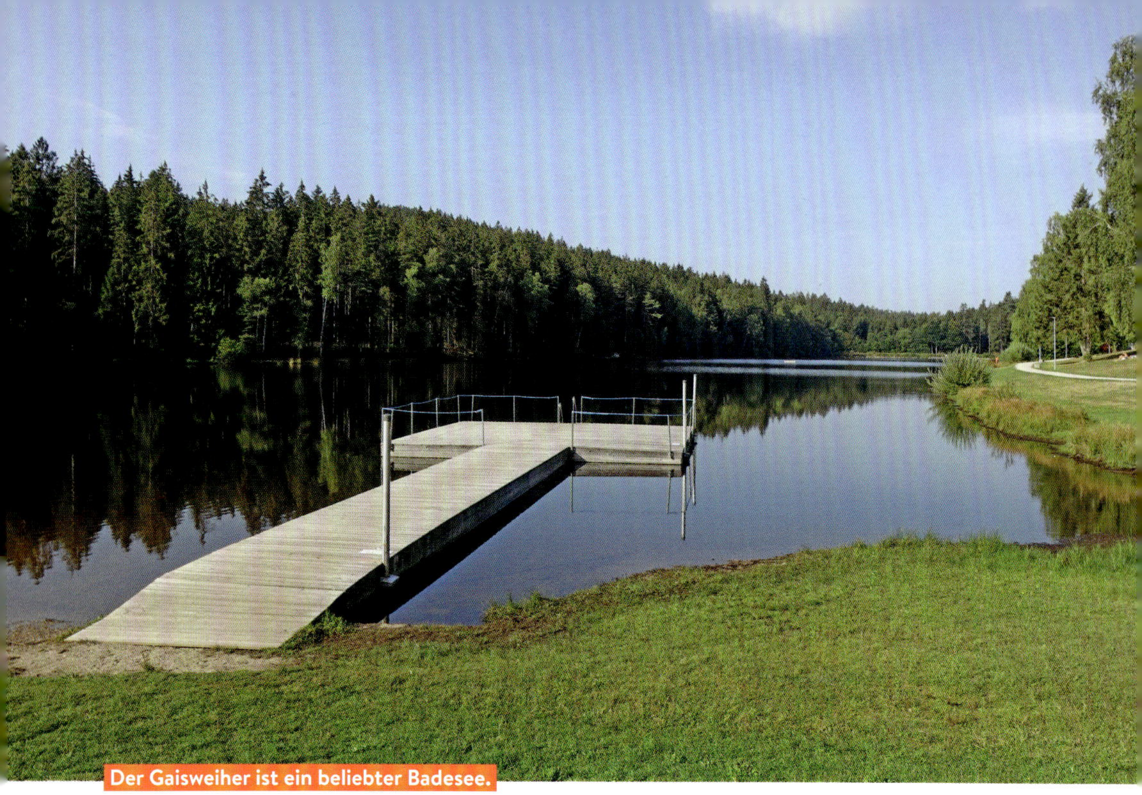

Der Gaisweiher ist ein beliebter Badesee.

Granit wurde ursprünglich im Jahr 1718 als Simultankirche erbaut.

Nach 250 Metern auf der Schlossbergstraße steigen wir nach dem Haus mit der Nummer 20 rechts ohne Markierung hinauf. Oberhalb des Hauses treffen wir auf den markierten Weg des Granits und folgen ihm in spitzem Winkel links aufwärts. Der Weg führt rund um den Schlossberg an alten Steinbrüchen vorbei, in denen bis in die 1960er-Jahre Granit gebrochen wurde. Die Werkstücke aus Granit wurden weltweit exportiert. Am alten Steinbruch am Weiher ist der schöne Flossenbürger Granit mit seiner außergewöhnlich, parallel zur Erdoberfläche liegenden Bankung zu sehen. Diese »Zwiebelschalen« entstanden durch die Druckentlastung zur Zeit der Hebung des Granits. Nach dem großen Steinbruch geht es an einem Abzweig auf einem Pfad rechts hinauf und an einer Weggabelung wieder rechts. Weiter oben gehen wir an einem starken Wohnturm rechts vorbei. Der Turm aus der Zeit um 1200 mit den 2,7 Meter dicken Mauern sollte den Zugang zur Burg zusätzlich schützen. Auf einem Abzweig nach rechts kommen wir durch die Toranlage mit Batterieturm an den Fuß des markanten Felsens mit der Gipfelburg. Die Festung wurde vom Nordgaugrafen Berengar von Sulzbach um das Jahr 1100 begründet und war eine der wichtigsten Burgen des Nordgaues. Seine Nachkommen traten später im Gefolge des Kaisers Friedrich Barbarossa auf. Das Ende für die Burg kam im Dreißigjährigen Krieg, als sie abbrannte. Der älteste Teil der Burg ist die **2 Gipfelburg** mit Wohnräumen auf dem Felsenturm. Die Aussicht zeigt bei günstiger Sicht als deutliche Landmarken im Nordosten den Aussichtsturm auf dem Havran in Tschechien, im Südosten die Kirche auf dem Fahrenberg und den Arber im Bayerischen Wald, im Westen den Rauhen Kulm und im Nordwesten den Oberpfalzturm im Steinwald und den Ochsenkopf im Fichtelgebirge.

ZUM GROSSEN GAISWEIHER Von der Burgruine steigen wir nach Norden auf dem breiten Weg hinunter und lassen den frei stehenden Wohnturm links von uns liegen. Unten stoßen wir auf die Straße Gaisthalweg, der wir nach links folgen. Nach der Zufahrt zu den Sportplätzen folgen wir in der Rechtskehre der Straße dem Wegweiser nach links auf den Sonnenweg. Am ersten Abzweig noch vor dem Wald wandern wir rechts auf dem Feldweg in den Wald hinauf. Nach einer Gebäuderuine vor einem kleinen alten Steinbruch gehen wir an der Weggabelung links und an der nächsten Gabelung rechts auf dem Schlepperweg steil hinunter. Bald sehen wir durch die Bäume schon die Wasserfläche des Großen Gaisweihers glitzern. Am linken Ufer entlang erreichen wir nach dem Auslauf des Weihers den Eingang zum **3 Campingplatz**. Gleich nach der Gartentüre ist rechts ein öffentlicher Badeplatz, der allen offensteht. Längs des Nordufers laufen wir durch den Campingplatz zum Ostende des Weihers zum großen Badesteg unterhalb des Restaurants. Am Kinderspielplatz mit spannender Inselburg vorbei, geht es rechts über den **4 Rumpelbach**, der den Zulauf des Weihers bildet. Durch ein Tor verlassen wir an einem Parkplatz den Bereich des Großen Gaisweihers und wandern rechts entlang des Ufers. 100 Meter nach einem Weiher mit Schilfbestand folgen wir dem Waldweg mit der Markierung 3 links. Nach einem romantischen Felsen am Weg bleiben wir an einer Weggabelung geradeaus an einer Wiese entlang. Schließlich kommen wir zur Straße Gaisthalweg hinauf und laufen dann auf der Straße zum Friedhof hinauf. An der Kreuzung bleiben wir auf der Birkenstraße geradeaus, die genau zum Parkplatz P1 an der **E KZ-Gedenkstätte** zurückführt.

INFO

TOURENCHARAKTER

Leichte, meist sonnige Wege durch Wälder und Felder. Etwas Orientierungssinn ist nötig.

AUSGANGS-/ENDPUNKT

Parkplatz P1 KZ-Gedenkstätte, Birkenstraße, 92696 Flossenbürg, GPS 49°44'14.6"N 12°21'14.9"E (680 m)

ANFAHRT

ÖPNV: Mit der Bahn nach Weiden und mit dem Bus 6272 nach Flossenbürg

Auto: Von der A 93 Ausfahrt 21a Neustadt a. d. Waldnaab auf der St 2172 und St 2395 nach Flossenbürg

GEHZEITEN

KZ-Gedenkstätte–Museum 0:10 Std.–Gipfelburg 0:25 Std.–Campingplatz 0:30 Std.–Rumpelbach 0:15 Std.–KZ-Gedenkstätte 0:40 Std.

EINKEHR

Restaurant Gaisweiher, Gaisweiher 1, 92696 Flossenbürg, Tel. 09603/800 3210, www.restaurant-gaisweiher.de

Leicht | 6,3 km | 170 Hm | 2.00 Std.

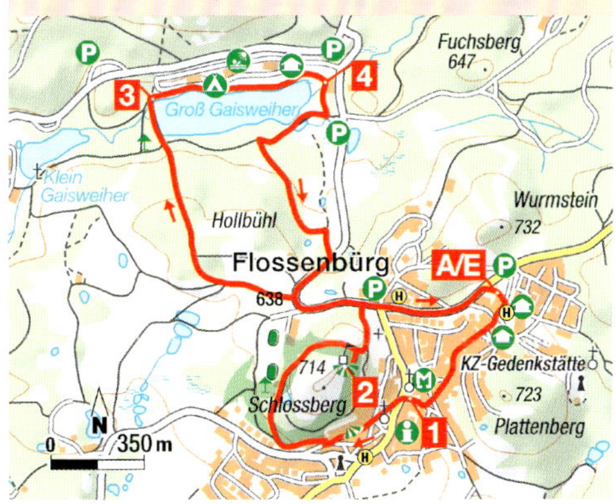

INFORMATION

Hohenstaufenstraße 24, 92696 Flossenbürg, Tel. 09603/920 60, www.flossenbuerg.de

ZUR RUINE SCHELLENBERG

Weites Panorama und Naturgenuss

Die Geschichte der Ruine Schellenberg ist bizarr und umfangreich. Die Besitzer der geheimnisvollen Burg haben zu allerlei Sagen Anlass gegeben. Geblieben sind verwunschen wirkende Mauerreste und die fantastische Aussicht über die Wälder nach Flossenbürg und in den Bayerischen Wald.

Die scheinbar sichere Lage auf dem Felsen bewahrte die Burg nicht vor Zerstörung.

16

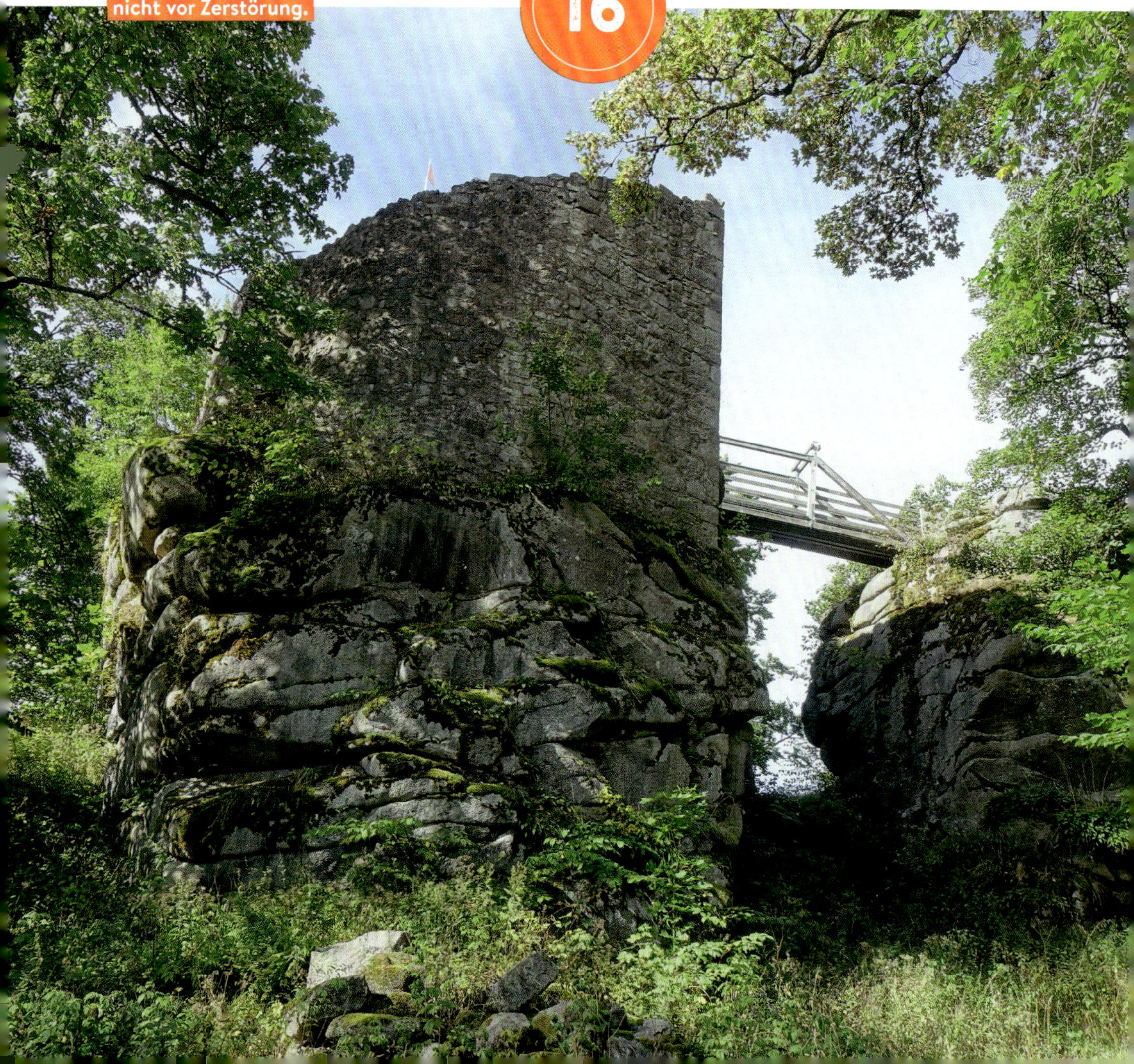

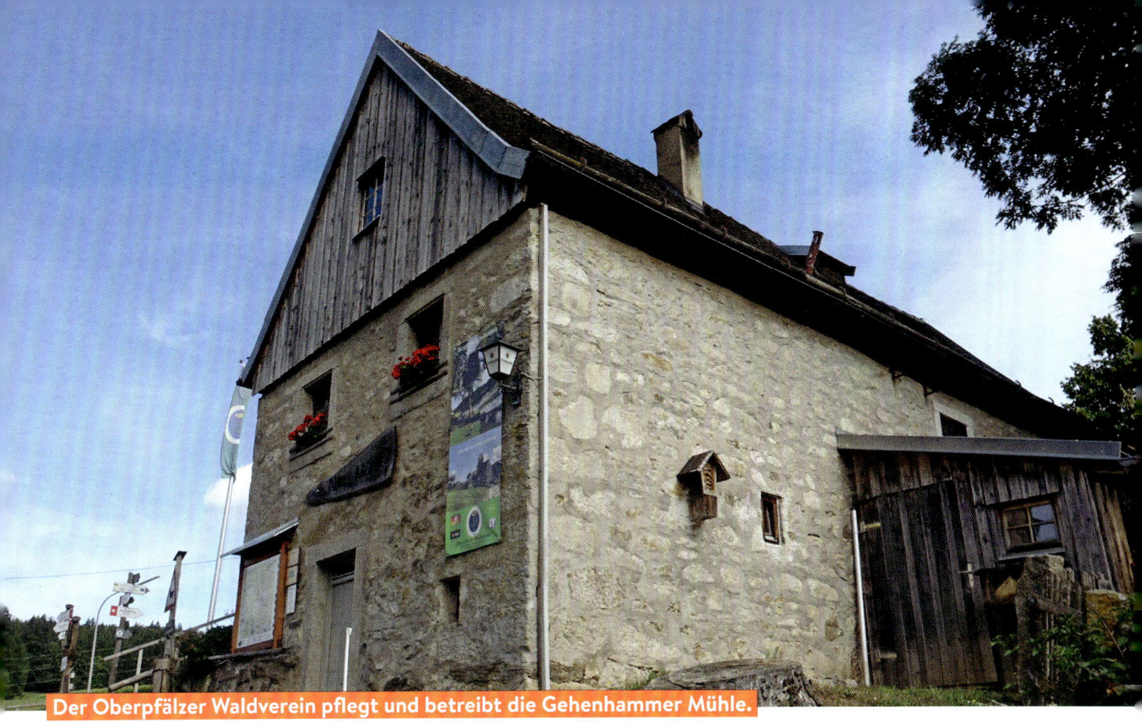

Der Oberpfälzer Waldverein pflegt und betreibt die Gehenhammer Mühle.

Die alte Kornmühle Gehenhammer mit oberschlächtigem Wasserrad aus dem Jahr 1834 ist Museum und zugleich urige Brotzeitstube mit Biergarten. Wanderer und Biker lieben sie gleichermaßen. Auf dieser Wanderung haben wir zweimal die Möglichkeit, dort einzukehren. Die alte Mühle ist eines der beliebtesten Ausflugsziele im Oberpfälzer Wald.

ZUR BURGRUINE SCHELLENBERG Vom **A Parkplatz** am Rathaus in Georgenberg starten wir auf der Flossenbürger Straße nach Norden in Richtung Flossenbürg und Gehenhammer Mühle aufwärts. Nach 300 Metern steigen wir am Modell des Kohlenmeilers links in dem Hohlweg in den Wald hinauf. Die Wegmarkierung des Glasschleifererweges ist das Weinglas auf rotem Grund. An einer Kreuzung folgen wir der Markierung mit dem Weinglas und dem Wegweiser zur Gehenhammer Mühle rechts auf die Forststraße. Nach einem Kilometer wandern wir in einer Linkskurve auf dem grün bewachsenen Waldweg rechts und überqueren am Ende die St 2154 zur idyllisch gelegenen **1 Gehenhammer Mühle**. An dieser Stelle wurde ein *Hammer zu Gern* bereits im 14. Jahrhundert dokumentiert. Das betagte Mahlwerk der alten Kornmühle funktioniert noch heute.

Die Gehenhammer Mühle ist der Endpunkt oder Ausgangspunkt des Glasschleifererweges und liegt zugleich am Nurtschweg, dessen Markierung der roten Linie auf gelbem Grund wir nun aufnehmen. Geradewegs gehen wir direkt durch den Biergarten und steigen auf der Treppe zum Bauernhof hinauf, gehen vor dem Stallauslauf links und vor dem Wohnhaus rechts durch das Anwesen. An den Fahrsilos wandern wir links an der Kapelle vorbei durch die schöne Birkenallee und geradeaus weglos über die große Weide aufwärts. Im Wald bleiben wir an der Kreuzung ohne Markierung auf schönerem Weg geradeaus und gehen an einer Weggabelung links an einer Waldwiese vorbei. Nach 600 Metern fädeln wir wieder in die Forststraße mit der Markierung des Nurtschweges ein und erreichen nach 450 Metern die Wegspinne **2 Tafelbuche**.

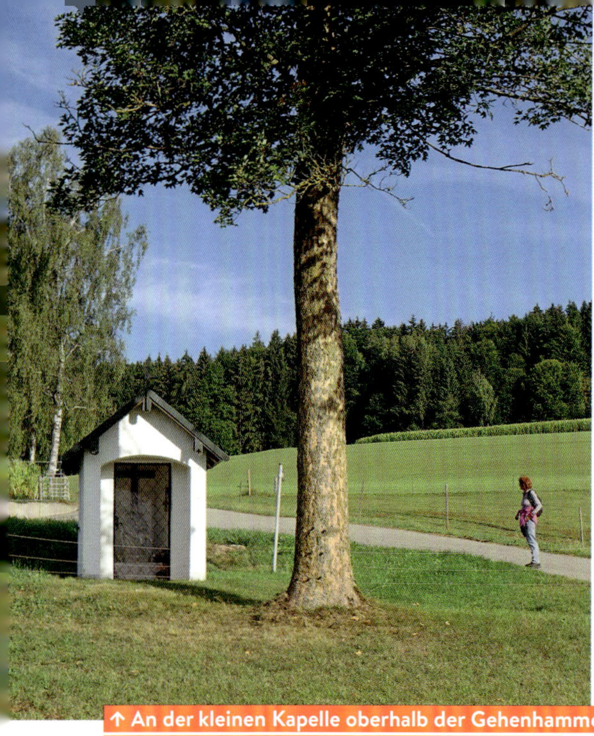

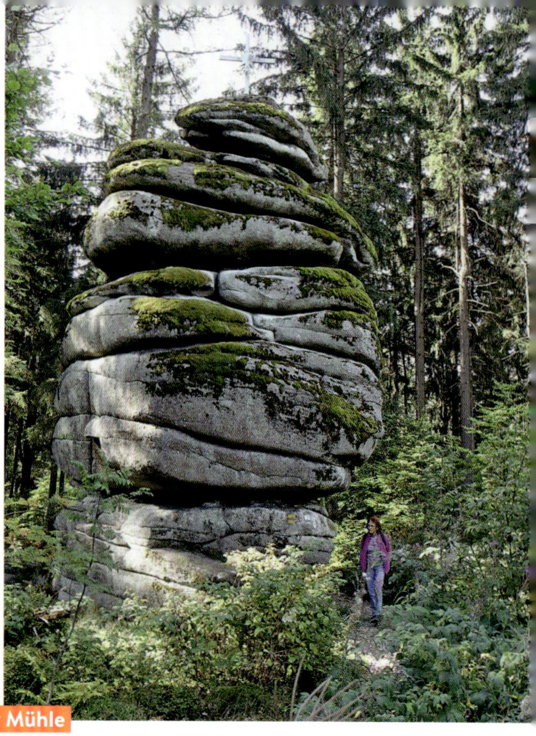

↑ An der kleinen Kapelle oberhalb der Gehenhammer Mühle
↗ Der Brotfelsen ist ein kurioses Naturdenkmal.

Am dritten Weg rechts zeigt der Wegweiser in Richtung Schellenberg und wir steigen immer geradeaus hinauf. Zunächst geht es unterhalb der Burgruine etwa 50 Meter vorbei, dann folgt links der spannende Aufstieg auf den benachbarten Felsen der Burg. Auf einem Steg anstelle einer früheren Zugbrücke gehen wir auf den Felsen mit der **3 Burgruine Schellenberg** hinüber. Auf dem riesigen Granitfelsen stehen die Reste der ehemaligen Burg und der hölzerne Aussichtsturm. Die Burg wurde auf dem Gebiet des Klosters Waldsassen als Adelsburg Mitte des 14. Jahrhunderts von den Herren von Waldau und Waldthurn gegründet. Die Burg sollte zur Sicherung der Grenze dienen und zum Schutz der Altstraße, die das Kloster Waldsassen mit ihren Gütern verband. Zur Zeit des späteren Besitzers Ritter Phillip von Guttenberg wurde die Burg 1498 erobert und geschleift. 1648 wurde die Ruine zusammen mit Waldthurn an Wenzel von Lobkowitz verkauft. Bis 1807 befand sich auf dem Schellenberg noch ein Jagdschloss. Heute bietet der Aussichtsturm auf der Ruine einen tollen Panoramablick. Über die Baumwipfel reicht der Blick zu den Landmarken der Ruine Flossenbürg im Nordwesten und Parkstein im Westen. Im

Tipp

FERNWANDERWEGE IM GEBIET

Die alte Mühle Gehenhammer ist Ausgangspunkt des Glasschleifererweges und Einkehrplatz am Nurtschweg. Der Glasschleifererweg ist ein 80 Kilometer langer kulturgeschichtlicher Rundweg mit Einblicken in historische Zeiten der frühen Glasindustrie inmitten der Natur im Grenzgebiet. Der 133 Kilometer lange Nurtschweg ist benannt nach dem Heimatkundler Johann Baptist Nurtsch, der die uralten und versteckten Wege im bayerisch-böhmischen Grenzgebiet wieder lebendig werden ließ (www.oberpfaelzer wald.de).

Südosten sind der Große Arber und der Kleine Arber im Bayerischen Wald zu sehen. Im Osten liegen die weiten tschechischen Wälder. Auch die bizarren Felsformationen um die Burgruine im Zustand der Wollsackverwitterung sind schön anzuschauen.

RÜCKWEG ÜBER DIE MÜHLE In Richtung Norden zeigt der Wegweiser zum Naturdenkmal **4 Brotfelsen**. 200 Meter nach dem Brotfelsen kommen wir an einen Pavillon und wandern in spitzem Winkel ohne Markierung auf der Forststraße rechts hinunter. An einer Kreuzung bleiben wir geradeaus abwärts und erreichen wieder die Wegspinne **2 Tafelbuche**. Die erste Forststraße nach links hinunter ist wieder als Nurtschweg markiert und mit der Richtungsangabe Gehenhammer Mühle ausgezeichnet. An einer Gabelung geht es links und gleich über das kleine Drachselbächl. Nach fast 100 Metern bleiben wir jetzt an der Weggabel rechts auf der markierten Forststraße. An der Kreuzung oberhalb der großen Weide geht es auf bekanntem Weg über die Wiese, durch die Birkenallee und nach der Kapelle rechts durch den Biohof in den Biergarten der **1 Gehenhammer Mühle** zur Einkehr. Von der Mühle überqueren wir wieder die St 2154. Der weitere Rückweg zum **E Parkplatz** in Georgenberg ist identisch mit dem Hinweg.

INFO

TOURENCHARAKTER

Der alpine Aufstieg zur Ruine erfordert Trittsicherheit und Bergschuhe mit griffigen Sohlen.

AUSGANGS-/ENDPUNKT

Parkplatz Rathaus, Flossenbürger Straße 1, 92697 Georgenberg, GPS 49°42'13.5"N 12°25'10.5"E (590 m)

ANFAHRT

ÖPNV: Mit der Bahn nach Weiden und mit dem Bus 6272 und Rufbus 8431 nach Georgenberg
Auto: Von der A 93 Ausfahrt 21a Neustadt a. d. Waldnaab auf der St 2172 und St 2395 nach Georgenberg

GEHZEITEN

Rathaus–Mühle 0:35 Std.–Tafelbuche 0:35 Std.–Schellenberg 0:15 Std.–Brotfelsen 0:10 Std.–Tafelbuche 0:25 Std.–Mühle 0:35 Std.–Rathaus 0:35 Std.

EINKEHR

Alte Mühle Gehenhammer 4, 92697 Georgenberg, Tel. 09658/913 63 16, www.owv-georgenberg.de

INFORMATION

Neuenhammerstraße 1, 92714 Pleystein, Tel. 09654/92 22 33, www.pleystein.de

Mittel	11,4 km	230 Hm	3.10 Std.

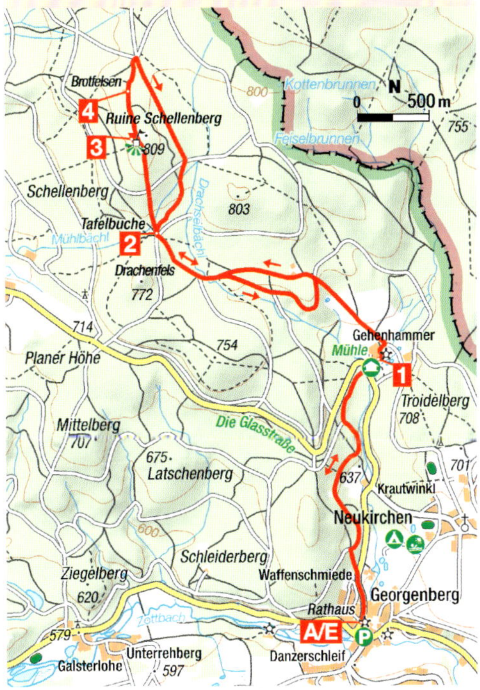

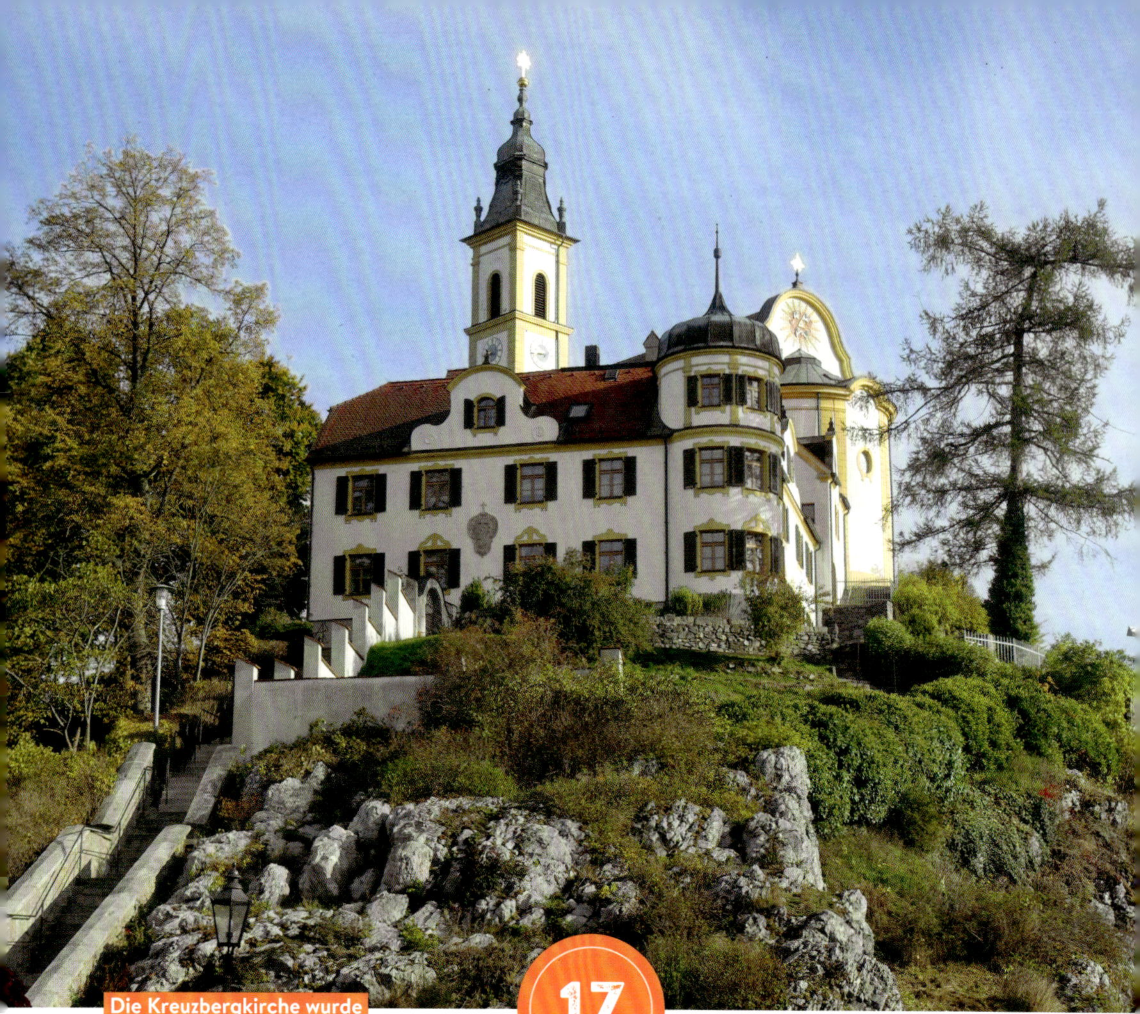

Die Kreuzbergkirche wurde im Jahr 1814 erbaut.

17

ERKUNDUNG DER GEOLOGIE IN PLEYSTEIN

Rosenquarz schenkt Liebe

Von den Hängen der idyllischen Mittelgebirgslandschaft steht oft der Kreuzberg mit der Kirche in Pleystein vor Augen. Pleystein ist berühmt für den Berg aus Rosenquarz, auf dem ein Kloster steht. Zur Wallfahrtskirche auf dem Fahrenberg pilgern die Gläubigen seit dem 18. Jahrhundert.

Der gute Berggasthof Weig auf dem bewaldeten Fahrenberg ist eine ideale Wirtschaft für erschöpfte Wanderer. Heute »pilgern« viele Menschen auf den Fahrenberg, um in dem Berggasthof einzukehren, und auch einige wegen ihres Marienglaubens.

AUF DEN FAHRENBERG Vom Parkplatz am **A Freibad** in Pleystein gehen wir zu Beginn auf der Straße Am Sonnenhang in Richtung Eingang Freibad und marschieren nach 50 Metern an der Informationstafel rechts auf der Spur über die Wiese hinauf. In einem Knick geht es links, und wir genießen durch den aufgestellten »Fotorahmen« den Blick auf Pleystein. Auf dem PleySteinpfad geht es rechts weiter aufwärts und an der Weggabelung auf dem linken Pfad hinauf. Findlinge aus Gneis, Biotit, Kalksilikat und Granite am Lehrpfad dokumentieren die Geologie der Region. Oben am Feld verlassen wir mit Blick auf den Fahrenberg den PleySteinpfad geradeaus über die Felder. An einer T-Kreuzung laufen wir rechts hinunter und unten an der T-Kreuzung links. An einer Weggabelung vor einer Baumreihe müssen wir rechts hinunter und am Waldrand links. An einem Abzweig an einem **1 Feldkreuz** wandern wir rechts auf einem mit Moos und Gras bewachsenen Weg in den Wald hinein. Der Weg steigt immer mehr an, überquert eine Forststraße und ist manchmal nur noch als Schlepperspur erkennbar. An einer T-Kreuzung mit einem etwas besseren Weg mit der Markierung zweier roter Punkte gehen wir rechts und bleiben an einer Gabelung auf der linken Spur, die an ein freies Feld führt. Am Waldrand entlang kommen wir mit zwei Kurven zu den ersten Häusern des Weilers **2 Bibershof**.

200 Meter nach diesen ersten Häusern steigen wir auf einem Asphaltsträßchen, das als Radweg ausgeschildert ist, links bergauf. Nach Unterfahrenberg geht es am Waldrand links zu einem herrlichen Aussichtsplatz. Der Blick reicht bis in den Bayerischen Wald. 100 Meter nach dem Aussichtsplatz wandern wir rechts mit der Markierung zweier roter Punkte auf dem Pfad im Wald aufwärts in Richtung

Blick über den Stadtweiher in Pleystein

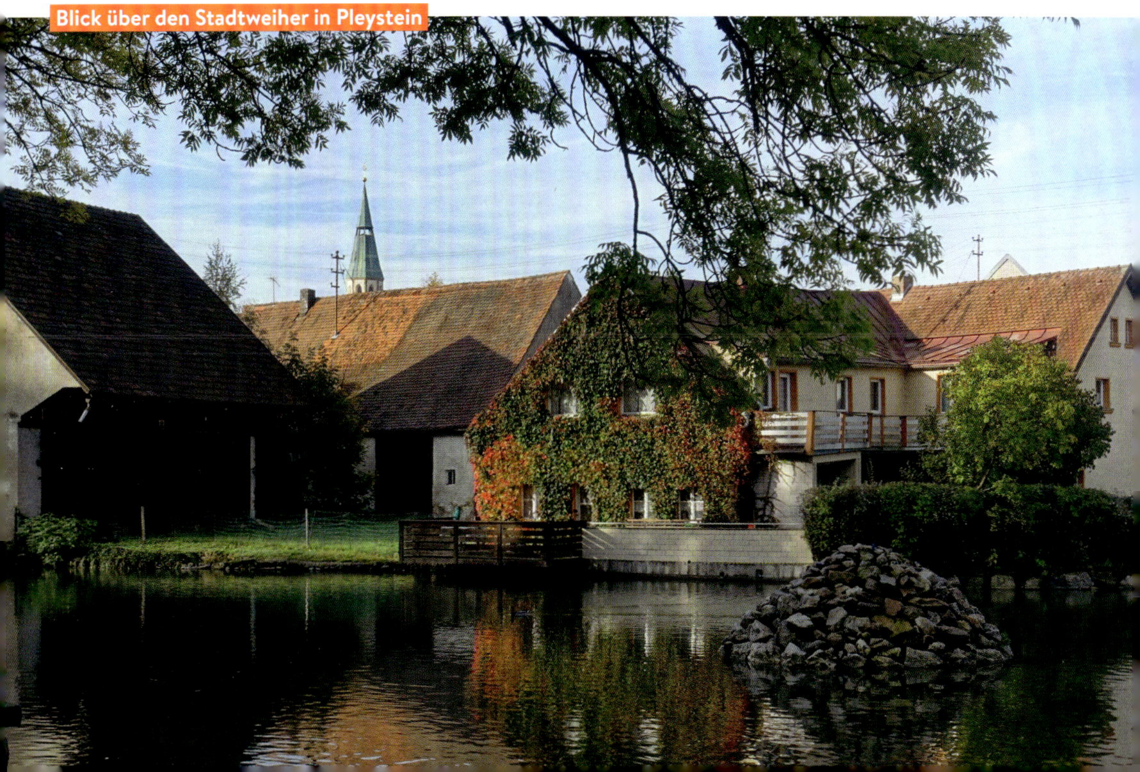

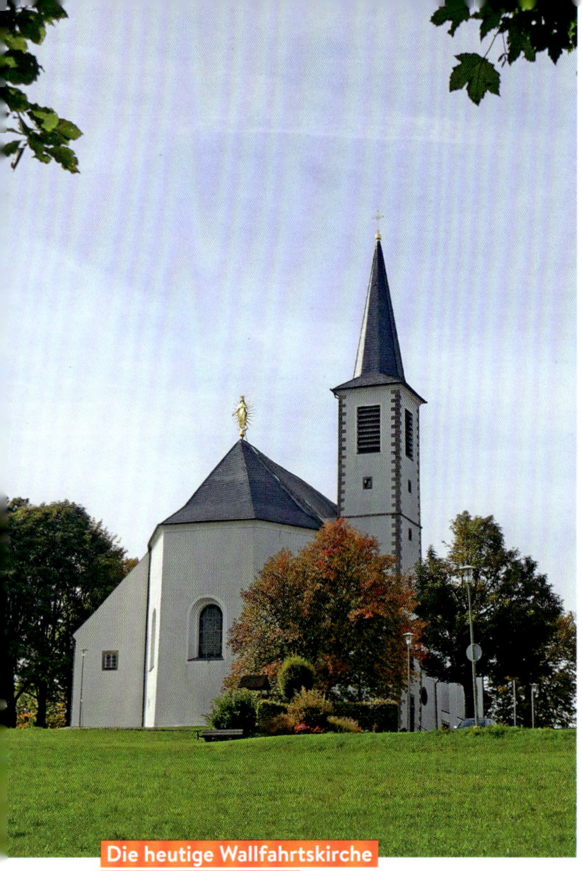

Die heutige Wallfahrtskirche auf dem Fahrenberg entstand im 19. Jahrhundert.

Tipp

IM STADTMUSEUM

In einem Haus aus dem Jahr 1688 werden die geologischen Besonderheiten Pleysteins und seiner Umgebung aufgezeigt. In der Mineraliensammlung sind seltene Mineralien der Region zu sehen. Das Museum bietet auch Informationen über die Geschichte Pleysteins und stellt das bürgerliche Leben vor 50 bis 100 Jahren dar. Möbel und Geschirr sowie die unterschiedlichsten Gerätschaften in einer historisch eingerichteten Wohnküche gehörten zum Alltagsleben der Menschen um 1900 bis 1960 (Marktplatz 25, 92714 Pleystein, www.stadtmuseum-pleystein.byseum.de).

Fahrenberg. Unterwegs können wir einen kurzen Abstecher nach rechts zum Feneis-Stein machen. Es handelt sich um einen für den Fahrenberg typischen Biotit-Gneis-Felsen mit schöner Faltenstruktur. Dann sind wir bald oben an der **3 Wallfahrtskirche**. Die Wallfahrt zum Gnadenbild auf den Fahrenberg gibt es seit dem 13. Jahrhundert.

RÜCKWEG ÜBER DIE KREUZBERGKIRCHE

Auf der Einbahnstraße gehen wir in richtiger Fahrtrichtung abwärts und am Ortsschild rechts am Waldrand über die Wiese. Etwas weiter unten schickt uns der Wegweiser rechts in Richtung Pleystein hinab. Wir überqueren eine Forststraße und finden auch wieder die Markierung der zwei roten Punkte. An einem alten gusseisernen Wegweiser nach einem ersten Haus des Weilers Bibershof gehen wir links. Nach 50 Metern müssen wir an der Weggabelung links und sofort wieder rechts in den Wald hinein. An einer Gabelung bleiben wir ohne Markierung geradeaus und steigen 15 Meter vor einem Feld auf undeutlicher Spur links hinab. Der Weg führt in einer Rechtskurve an einen Waldrand. Vor einem Jagdansitz geht es links in den Wald hinein. Der Weg endet an der Straße vor dem Hof **4 Radwaschen**.

Auf der Straße gehen wir rechts und zwischen Hof und Feld links auf der Wiese hinab und rechts um das Feld auf einem Weg, der an der Geländekante entlangführt. Am Beginn des Waldes wandern wir halb rechts auf einem mit Moos und Gras bewachsenen Weg in den Wald hinein. Der Waldweg wird zu einer Forststraße und endet an einer Straße. Nun müssen wir auf der Straße links abwärts an der Haberstumpf-Kapelle vorbei zur Straße NEW 32 im Zottbachtal. Neben der Straße führt nach rechts der Glasschleifererweg nach Pleystein. Wir folgen der Neuenhammerstraße vor dem Supermarkt nach links und kommen direkt an den Stadtweiher, vor dem der 38 Meter hohe Rosenquarzfelsen mit der Kreuzbergkirche steht. Nach links gehen wir entlang des Stadtweihers und steigen auf dem Kreuzweg zur **5 Kreuzbergkirche** hinauf. Der Rosenquarzfelsen ist der Rest eines großen Pegmatit-Stockes, welches ein plutonisches Ganggestein ist. Im Rosenquarz bewirken feinste Einschlüsse von Eisen und Titan die rosa Färbung, die allerdings in Pleystein nicht ausgeprägt ist. In Jahrmillionen der Erosion blieb der harte Quarz bestehen. In der Esoterik gilt Rosenquarz als Symbol für Liebe und Fruchtbarkeit. Auf jeden Fall zählt der Kreuzberg in Pleystein zu den 100 schönsten Geotopen Bayerns. Auf dem Treppenweg am Kloster der Oblaten des Heiligen Franz von Sales steigen wir in die Altstadt hinunter, gehen nach dem Weiher rechts und links über den Marktplatz.

Nach der Kirche wählen wir an der Straßengabelung die Vohenstraußer Straße nach rechts. Bald laufen wir auf dem Gehweg rechts neben der Straße und 80 Meter vor dem Ende der Straße rechts auf dem Gehweg nach Norden weiter. Nach einem Weiher können wir im Anschluss an das Haus mit der Nummer 20 links die NEW 32 überqueren und kommen geradeaus direkt zum Parkplatz am **E Freibad** zurück.

INFO

TOURENCHARAKTER

Mittelschwere, meist sonnige Wege. Orientierungssinn, Trittsicherheit und Wanderschuhe mit griffigen Sohlen erforderlich

AUSGANGS-/ENDPUNKT

Freibad, Am Sonnenhang 7, 92714 Pleystein, GPS 49°39'01.4"N 12°24'09.0"E (525 m)

ANFAHRT

ÖPNV: Mit der Bahn nach Weiden und mit dem Bus 6291 nach Pleystein

Auto: Von der A 6 Ausfahrt 75 Pleystein auf der St 2160 nach Pleystein

GEHZEITEN

Freibad–Feldkreuz 0:35 Std.–Bibershof 0:35 Std.–Wallfahrtskirche 0:35 Std.–Radwaschen 0:35 Std.–Kreuzbergkirche 1:00 Std.–Freibad 0:30 Std.

EINKEHR

Berggasthof Weig, Oberfahrenberg 1, 92727 Waldthurn, Tel. 09654/14 83, www.berggasthof-weig.de

Mittel | 11,6 km | 350 Hm | 3.50 Std.

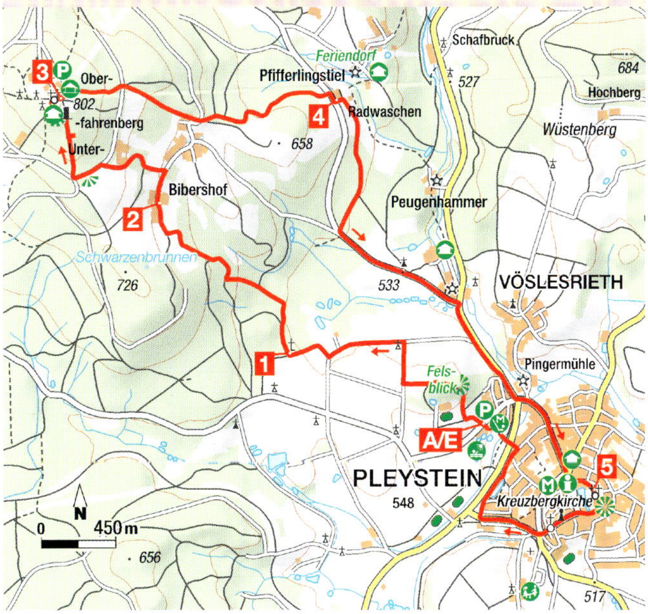

INFORMATION

Neuenhammerstraße 1, 92714 Pleystein, Tel. 09654/92 22 33, www.pleystein.de

BURG LEUCHTENBERG UND LERAUTAL

Durch die magische Wolfslohklamm

Das mystische Lerautal zu Füßen der Burg Leuchtenberg wurde im Jahr 2010 zum zweitschönsten Waldgebiet Deutschlands gewählt. Die stolze Burg, mehr als 100 Meter über dem Naturidyll des Leraubaches, zählt zu den am besten erhaltenen und berühmtesten Festungen der Oberpfalz.

Die Burgkapelle in der Burg Leuchtenberg wurde wiederaufgebaut.

18

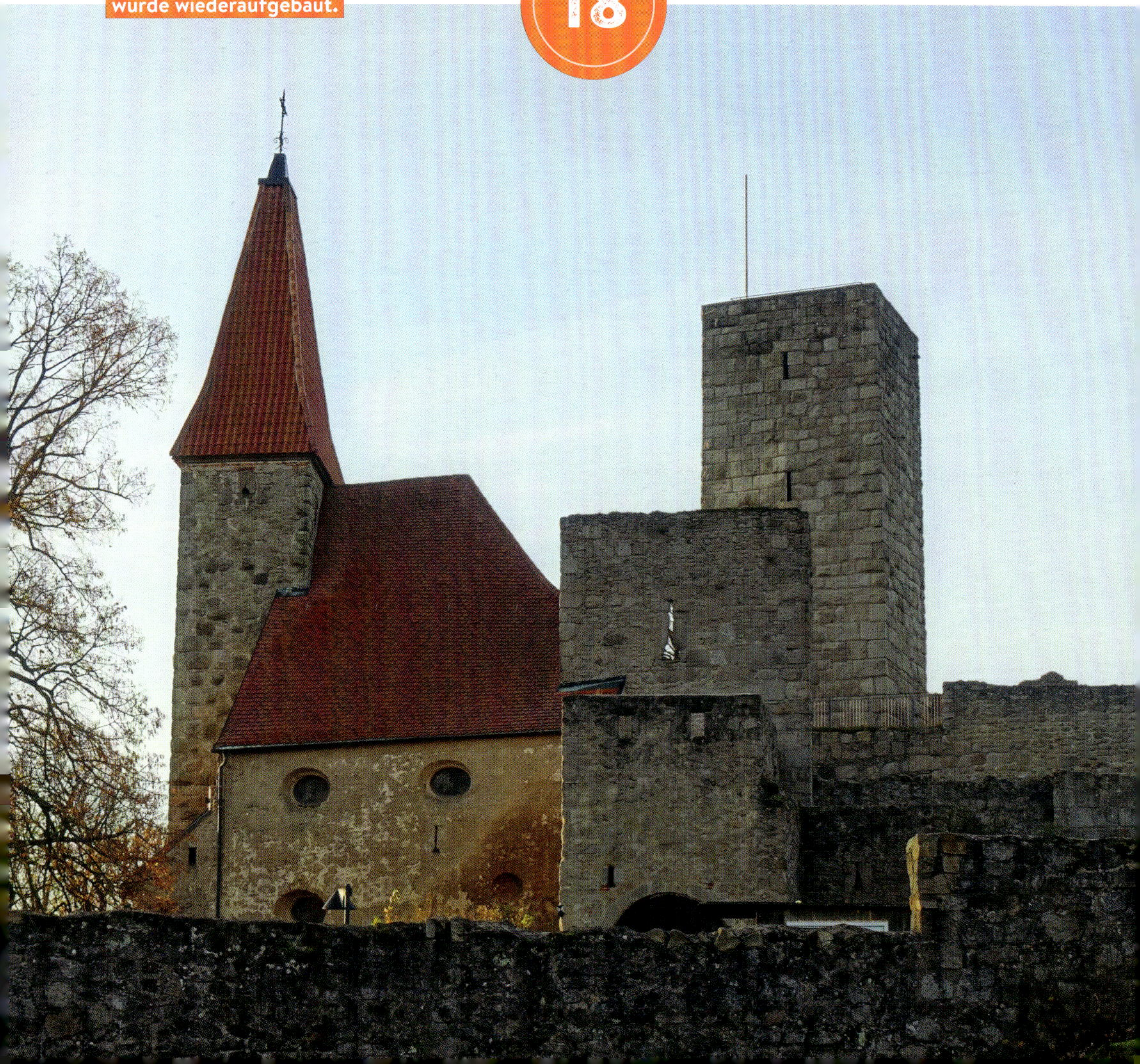

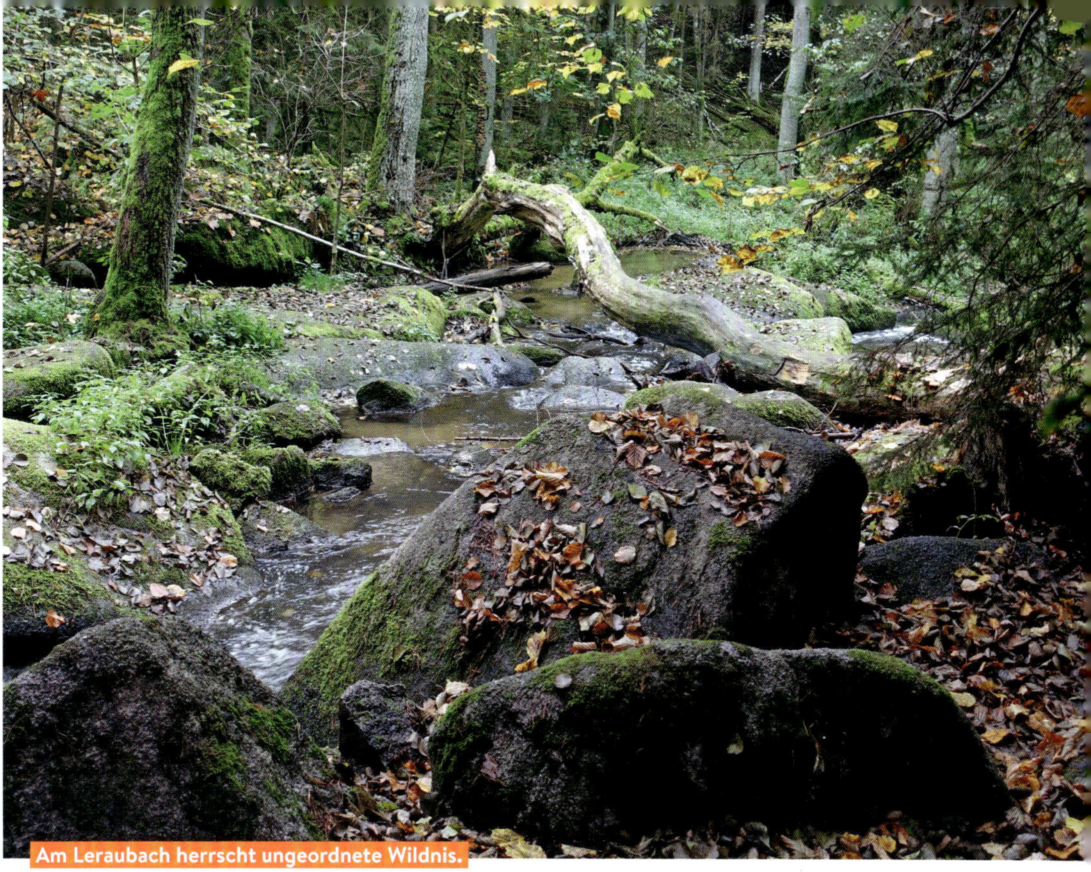

Am Leraubach herrscht ungeordnete Wildnis.

Diese Wanderung kann auch bei herbstlichem Nebel empfohlen werden. Die Wolfslohklamm im Lerautal ist ein charakteristisches Naturschutzgebiet in der prächtigen Granitlandschaft des Oberpfälzer Waldes. Im nebelfeuchten Herbst wirken die Felsen verwunschen, gespenstisch, ja unheimlich. Ein geradezu übersinnliches Erlebnis mit der Hoffnung, dass sich oben an der Burg der Schleier gehoben hat und eine gute Fernsicht freigibt. Die innere Burg ist aber nur von April bis Oktober an bestimmten Tagen geöffnet (siehe Tipp).

DURCH DIE WOLFSLOHKLAMM Vom **A Wanderparkplatz** Lerautal bei der Sargmühle folgen wir zu Beginn dem Wegweiser in Richtung Lerautal mit der Markierung 1 auf rotem Grund auf der Straße nach Norden abwärts. Nach 100 Metern geht es links auf dem Forstweg in den Wald hinunter. Gleich

Tipp

BURG LEUCHTENBERG

Eine erste Festungsanlage wurde schon im 10. oder 11. Jahrhundert errichtet. Die heute bestehenden ältesten Teile der Burg gehen auf die Zeit des Landgrafen Ulrich von Leuchtenberg und Waldeck im 12. Jahrhundert zurück. Erste urkundliche Nennung fand die Bastion im Jahr 1124. 1842 vernichtete ein Großbrand die Burg und den ganzen Ort Leuchtenberg. 1882 spaltete ein Blitz den Bergfried und brachte Teile davon zum Einsturz. Mit Beginn des 20. Jahrhunderts wurden Maßnahmen zum Erhalt der gesamten Burganlage getroffen (Besichtigung April bis Oktober, Mittwoch bis Sonntag 10.30–17 Uhr, www.burgruine-leuchtenberg.de).

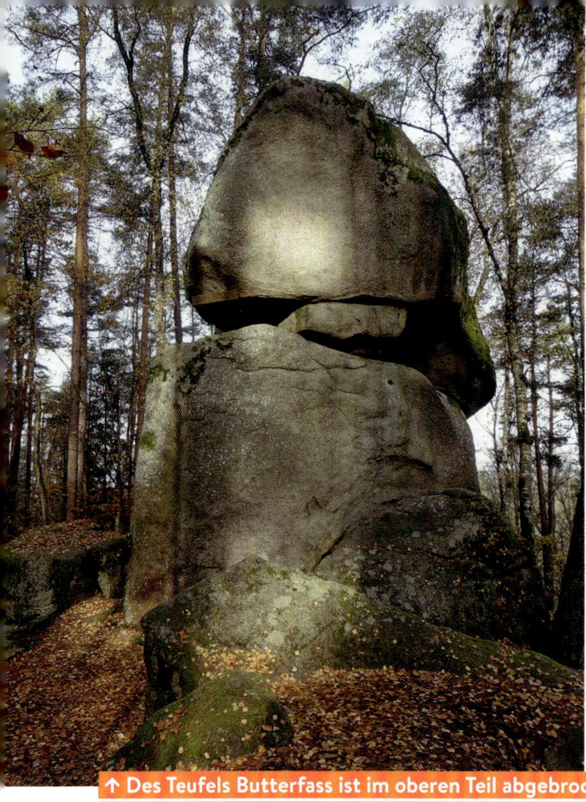

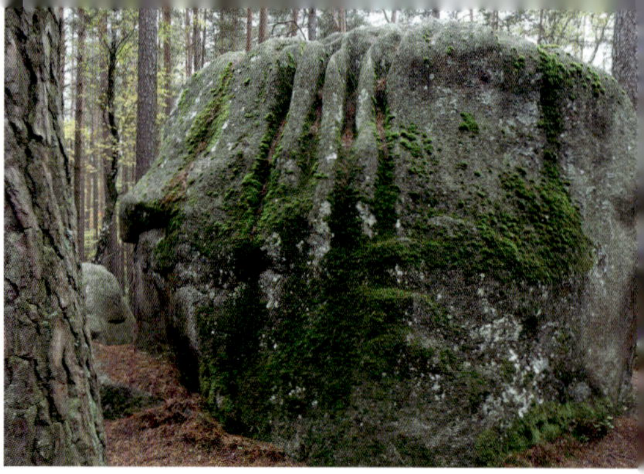

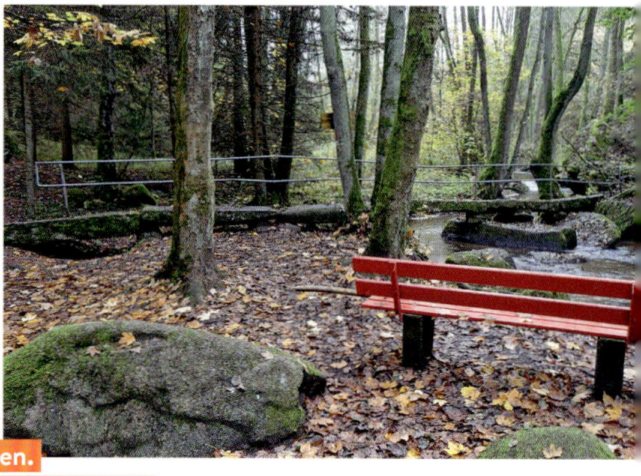

↑ Des Teufels Butterfass ist im oberen Teil abgebrochen.
↗ Die Rinnen in dem Felsen sind eine natürliche Folge der Erosion.
→ Am Schafsteg beginnt der wildromantische Teil des Leraubaches.

folgt nach links der Abstecher zur Felsengruppe »Gottes Hände«. Der drei Meter hohe Felsen trägt deutliche Rinnen, die durch Erosion entstanden sind. Wir gehen zurück und auf dem Forstweg links abwärts und auf den Granitplatten des **1 Schafsteges** über den Leraubach. Gleich nach dem Schafsteg folgen wir an der T-Kreuzung nach links der Markierung 1 und dem Goldsteig in Richtung Leuchtenberg. An einer Kreuzung müssen wir links in Richtung Wolfslohklamm, vorbei an der Stelle »Ewiges Rauschen«. Immer wieder gibt es Stichwege zu interessanten Stellen am Leraubach. Auf dem Naturdenkmal Wolfslohfelsen steht eine Bank für eine Pause über der Klamm. Der weitere Weg führt durch die imposante Engstelle hinunter, auch wenn sie nur sehr kurz ist. An einer Kreuzung bleiben wir mit der Nummer 1 geradeaus und verlassen so den Goldsteig. Erst an einer T-Kreuzung folgen wir nach links der Markierung 1 auf einem Steg über den Leraubach. Der Pfad wird zu einem Forstweg, den wir 100 Meter vor der Burgmühle nach links auf dem Pfad verlassen. Oberhalb überqueren wir die **2 Ostmarkstraße** (B 22).

ZUR BURG LEUCHTENBERG Ein Weg führt von der Straße mit der Markierung 1 in den Wald hinauf. An einer T-Kreuzung müssen wir in spitzem Winkel rechts in Richtung Alter Steinbruch, der ein vergessener, unheimlicher Ort ist. Vor dem Steinbruch steigen wir links auf dem Pfad des Rundwanderweges aufwärts und oben rechts. Schließlich erreichen wir die ersten Häuser und gehen auf der Straße Am Buchenbaum links hinauf. Die Verlängerung der Straße ist die Hackergasse. Am Haus mit der Nummer 1 steigen wir links auf der Treppe hoch und kommen genau zur Kirche St. Margareta, an der links der Zugang zur **3 Burg** ist. Der 24 Meter hohe Bergfried kann bestiegen werden und bietet eine schöne Fernsicht. Im Innenhof werden die Burgfestspiele aufgeführt.

RÜCKWEG ÜBER »TEUFELS BUTTERFASS«

An der Nordseite der Burgmauer gestattet eine eiserne Treppe den Überstieg. Am Parkplatz gehen wir rechts auf der Straße Hinter der Burg abwärts. Vor dem ersten Haus auf der linken Seite wandern wir auf dem Pfad mit der Markierung 1 in Richtung »Teufels Butterfass« hinab. An der Kreuzung mit dem großen Insektenhotel zeigt der Wegweiser an dem zweiten Weg rechts zum »Teufels Butterfass«. An einer Weggabel bleiben wir rechts und gelangen geradeaus zum **4 »Teufels Butterfass«**. Vor der Felsformation geht es dann rechts weiter, aber zuerst besichtigen wir die Felsen von allen Seiten. Von den Felsen zurück wandern wir also links auf dem Rundwanderweg zu einer Kreuzung mit roter Bank am Feldrand und gehen halb links über die Felder. Nach 60 Metern geht es an der Kreuzung vor dem Wäldchen, in dem sich die Grundmauern des historischen Brauhauses verstecken, rechts aufwärts. An der T-Kreuzung auf dem Wiesenweg mit einzelnen Bäumen wandern wir links hinauf und oben an einem Zaun entlang. Auf der Brauhausstraße schlendern wir rechts und an der Kreuzung vor dem **5 Friedhof** links. Nach der Straße Zum Sportplatz und nach einem Bildstock steigen wir links auf dem Pfad mit der Markierung 1 halb links aufwärts und kommen an dem Naturdenkmal der romantischen Felsformation Hoher Stein vorbei. Unser Weg führt dann an einer Wiese entlang und ein Abstecher nach links leitet zum Naturdenkmal Zwillingsfelsen. Am Ende der Wiese laufen wir auf dem Weg abwärts zum Ausgangspunkt am **E Wanderparkplatz** Lerautal zurück.

INFO

TOURENCHARAKTER

Leichte, meist schattige Wege durch Wälder. Wanderschuhe mit griffigen Sohlen sind richtig.

AUSGANGS-/ENDPUNKT

Parkplatz Lerautal, Brauhausstraße Ecke B 22, 92705 Leuchtenberg, GPS 49°36'13.3"N 12°16'01.3"E (505 m)

ANFAHRT

ÖPNV: Mit der Bahn nach Weiden und mit dem Bus 6291 und 6297 zum Parkplatz
Auto: Von der A 93 Ausfahrt 25 Weiden-Süd auf der B 22 zum Parkplatz

GEHZEITEN

Parkplatz–Schafsteg 0:10 Std.–Ostmarkstraße 0:35 Std.–Burg 0:35 Std.–Teufels Butterfass 0:15 Std.–Friedhof 0:20 Std.–Parkplatz 0:15 Std.

EINKEHR

Lindenhof, Äußerer Markt 4, 92705 Leuchtenberg, Tel. 09659/283, www.lindenhof-leuchtenberg.jimdofree.com

Leicht	6,8 km	180 Hm	2.10 Std.

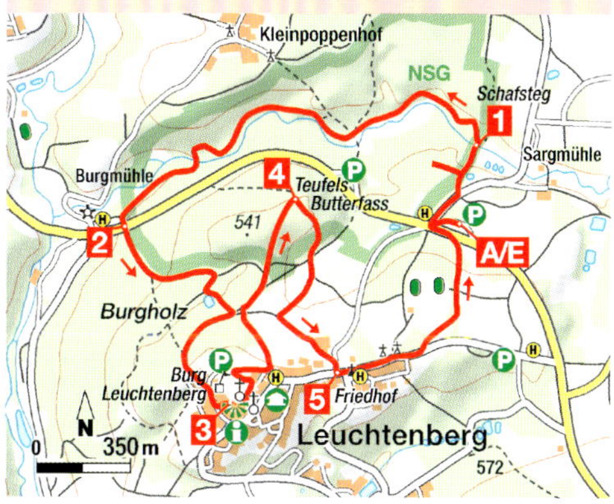

INFORMATION

Innerer Markt 13, 92705 Leuchtenberg, Tel. 09659/92104, www.leuchtenberg.de

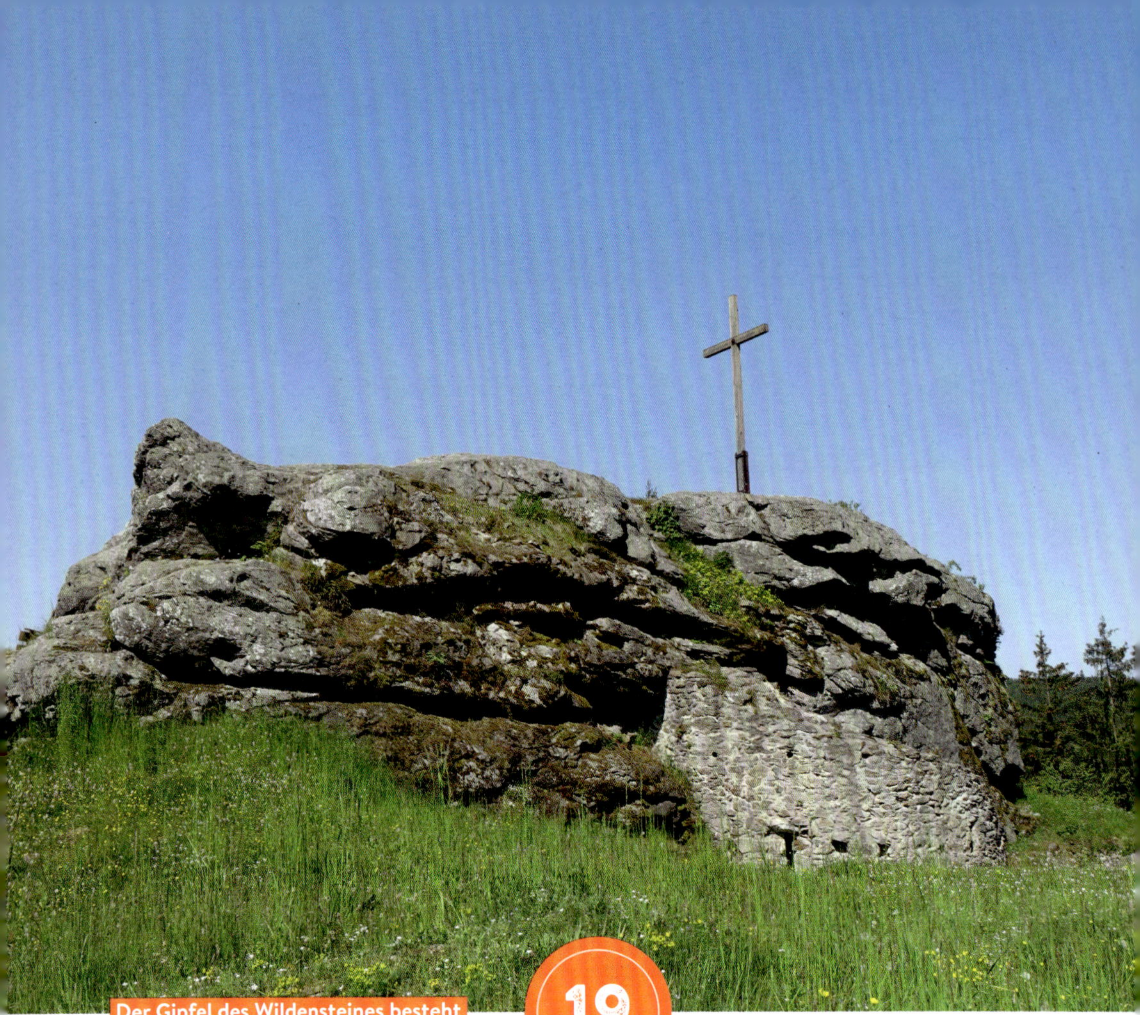

Der Gipfel des Wildensteines besteht aus einem Felsaufsatz aus Gneis.

19

ZUR EINSAMEN BURGRUINE WILDSTEIN

Magische Gipfelregion

Über die wenigen Mauerreste der einstigen Burg Wildstein und über die gespenstischen Felsfiguren ziehen im Herbst die Nebel und verwandeln den Burgstall auf dem Wildenstein in einen mystischen Ort. Bei gutem Wetter ist die Ruine Wildstein wegen der herrlichen Aussicht ein beliebtes Wanderziel.

Vom 744 Meter hohen Hauptfelsen Wildenstein genießen Goldsteig-Wanderer einen schönen Ausblick über den Oberpfälzer Wald. Teile der heute zu sehenden spätmittelalterlichen Burganlage wurden durch archäologische Grabungen freigelegt und partiell rekonstruiert.

ZUR BURGRUINE WILDSTEIN Vom **A Parkplatz** an der Dorflinde in Fuchsberg beginnen wir die aussichtsreiche Wanderung auf der Kreisstraße aufwärts nach Süden. Vor dem Kriegerdenkmal wandern wir halb links mit der Markierung des Jakobsweges auf der Straße Zum Jakobi in Richtung Jakobikirche hinauf. Bald haben wir nach Süden gute Aussicht über Teunz und Oberviechtach zur sehenswerten Burgruine Obermurach. Vor einer Kreuzung steht links oben hinter den großen Kastanienbäumen die 1766 neu erbaute barocke **1 Jakobskirche**. Der stimmungsvolle Innenraum beeindruckt durch seine Schlichtheit. An der Brüstung der Empore befinden sich Bilder in einem Rokokorahmen.
Am Informationspavillon vorbei steigen wir auf dem Wiesenweg auf den Hügel hinauf und gehen oben an der T-Kreuzung mit der Markierung des Jakobsweges und des Burgenweges rechts. Nach einem Wäldchen geht es an einer T-Kreuzung rechts und nach 140 Metern in den Feldern links. An dem Picknickplatz wandern wir rechts auf der Straße hinauf und biegen links auf den Feldweg, der von einem ökologisch wichtigen Lesesteinstreifen mit Hecke begleitet wird. Nach der Rechtskurve um eine Waldecke mit Jagdansitz bleiben wir geradeaus in den Wald abwärts. Unten gehen wir auf der Straße vor dem Weiler Ziegelhäuser rechts und an der Kreuzung links in Richtung Wildstein. Nach 120 Metern steigen wir vor

Die heutige Jakobskirche wurde im 18. Jahrhundert erbaut.

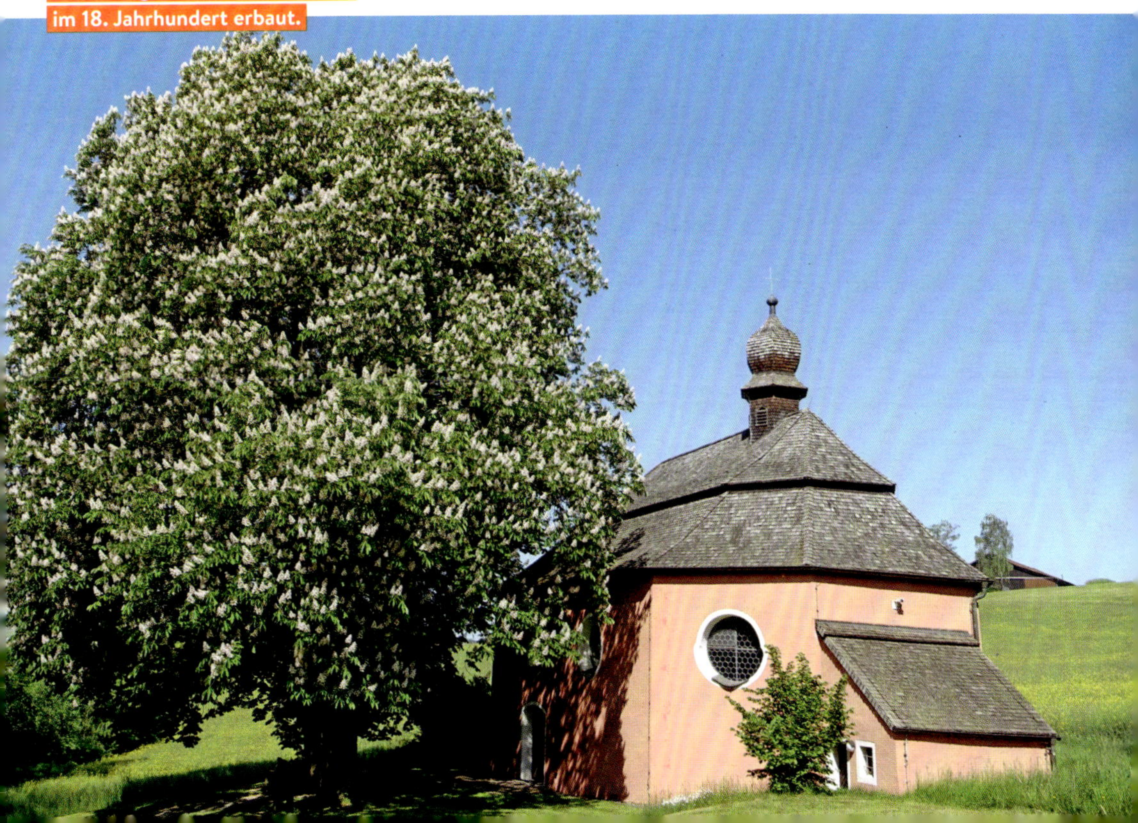

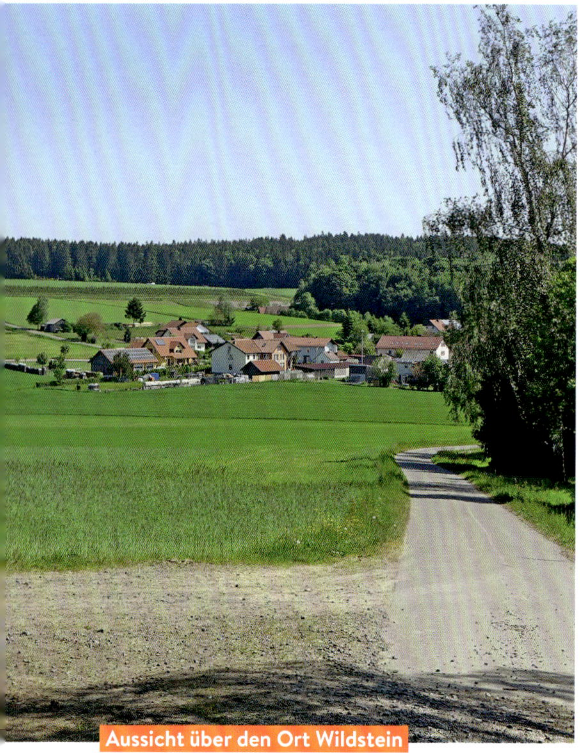
Aussicht über den Ort Wildstein

Tipp

BEI DOKTOR EISENBARTH

Im nahen Oberviechtach wurde 1663 Johann Andreas Eisenbarth geboren. Jeder kennt das Lied: »Ich bin der Doktor Eisenbart, kurier die Leut‘ nach meiner Art«. Wegen seiner Leistungen wurde er von König Friedrich Wilhelm I. zum Hofrat ernannt. In Oberviechtach gibt es das Doktor-Eisenbarth-Museum, in dem sein Ruf als Scharlatan und Wunderarzt untersucht wird. Sein Bild schwankt heute noch zwischen Dichtung und Wahrheit. Das Museum befasst sich auch mit dem Goldbergbau des Mittelalters im Gebiet (Doktor-Eisenbarth- und Stadtmuseum, Mühlweg 7, 92526 Oberviechtach, www.oberviechtach.de).

der **2 Bushaltestelle** auf dem Sträßchen rechts aufwärts. Am Waldrand entlang kommen wir an einem netten Brunnen vorbei, dessen Auslauf liebevoll als Drachenkopf gestaltet wurde. Nach dem letzten Haus bleiben wir an der Gabelung an dem Stadel rechts am Waldrand. Links unten liegt das Dorf Kühried und im Norden ist schon der bewaldete Wildenstein zu sehen. An einer ersten Gabelung im Wald bleiben wir rechts auf dem oberen Weg, der bald zu einem schmalen, leicht ansteigenden Hohlweg wird. In einer Rechtskurve müssen wir geradeaus abwärts an einer Wiese vorbei. Fast am Ende der Wiese führt ein Weg steil links zur Straße abwärts. Vor der Höcherlmühle geht es links und auf der Straße SAD 43 rechts hinauf. Nach 350 Metern wandern wir links auf dem Asphaltsträßchen in die Wiesen hinauf. An der T-Kreuzung über dem Ort Wildstein beginnt nach links der Aufstieg zum Wildenstein.

Nach einem Parkplatz steigen wir geradeaus über viele Wurzeln hinauf zur **3 Burgruine Wildstein**, deren Mauern aus Gneis erbaut wurden. Der noch sichtbare Graben und der Wall umfassen einen weiten Bereich auf dem Plateau. Die Oberpfalz ist die burgenreichste Gegend Deutschlands, da das Gebiet gegen Osten abgesichert werden musste. Auch führten einige Handelswege durch diesen Nordgau, die durch die Burgen geschützt wurden. Die Burg Wildstein, erstmals im frühen 14. Jahrhundert erwähnt, diente ebenfalls diesen Zwecken. 1589 war das Schloss Wildstein auf einer Karte des Amtes Murach noch vollständig erhalten abgebildet. Im Jahre 1793 erscheint das Gebäude auf einer Karte aus Pullenried als Ruine. Bereits 1850 wurde nach Schätzen gesucht. Schätze gehören aber wohl in den Bereich der Sagen wie auch die Geschichten vom weißen Fräulein und von den Venedigern.

RÜCKWEG ÜBER DIE PLATTE Über die Hochfläche gehen wir links an dem hohen Felsenhaufen aus Gneis vorbei abwärts nach Südosten in den Wald hinein. Unten laufen wir auf der Straße rechts und am Sportplatz, den Goldsteig verlassend, links hinab an einem **4 Wasserbehälter** vorbei. In Kühried überqueren wir an der Bushaltestelle die Straße SAD 43 in Richtung Haidhof. Nach 550 Metern können wir rechts in die Felder hinab. An einer Weggabelung müssen wir mit der Markierung des Jakobsweges und Burgenweges links auf dem Feldweg wieder aufwärts und überqueren oben eine Straße um 25 Meter nach links versetzt. Wieder geht es entlang eines Lesesteinstreifens, der Vögeln, Niederwild, Reptilien, Insekten und Schnecken guten Lebensraum bietet. An dem Picknickplatz, den wir zu Beginn bereits gesehen haben, wandern wir rechts nach Burkhardsberg hinunter und dort wieder links hinauf zu einer **5 Bank** auf der Anhöhe Platte. Geradeaus geht es nun auf dem Sträßchen abwärts und nach dem großen Bauernhof rechts hinunter. In Fuchsberg laufen wir auf der Schreinergasse ein und kommen am Kriegerdenkmal rechts zum **E Parkplatz** an der Dorflinde zurück.

INFO

TOURENCHARAKTER

Leichte, meist sonnige Wege und Pfade durch Wälder, Wiesen und Felder. Etwas Orientierungssinn ist nötig. Wanderschuhe mit griffigen Sohlen sind richtig.

AUSGANGS-/ENDPUNKT

Parkplatz Untere Dorfstraße 2,
92552 Teunz-Fuchsberg,
GPS 49°29‘39.0“N 12°23‘34.1“E (515 m)

ANFAHRT

ÖPNV: Mit der Bahn nach Nabburg und mit dem Rufbus 8403 nach Fuchsberg
Auto: Von der A 93 Ausfahrt 30 Nabburg auf der St 2156 nach Fuchsberg

GEHZEITEN

Parkplatz–Jakobskirche 0:15 Std.–Bushaltestelle 0:40 Std.–Wildstein 1:15 Std.–Wasserbehälter 0:25 Std.–Bank 0:55 Std.–Parkplatz 0:20 Std.

EINKEHR

Dorfwirtshaus Fuchsberg, Wirtsgasse 1,
92552 Teunz-Fuchsberg, Tel. 09671/2142

INFORMATION

Nabburger Straße 2,
92526 Oberviechtach, Tel. 09671/3070,
www.oberviechtach.de

Leicht | 11,5 km | 300 Hm | 3.50 Std.

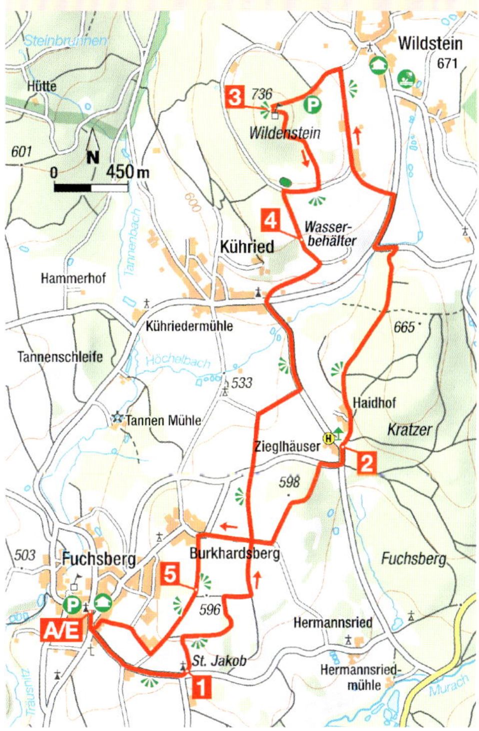

MYSTISCHE FELSENWELTEN BEI AUERBACH

Steinerne Stadt, Grotten und Labyrinthe

In der geheimnisvollen Felsenwelt der Steinernen Stadt und im verwunschenen Felsenlabyrinth Sackdilling bewegen sich Wanderer auf unheimlichem Boden. Wer an einem nebeligen Tag unterwegs ist, sieht gespenstische Gestalten von riesenhaften Ausmaßen und kann sich der Magie nicht entziehen.

20

In der beeindruckenden Vogelherdgrotte

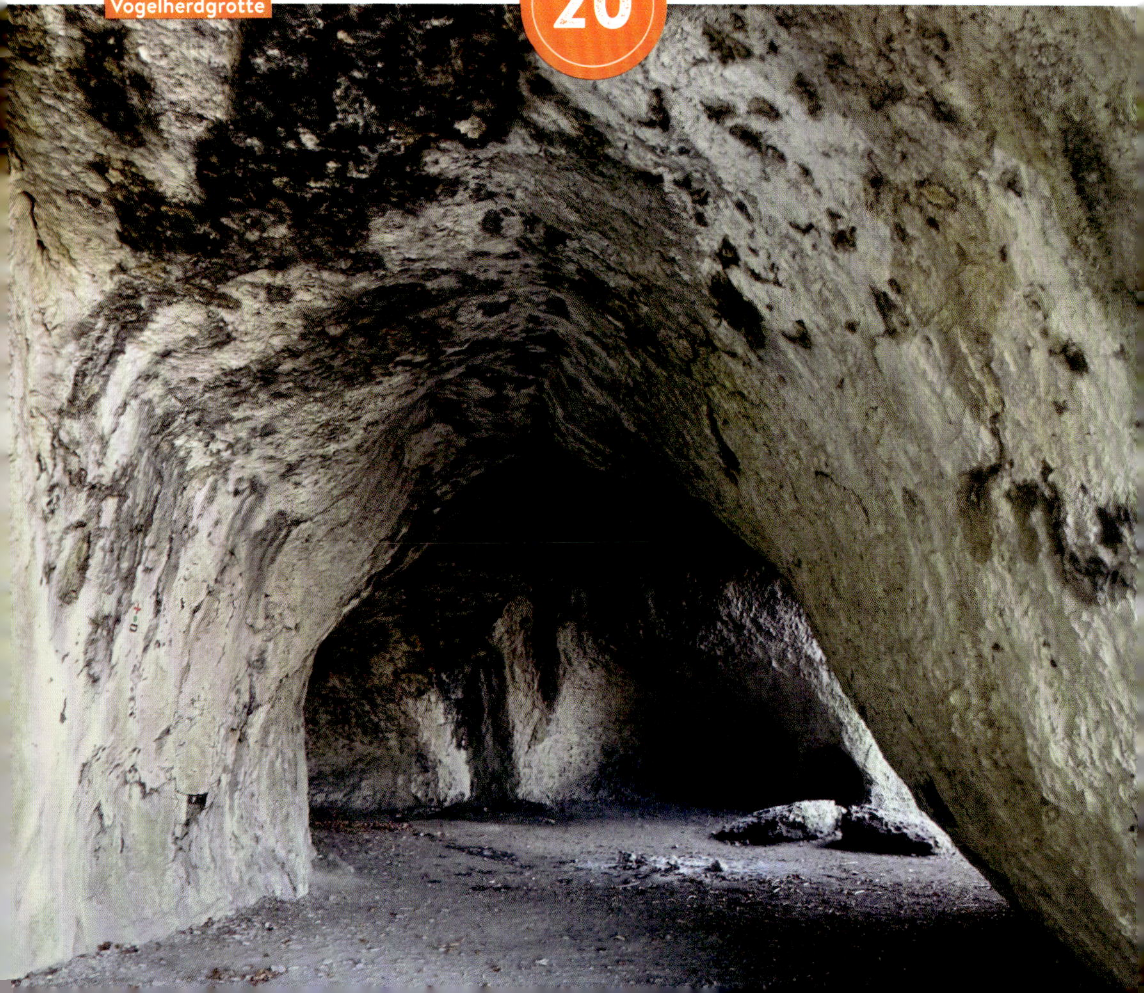

Auf dem Rundweg begegnen uns eindrucksvolle Figuren aus Kalkfelsen und hoch aufragende Felswände. Bei den solitären Felsen handelt es sich um dolomitisierte Schwammriffe aus der Zeit des Jura vor 150 Millionen Jahren. Die Jahreszeit ohne Blattwerk ist für diese Tour gerade richtig. Wer eine Taschenlampe dabeihat, kann unter den Felswänden schaurige Höhlen erkunden.

ZU DEN ZWEI BRÜDERN Zuerst gehen wir vom südlichen Ende des **A Parkplatzes an der B 85** zur rechten Waldeinfahrt und wandern in den Wald hinein. Nach 700 Metern laufen wir an der Gabelung der Forststraßen links auf dem Hauptweg weiter. An einer T-Kreuzung müssen wir rechts und nach 120 Metern links. Nach über einem Kilometer liegt auf der linken Seite der **1 Parkplatz Zwei Brüder** im Wald. Rechts schräg gegenüber dem Parkplatz steigen wir vor dem Picknickplatz am Wegweiser in den Wald hinauf zu der markanten Felsformation **2 Zwei Brüder**.

ZUR VOGELHERDGROTTE Rechts zwischen den zwei Felstürmen schlüpfen wir mit der Markierung grüner Punkt hindurch und sind auf dem weiteren Weg in der »Steinernen Stadt«. Mit ein wenig Fantasie erscheinen die Felstürme wie Gebäude einer richtigen Stadt. Das Schild »Zur schönen Aussicht« kann übersehen werden, denn die Aussicht ist zugewachsen. Schließlich verläuft der Weg abwärts, und an einer Kreuzung wenden wir uns nach rechts auf den breiteren Weg, auf dem eine Lichtung mit dahinterstehenden hohen Kiefern folgt. Nach der Lichtung wird der Weg zu einer Forststraße.
An einer Kreuzung müssen wir links abwärts auf den kleinen Pfad, der mit der Markierung rotes Kreuz und Fränkischer Marienweg gekennzeichnet ist.

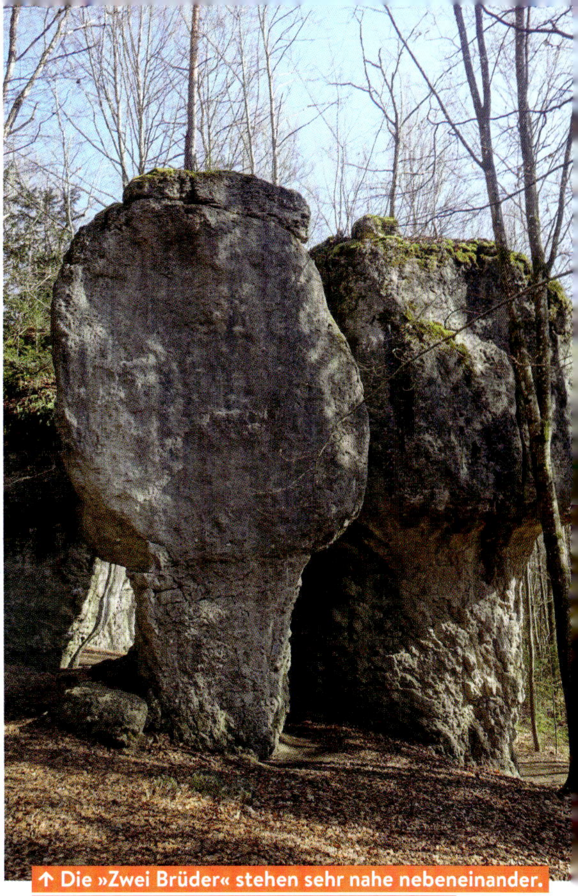

↑ Die »Zwei Brüder« stehen sehr nahe nebeneinander.
↓ Typisch in der »Steinernen Stadt« sind die verwitternden Pilzfelsen.

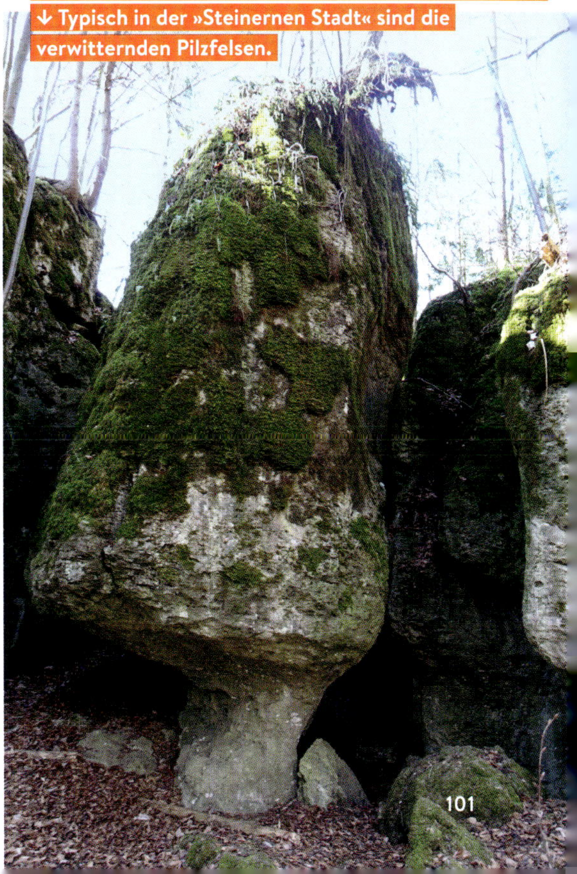

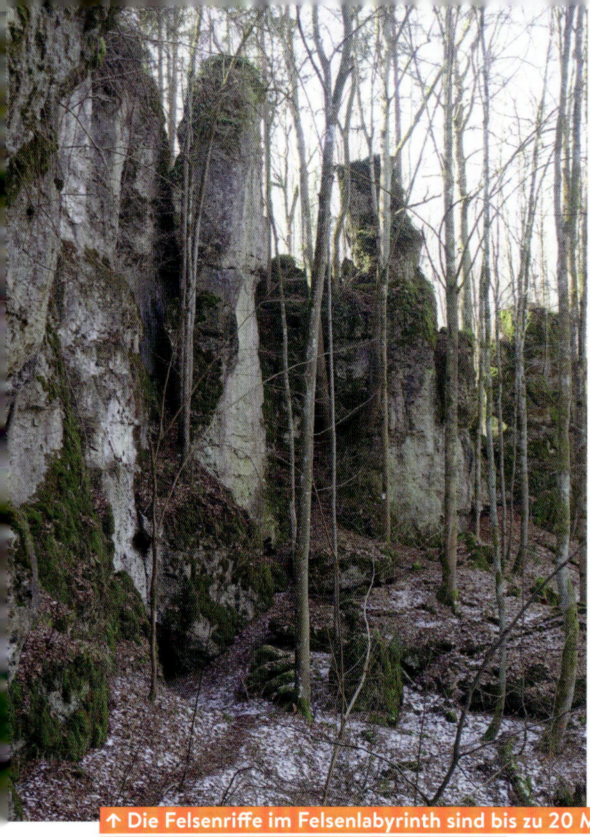

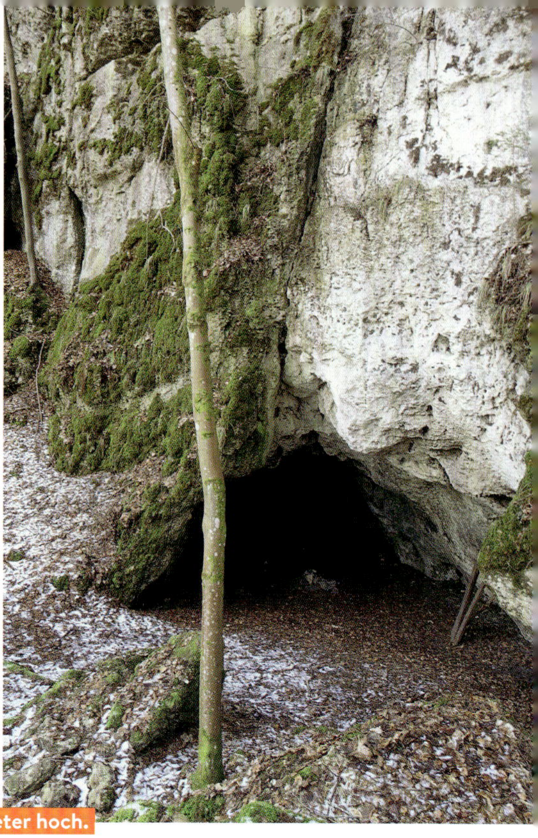

↑ Die Felsenriffe im Felsenlabyrinth sind bis zu 20 Meter hoch.
↗ Das Große Bauernloch ist 50 Meter tief.

Tipp

IM LODES MUSEUM

Rudolf Lodes, Doktor der Orthopädie, wurde 1909 in Auerbach geboren. Er widmete sich als Autodidakt der bildenden Kunst. Das Lodes Museum im Schenkl-Haus zeigt Werke des anerkannten Künstlers, dessen Ölgemälde an Max Beckmann erinnern. Vom Impressionismus beeinflusst, beschäftigte er sich mit der modernen Form der figurativen Malerei. Seine grafischen Werke wie Radierungen, Lithografien und andere Drucktechniken nehmen einen großen Raum in seinem Schaffen ein (Oberer Marktplatz 17, 91275 Auerbach in der Oberpfalz, Öffnungszeiten nach Vereinbarung unter Tel. 0175/423 83 64, www.auerbach.de).

Eine Forststraße queren wir schräg und steigen im Hang aufwärts zur beeindruckenden **3 Vogelherdgrotte**. Sie ist eine Durchgangshöhle, an der das Vergehen von Höhlen studiert werden kann. Auf der anderen Seite der Grotte geht es weiter und 30 Meter danach am Wegweiser in Richtung Maximiliansgrotte links ein kurzes Stück sehr steil hinauf. Oben halten wir uns etwas links und abwärts zu einer großen Wiese. Der Blick über die Wiese, die bereits in Franken liegt, leitet in das Tal, das in Neuhaus an der Pegnitz ausläuft.

ZUM FELSENLABYRINTH Am Ende der Wiese wandern wir auf dem Sträßchen, das gleich wieder zu einer Forststraße wird, links in den Wald hinauf. 100 Meter nach einer Kreuzung folgen wir dem grünen Punkt links auf den Pfad. An einer Gabelung würde es links wieder zu den Zwei Brüdern hinaufgehen. Der rechte Pfad führt uns direkt zu dem Picknickplatz am Parkplatz Zwei Brüder. Geradeaus am Parkplatz vorbei, nach über einem Kilometer an der T-Kreuzung rechts, dann links und an der Gabelung nochmals links kommen wir zur Waldeinfahrt am **A/E Parkplatz an der B 85** zurück. Wir überqueren die Bundesstraße in den über der Straße liegenden Wald. An einer Kreuzung vor einer Hochspannungsleitung folgen wir dieser nach links.

An einer Weggabelung vor drei Felstürmen müssen wir links aufwärts und an einer Gabelung rechts. 150 Meter nach einer Wiese und nach einer Linkskurve geht es an dem Wegweiser »Felsentour« mit der Markierung gelbe und rote Linie in spitzem Winkel rechts auf den Pfad. Bald führt der Weg an einem Jagdansitz auf einem markanten Felsen vorbei und wir erreichen einen zugewachsenen Aussichtspunkt mit Geländer. Hier geht es rechts abwärts und dann links unterhalb der bis zu 20 Meter hohen Schwammriffe entlang zum 50 Meter tiefen **4 Großen Bauernloch** im Felsenlabyrinth Sackdilling. Gut 100 Meter weiter ist das **5 Kleine Bauernloch**, das etwa 35 Meter tief ist. Wir gehen 10 Meter zurück und steigen rechts auf dem kleinen Pfad auf dem Hang zwischen den Felsen hinauf. Weiter oben droht der Weg unter Jungwuchs zu verschwinden, doch wir kommen fast weglos genau an dem Jagdansitz auf dem markanten Felsen auf den Weg, den wir gekommen sind. Hier geht es rechts, auf der Forststraße in spitzem Winkel links und an der Gabelung links hinunter zur Hochspannungstrasse. An den drei Felstürmen müssen wir rechts und an der Kreuzung an der Hochspannung nochmals rechts, um zum **E Parkplatz an der B 85** zurückzufinden.

INFO

Mittel | 13,2 km | 210 Hm | 4.00 Std.

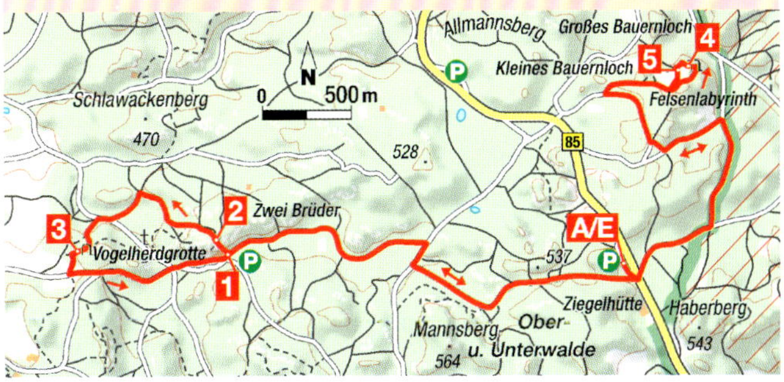

TOURENCHARAKTER

Mittelschwere schattige Wege durch Wälder. Orientierungssinn, Trittsicherheit und Wanderschuhe mit griffigen Sohlen erforderlich

AUSGANGS-/ENDPUNKT

Parkplatz B 85, 92281 Königstein, GPS 49°38‘01.9“N 11°38‘10.7“E (530 m)

ANFAHRT

ÖPNV: Mit der Bahn nach Pegnitz und mit dem Bus 457 nach Sackdilling

Auto: Von der A 9 Ausfahrt 44 Pegnitz auf der B 85 zum Parkplatz 2,5 km nach dem Abzweig Sackdilling

GEHZEITEN

Parkplatz B 85–Parkplatz Zwei Brüder 0:50 Std.–Zwei Brüder 0:05 Std.–Vogelherdgrotte 0:30 Std.–Großes Bauernloch 1:50 Std.–Kleines Bauernloch 0:05 Std.–Parkplatz B 85 0:40 Std.

EINKEHR

Keine Möglichkeit

INFORMATION

Oberer Marktplatz 1, 91275 Auerbach in der Oberpfalz, Tel. 09643/200, www.auerbach.de

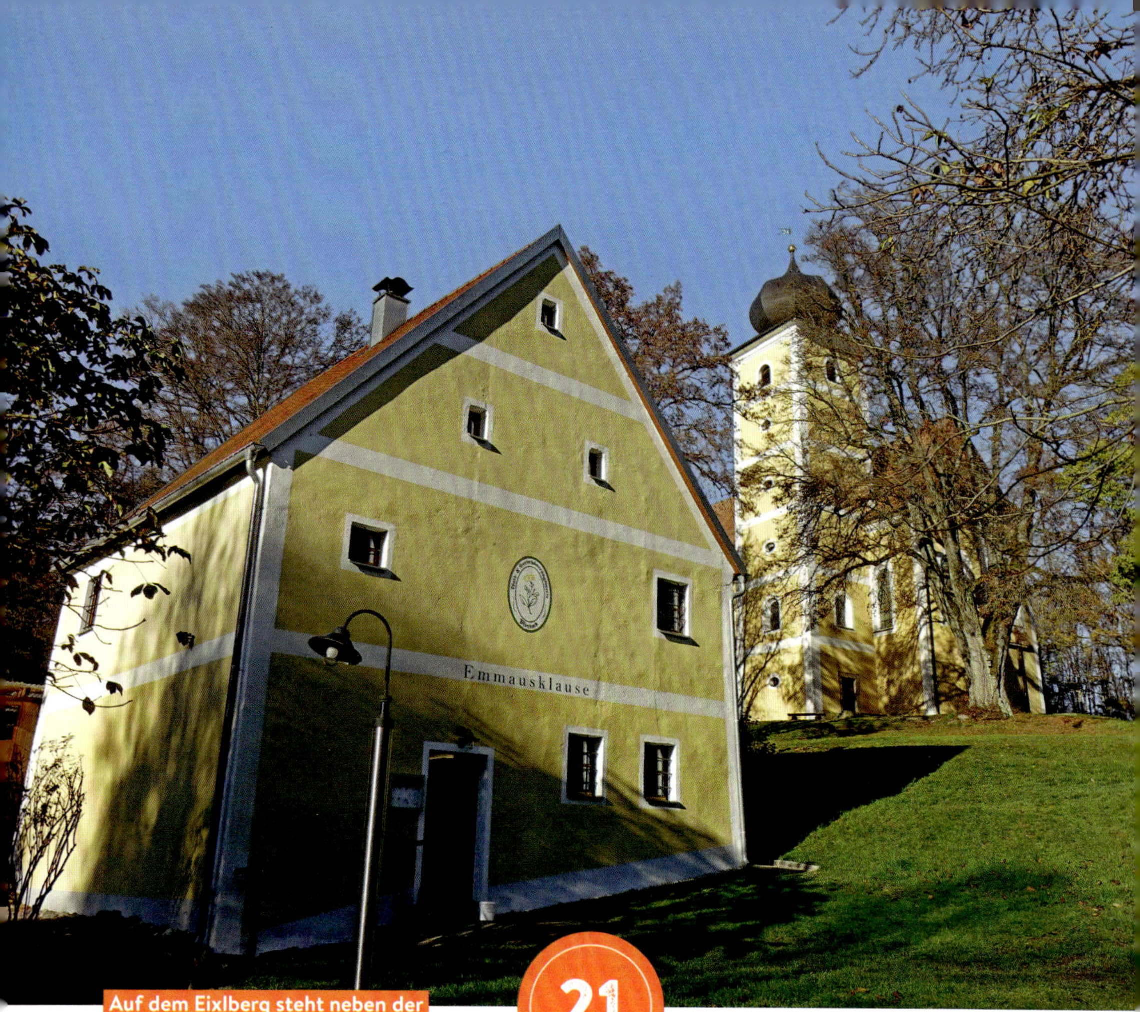

Auf dem Eixlberg steht neben der Wallfahrtskirche das alte Mesnerhaus.

21

AUF DEN EIXLBERG BEI NABBURG

Mittelalter und Wallfahrtsberg

Die Stadt Nabburg ist in ihrer mittelalterlichen Struktur mit historischen Gebäuden samt Stadtmauer und Toren erhalten. Der Zwingerrundweg entlang der Stadtmauer bietet hübsche Ausblicke auf markante Bauwerke der Altstadt und zeigt die Befestigungsanlagen aus der Nähe.

Die Wallfahrt und die erste Kapelle auf dem Eixlberg gehen auf das 14. Jahrhundert zurück. Dort oben wartet aber auch die Emmausklause auf hungrige Wanderer. Das einstige Mesnerhaus wird heute an Wochenenden vom Oberpfälzer Waldverein bewirtschaftet.

ZUM RATHAUS Vom Parkplatz an der **A Nordgauhalle** gehen wir zu Beginn nach Norden zur Brücke über die Naab und haben hier einen der schönsten Blicke auf die Silhouette von Nabburg. Auf der Georgenstraße laufen wir links und an der Straßengabelung auf der Seilergasse rechts hinauf zum mächtigen Mähntor. Auf der linken Seite im Tor versteckt ist der Zugang zum östlichen Zwingerrundweg, der uns entlang der Stadtmauer leitet. Auf einer Treppe mit Betonbrüstung müssen wir rechts in die Altstadt empor. Auf der Schmiedgasse geht es links und auf der Bayergasse rechts zum **1 Rathaus** aus dem Jahr 1417. Die Umgestaltung im Renaissancestil geschah im 16. Jahrhundert. Gehen wir rechts 100 Meter auf dem Oberen Markt abwärts, sehen wir das bemalte Schmidt-Haus eines einheimischen Künstlers, in dem heute Museum und Bühne sind. Rechts ist nun das Mähntor von innen zu sehen.

AUF DEN EIXLBERG Nun bewegen wir uns auf dem Oberen Markt wieder aufwärts am guten Schwarzen Adler und am Rathaus vorbei und vor der Stadtpfarrkirche aus dem Jahr 1349 links mit Blick auf das Bürgerspital, Zehentstadel mit Turm und Münzpräge aus dem Jahr 1547. Diese historischen Gebäude belegen die Bedeutung der Stadt im Mittelalter. Vor dem Obertor ist rechts das Pflegschloss des Wittelsbacher Landpflegers. An dieser Stelle stand einst die bedeutende Nabburg, die im Jahr 929 urkundlich belegt ist. Dann schreiten wir durch das Obertor auf der Kemnather Straße über den Halsgraben. Nach 700 Metern schicken uns ein Wegweiser und die Markierung roter Punkt am letzten Haus rechts in Richtung Eixlberg. An der Weggabelung vor der schönen **2 Josefikapelle** wandern wir links. An der

Tipp

FREILANDMUSEUM OBERPFALZ

Das Freilandmuseum Oberpfalz macht die Geschichte, Kultur und Natur der Oberpfalz erlebbar. Auf 30 Hektar Fläche stehen regionale Gebäude aus dem Stiftland, Oberpfälzer Wald und Oberpfälzer Jura. So entstanden die Oberpfälzer Hauslandschaften mit den lokal typischen Gebäuden. Umliegende Felder werden traditionell bewirtschaftet. In den Ställen und auf den Weiden leben Gänse, Schafe, Rinder, Pferde, Ziegen und Schweine alter Haustierrassen. Der Edelmannshof in Perschen geht in seiner Historie bis ins 13. Jahrhundert zurück und gehört zum Museum (Neusath 200, 92507 Nabburg, Tel. 09433/244 20, www.freilandmuseum-oberpfalz.de).

Das Obertor schließt die historische Stadt Nabburg nach Norden hin an.

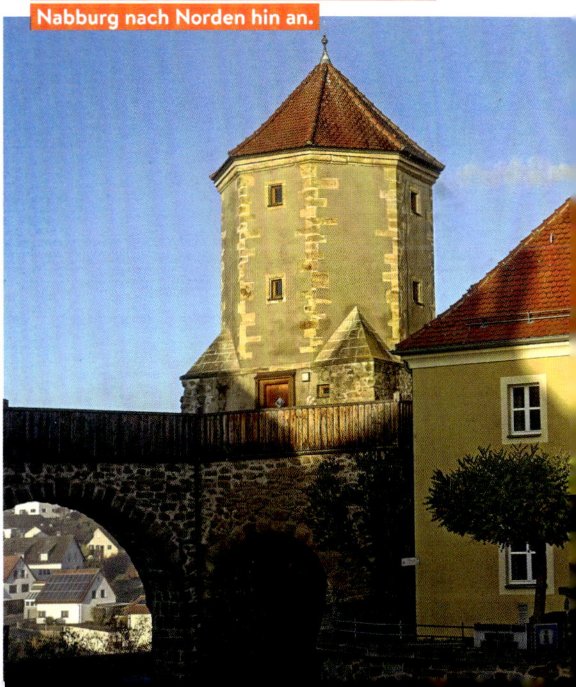

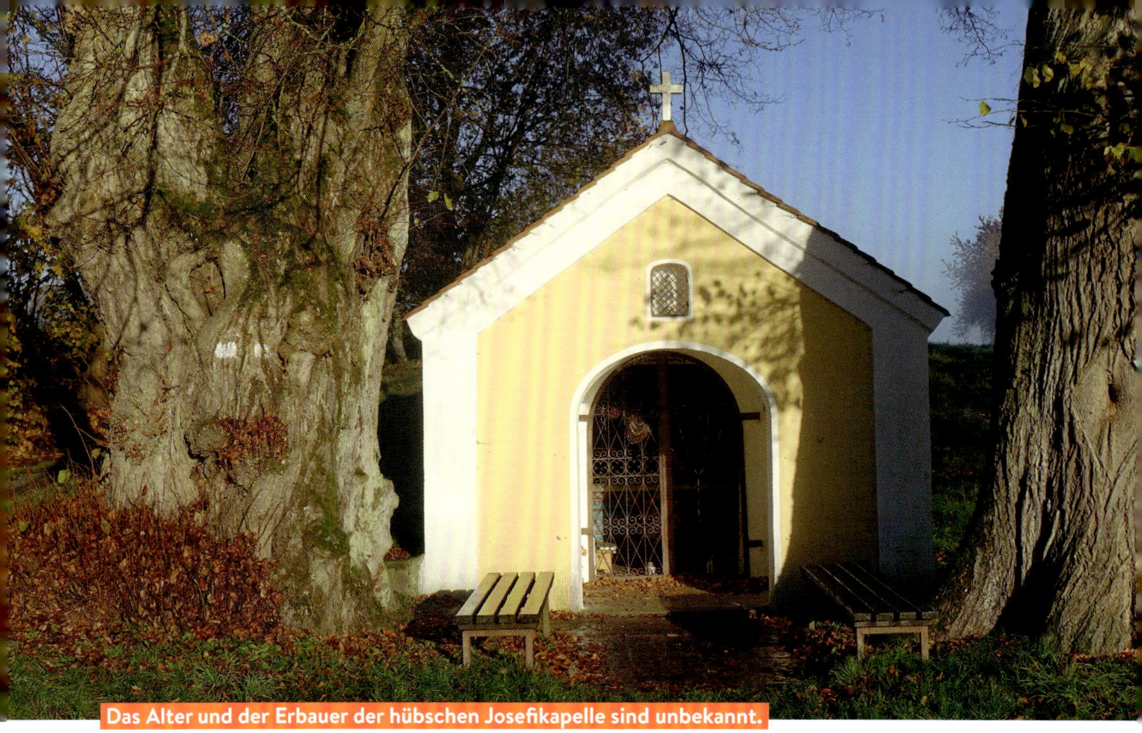

Das Alter und der Erbauer der hübschen Josefikapelle sind unbekannt.

Weggabelung vor dem Platz eines Hundevereines geht es links. An einer ersten Gabelung halten wir uns links und an einer zweiten Gabelung rechts. An einer Kreuzung an einem Waldrand treffen wir auf einen Wegweiser und folgen der angezeigten Richtung zum Eixlberg nach rechts über die Felder abwärts. Über der Naab ist Pfreimd zu sehen und weiter rechts Perschen mit der doppeltürmigen romanischen Basilika aus dem Jahr 1122. Kunstgeschichtlich bedeutend ist der Rundbau mit Spitzkegeldach. In diesem Karner befindet sich im Obergeschoss eine Kapelle mit bedeutenden Fresken im Originalzustand. Im Untergeschoss wurden Gebeine aufbewahrt. An einer Kreuzung bleiben wir auf dem Wiesenweg über die Felder geradeaus und sehen danach auf der linken Seite den Turm der Wallfahrtskirche St. Barbara auf dem Eixlberg. Im Wald geht es mit der Markierung roter Punkt stetig abwärts und im Graben des Schwefelbaches rechts. An der T-Kreuzung laufen wir auf der Forststraße links aufwärts, biegen aber schon nach 50 Metern rechts auf den schmalen Pfad. Ein **3 Steg** führt über den Schwefelbach und eine Treppe den Hang hinauf. Oben gehen wir auf der Forststraße links und gleich wieder rechts über Felder am Bauerngut Schlosshof vorbei. In Untersteinbach wandern wir auf der Kulmstraße rechts und auf der Straße Am Eixlberg links hinauf. An der Kreuzung geht es links und die Straße wird zu einer Forststraße, die auf den Eixlberg führt. Fast ganz oben müssen wir rechts abbiegen und erreichen auf dem **4 Eixlberg** den magischen Platz mit dem Ensemble der Wallfahrtskirche St. Barbara, der abseits stehenden Kapelle, der Emmausklause und den herrlichen uralten Bäumen. Schon 1342 gab es hier oben eine Kapelle.

ZUR NORDGAUHALLE Von der abseits stehenden Kapelle steigen wir auf der Wiese mit der Markierung 2 hinab und bleiben an der Kreuzung im Wald geradeaus in Richtung Bahnhof. Nach 20 Metern laufen wir an der Kreuzung mit der Markierung 4 links abwärts. Unten in Untersteinbach treffen wir auf die Straße Johannisweg, der wir rechts hinab folgen. An der Kreuzung mit der **5 Kulmstraße**

können müde Wanderer links zum Bahnhof gehen und mit dem Zug nach Nabburg zurückfahren. Doch ausdauernde Wandersleute gehen auf der Kulmstraße rechts und auf dem gleichen schönen Weg mit der Markierung roter Punkt über den Schwefelbach und vorbei an der Josefikapelle nach Nabburg zurück. In Nabburg schlendern wir nach dem Parkplatz am Seyerlein-Garten links auf dem Zwingerrundweg im Halsgraben abwärts am Pulverturm vorbei. Der Weg verläuft zwischen der doppelten Stadtmauer entlang der Ostseite der Stadt und bietet immer wieder schöne Ausblicke über das Naabtal und auf markante Gebäude der Nabburger Altstadt. Am **6 Fleischtörl** kann man direkt zum Rathaus hinauf, wir bleiben jedoch auf dem Zwingerweg und steigen nach dem Dechantturm auf der Treppe links abwärts zur Georgenstraße hinunter. Links kommen wir vor der Brücke über die Naab nach rechts zum Parkplatz an der **E Nordgauhalle** zurück.

INFO

TOURENCHARAKTER

Leichte, meist sonnige Wege durch Wälder, Wiesen und Felder. Gute Kondition und Orientierungssinn erforderlich

AUSGANGS-/ENDPUNKT

Nordgauhalle, Turnhallenweg 16, 92507 Nabburg, GPS 49°27'03.2"N 12°11'03.1"E (365 m)

ANFAHRT

ÖPNV: Mit der Bahn nach Nabburg
Auto: Von der A 93 Ausfahrt 30 Nabburg zur Nordgauhalle

GEHZEITEN

Nordgauhalle–Rathaus 0:15 Std.–Josefikapelle 0:20 Std.–Steg 0:50 Std.–Eixlberg 0:45 Std.–Kulmstraße 0:15 Std.–Fleischtörl 1:25 Std.–Nordgauhalle 0:10 Std.

EINKEHR

Emmausklause, 92536 Pfreimd, Tel. 09606/89 07, www.owv-pfreimd.de

INFORMATION

Obertor 14, 92507 Nabburg, Tel. 09433/20 38 10, www.oberpfaelzerwald.de

TIPP

Bei Rückfahrt ab Bahnhof Pfreimd in Untersteinbach ist die Wanderung nur neun Kilometer lang.

Leicht | 14,2 km | 360 Hm | 4.00 Std.

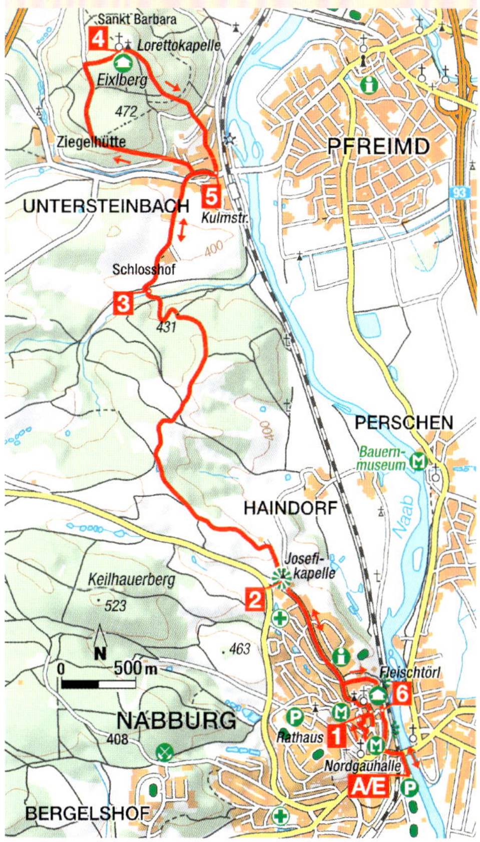

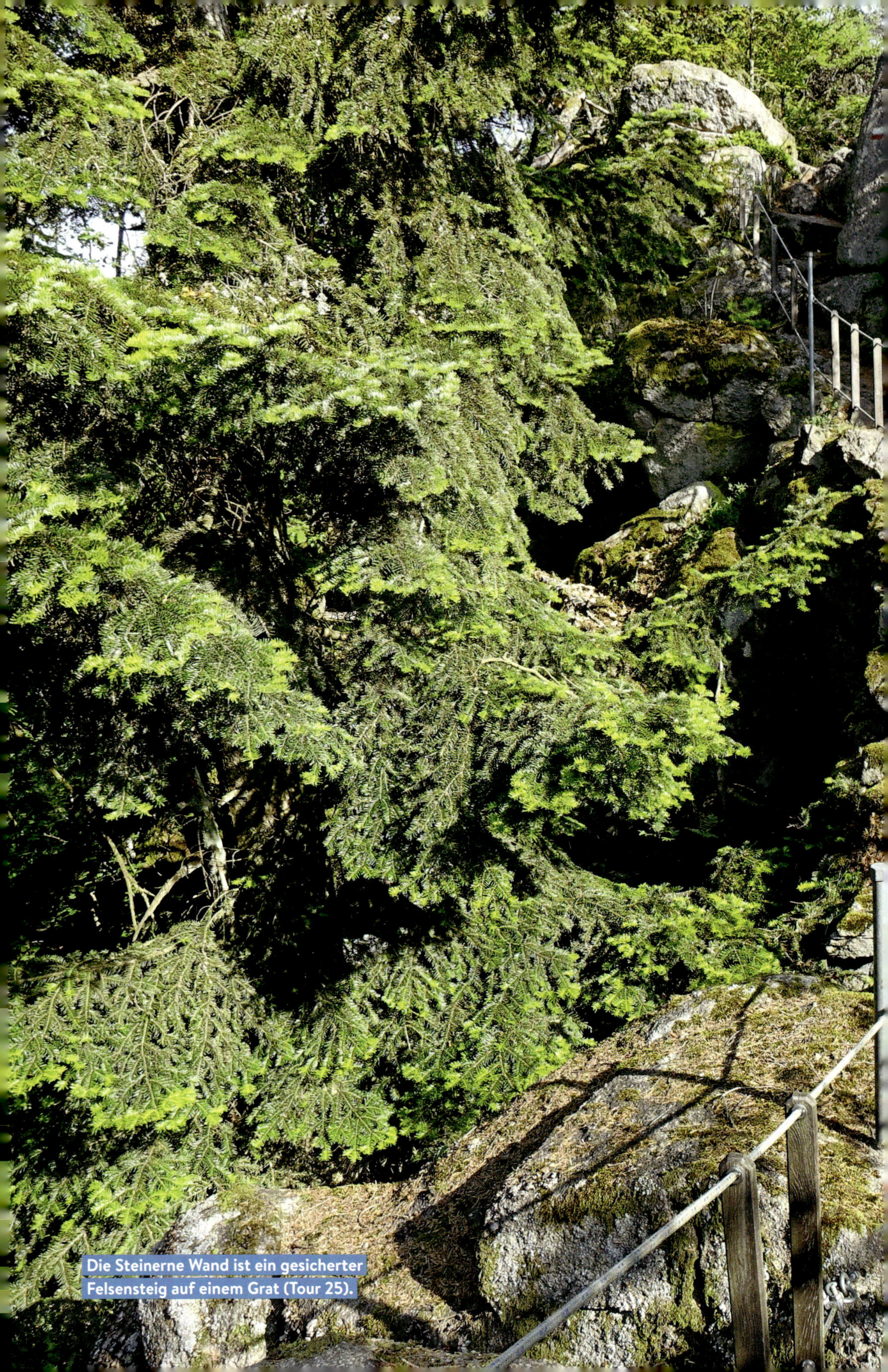

Die Steinerne Wand ist ein gesicherter Felsensteig auf einem Grat (Tour 25).

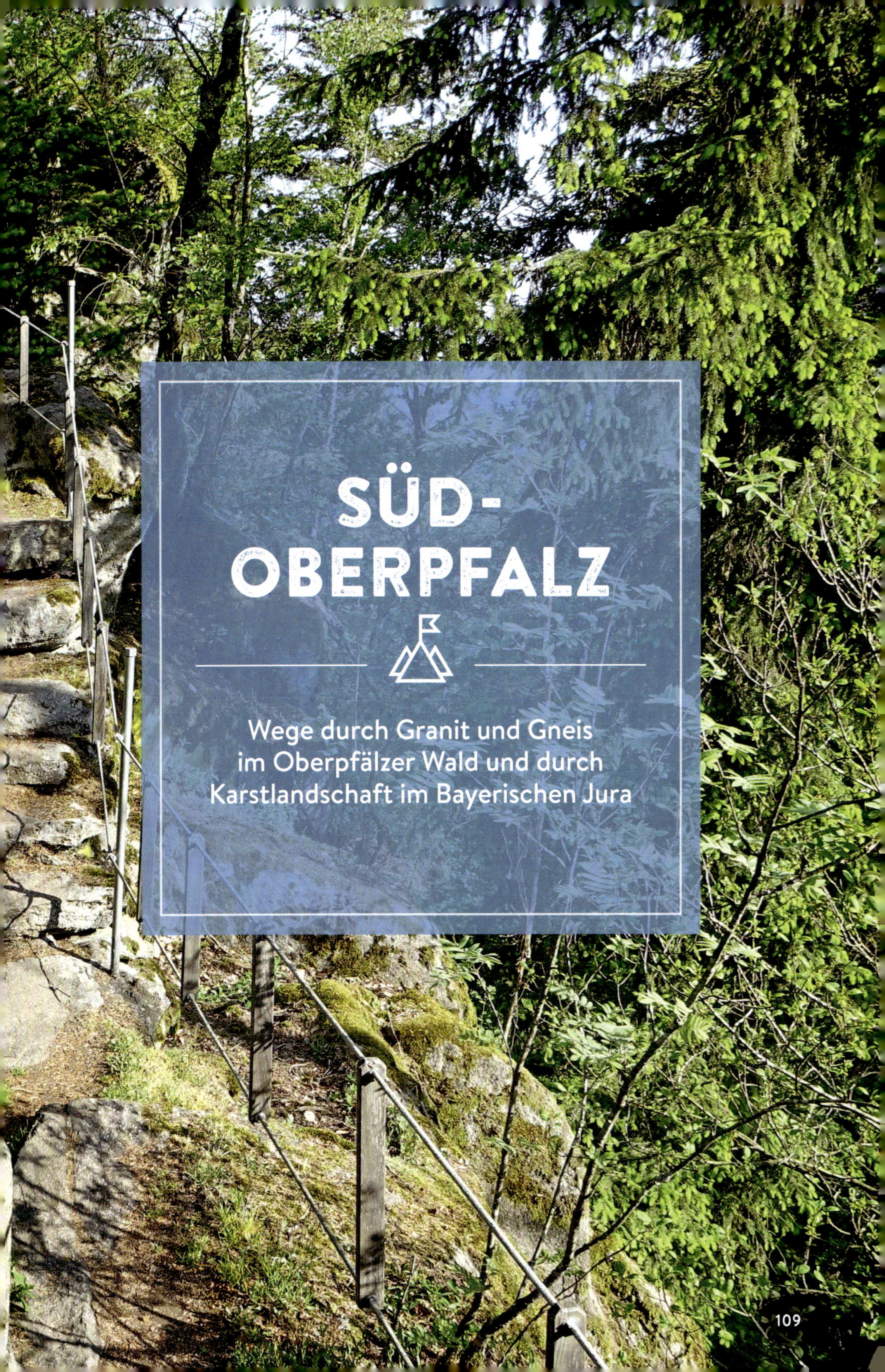

SÜD-OBERPFALZ

Wege durch Granit und Gneis
im Oberpfälzer Wald und durch
Karstlandschaft im Bayerischen Jura

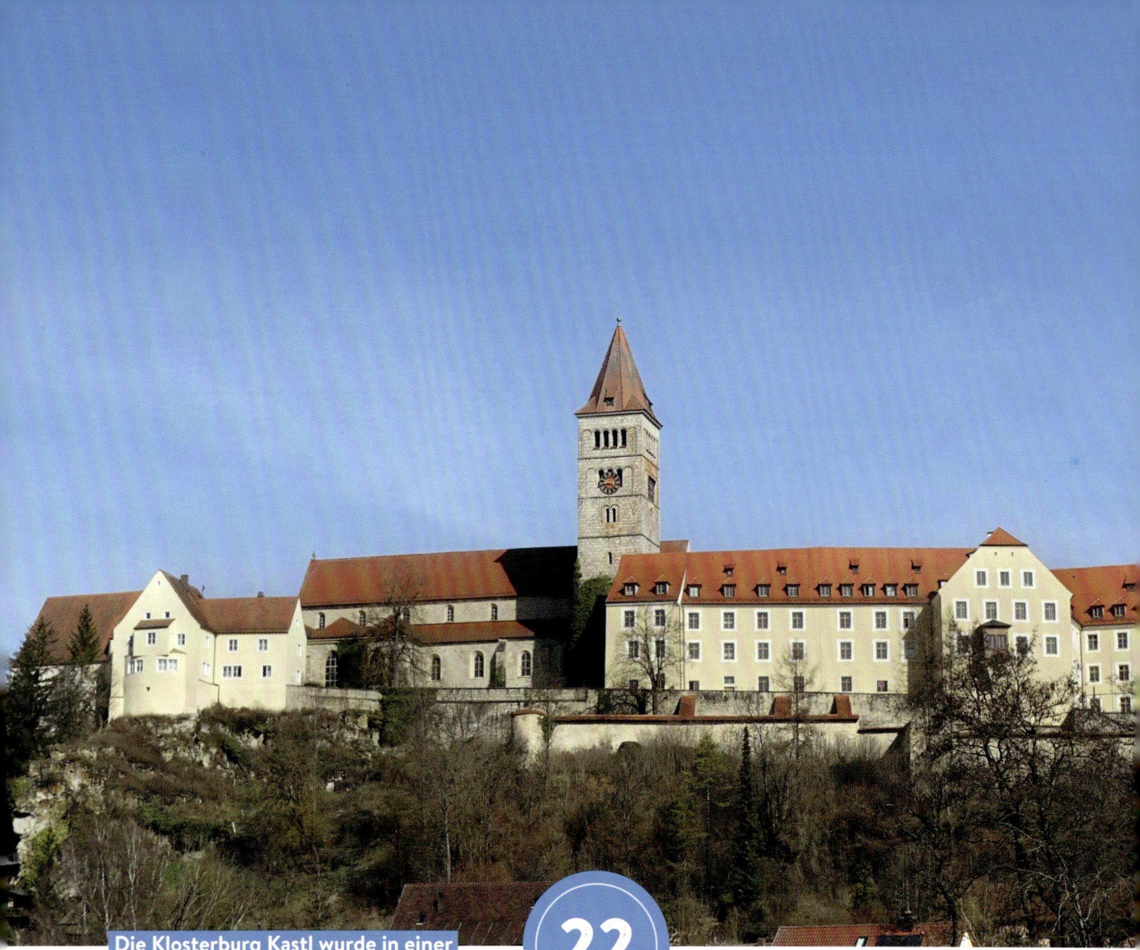

Die Klosterburg Kastl wurde in einer karolingischen Burg gegründet.

22

KLOSTERBURG UND SCHWEPPERMANNS-BURG

Die Kasteler Wahrzeichen

Schon von Weitem ist die Burganlage über Kastl zu sehen. Seit fast 1000 Jahren thront die Klosterburg mit der Kirche über dem romantischen Lauterachtal. Von oben schauen wir über Kastl und die schöne Landschaft, die für Geschichtsinteressierte und Wanderer erstklassig ist.

Am Wanderweg liegen kulturhistorische Besonderheiten für Kunstkenner. Doch in der unverfälschten Landschaft über Kastl genießen auch Naturfreunde die spezialisierten Pflanzen und Schmetterlinge auf den Magerrasen und an den warmen Waldrändern.

ZUR SCHWEPPERMANNSBURG Vom Parkplatz am **A Steinstadel** in der Brauhausgasse starten wir am Marktplatz nach rechts und laufen auf dem Gehweg neben der B 299 links. Nach 50 Metern überqueren wir an der Bushaltestelle die Bundesstraße und gehen zwischen dem Hotel Forsthof und dem Parkplatz aufwärts und links an der Holzlege vorbei weiter hinauf. Weiter oben queren wir den Forstweg und steigen den zweiten kleineren Weg ohne Markierung, oberhalb des Forstweges, nach rechts hinauf. Auf der Wiese wandern wir links entlang des Waldrandes mit Blick auf den Marktplatz von Kastl und finden oberhalb eines einzelnen Hauses eine Fahrspur. Nach einem gepflasterten Platz mit Parkplätzen geht es links in spitzem Winkel auf einem wildromantischen Pfad aufwärts. Doch schon nach zehn Metern müssen wir an den Fundamenten einer ehemaligen Bank auf dem Steig rechts hinauf. Nach einem Bildstock bleiben wir geradeaus im Waldrand und kommen zur kleinen **1 Ölbergkapelle**.

Nun wandern wir rechts entlang des Zaunes zu einer Wegspinne. Hier nehmen wir die zweite Spur am Feldrand aufwärts unter unsere Sohlen. Weiter oben finden wir die Markierung Jurasteig Rechenfels-Schlaufe und an der Holzhütte den Wegweiser zur Schweppermannsburg. Nach einer Bank folgen wir dem Feldweg links hinauf über Felder. Nach einem Wald kommen wir wieder zwischen Feldern an eine Kreuzung mit einem schiefen Feldkreuz auf einem Dolomitfelsen. Hier müssen wir rechts in Richtung Kastl. Weiter unten können wir an einem Rotwildgehege die majestätischen Tiere beobachten. Danach geht es an einer T-Kreuzung links und an der nächsten T-Kreuzung rechts nach Pfaffenhofen hinab. In die Amberger Straße biegen wir rechts ein und stehen vor der Kirche **2 St. Martin**. Das romanische Langhaus stammt aus dem

Tipp

IM HEIMATMUSEUM KASTL

Das private Heimatmuseum in Kastl strahlt besonderen Charme aus. Über Jahrzehnte wurde mit Liebe und Sachverstand bäuerliches und handwerkliches Kulturgut gesammelt, um es für die Nachwelt zu erhalten. Das stilecht restaurierte Bauernhaus mit Scheune aus dem 14. Jahrhundert ist angefüllt mit reichen Beständen an Kulturgütern des bäuerlichen Lebens und der Dorfhandwerker früherer Zeiten (Hohenburger Straße 44, 92280 Kastl, Besichtigung nur nach Voranmeldung unter Tel. 09625/91173).

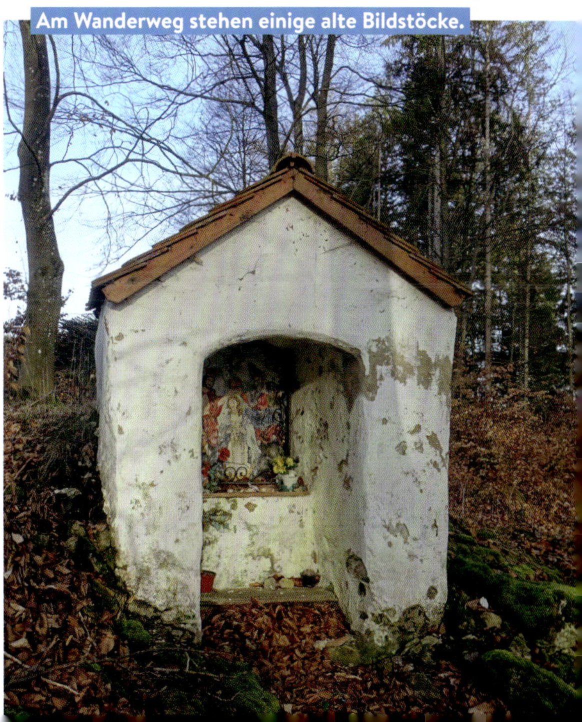

Am Wanderweg stehen einige alte Bildstöcke.

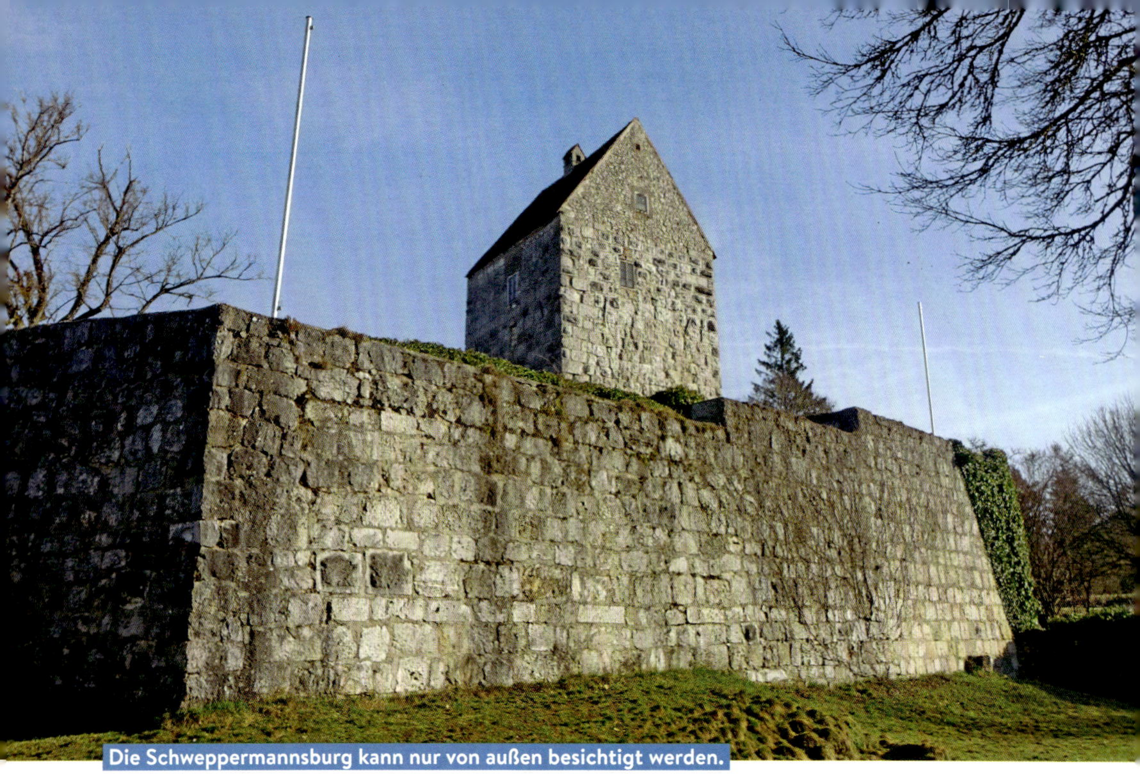

Die Schweppermannsburg kann nur von außen besichtigt werden.

12. Jahrhundert. Der Turm wurde im 16. Jahrhundert errichtet und im 18. Jahrhundert wurde das Kirchengebäude barock umgestaltet. Die Holztüre mit den romanischen Beschlägen ist sehr interessant. Eine Seltenheit ist der neben der Kirche stehende Karner, ein Haus für die Gebeine Verstorbener, aus dem 13. Jahrhundert. Er wurde im 15. Jahrhundert mit gotischen Elementen verändert.

Wir gehen auf der Amberger Straße weiter und anschließend an der Straßengabelung rechts auf dem Burgweg aufwärts. Oben umgehen wir die alte steinerne Scheune nach links zur **3 Schweppermannsburg**. Die Burg trägt den Namen der Familie Schweppermann. Keramikfunde vom Burgplatz wurden auf das 9. bis 12. Jahrhundert datiert. Der Ausspruch »Jedem Mann ein Ei, dem braven Schweppermann aber zwei« geht auf Ludwig den Bayern zurück, der nach der Schlacht bei Mühldorf nur einen Korb mit Eiern als Speise für seine Gefolgsleute besaß. Seyfried Schweppermann hatte sich in der Schlacht mutig hervorgetan.

ZUR KLOSTERBURG Wir gehen zurück an der steinernen Scheune vorbei, jetzt aber mit der Markierung blau-grüner Ring geradeaus. An einer Weggabelung geht es auf einem Fahrweg links hinab. Unten bleiben wir rechts auf dem Weg mit der Markierung blau-grüner Ring oberhalb der B 299 mit Blick auf die Klosterburg. Vor einer schmalen Fußgängerbrücke gehen wir rechts an den Garagen vorbei und dann auf dem Bergháuser Weg links unter der Fußgängerbrücke steil hinab. Unten überqueren wir die B 299 in die Brauhausgasse und wandern auf der Martin-Weiß-Straße rechts zum Marktplatz. Nach links stehen wir vor dem alten **4 Rathaus** aus dem Jahr 1552. Das zweite Stockwerk mit dem Stufengiebel wurde im 19. Jahrhundert aufgesetzt.

Rechts am Rathaus auf der Klosterbergstraße vorbei, an der Gabelung rechts hinauf und dann nochmals rechts, erreichen wir die Gebäude der Klosterburg Kastl. Das Benediktinerkloster wurde im 11. Jahrhundert in der bereits bestehenden karolingischen Burg gegründet. Durch den Torturm kommen wir in den Innenhof und schließlich an den Eingang der **5 Klosterkirche**. Die romanische Kirche entstand im 12. Jahrhundert und wurde im 15. Jahrhundert mit den gotischen Kreuzrippengewölben ausgestattet. In dieser Zeit war das Kloster eines der mächtigsten und reichsten Klöster des Reiches. Doch im 16. Jahrhundert setzte durch Bauernaufstände und Brände der Verfall ein und schließlich wurde 1556 die verarmte Abtei Kastl aufgehoben. Erwähnenswert ist das Epitaph des Ritters Seyfried Schweppermann in der Vorhalle der Kirche. Wir gehen von der Kirche zurück und am Torturm rechts durch den Torbogen und auf der Treppe hinunter. Auf der Hohenburger Straße wandern wir rechts. An einer Gabelung ist die Wahl egal, weil beide Straßen am Marktplatz enden. Auf der Brücke nach links geht es zum Parkplatz am **E Steinstadel**.

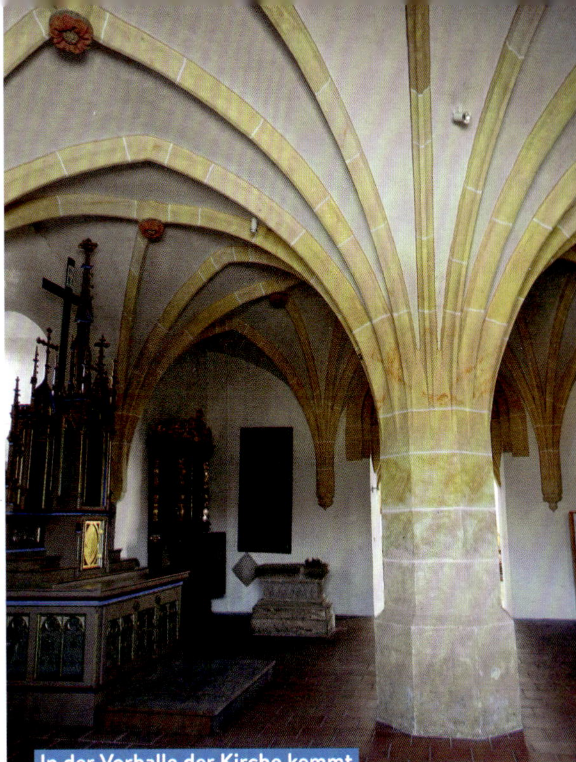

In der Vorhalle der Kirche kommt das Kreuzrippengewölbe gut zur Geltung.

INFO

TOURENCHARAKTER

Leichte, sonnige Wege durch Felder und Wälder. Etwas Orientierungssinn ist nötig. Wanderschuhe mit griffigen Sohlen sind richtig.

AUSGANGS-/ENDPUNKT

Parkplatz Steinstadel, Brauhausgasse 1, 92280 Kastl, GPS 49°22‘09.3“N 11°40‘47.7“E (430 m)

ANFAHRT

ÖPNV: Mit der Bahn nach Amberg und mit Bus 460 nach Kastl

Auto: Von der A 6 Ausfahrt 65 Amberg-West auf der B 299 nach Kastl

GEHZEITEN

Parkplatz Steinstadel–Ölbergkapelle 0:20 Std.–St. Martin 0:50 Std.–Schweppermannsburg 0:15 Std.–Rathaus 0:25 Std.–Klosterkirche 0:15 Std.–Parkplatz Steinstadel 0:15 Std.

EINKEHR

Gasthaus Zum Schweppermann, St.-Martin-Straße 11, 92280 Kastl, Tel. 09625/254, www.schweppermann.com

Leicht	6,6 km	200 Hm	2.20 Std.

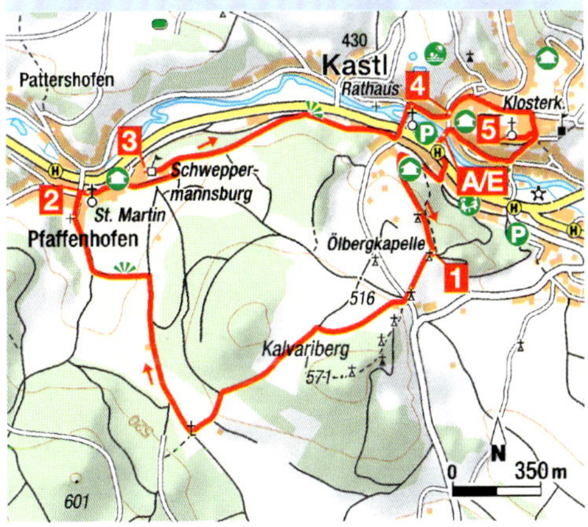

INFORMATION

Marktplatz 1, 92280 Kastl, Tel. 09625/920 40, www.kastl.de

IM IDYLLISCHEN TAL DER LAUTERACH

Unter der Festung Hohenburg

Das Tal der Lauterach, eingerahmt von Felsformationen und Wacholderhängen, ist eines der idyllischsten Flusstäler im Bayerischen Jura. Südländisch anmutende Trocken- und Halbtrockenrasen bedecken die Südhänge dieser oft als »Toskana der Oberpfalz« bezeichneten Landschaft.

Blick vom Steg in Hohenburg über die Lauterach

23

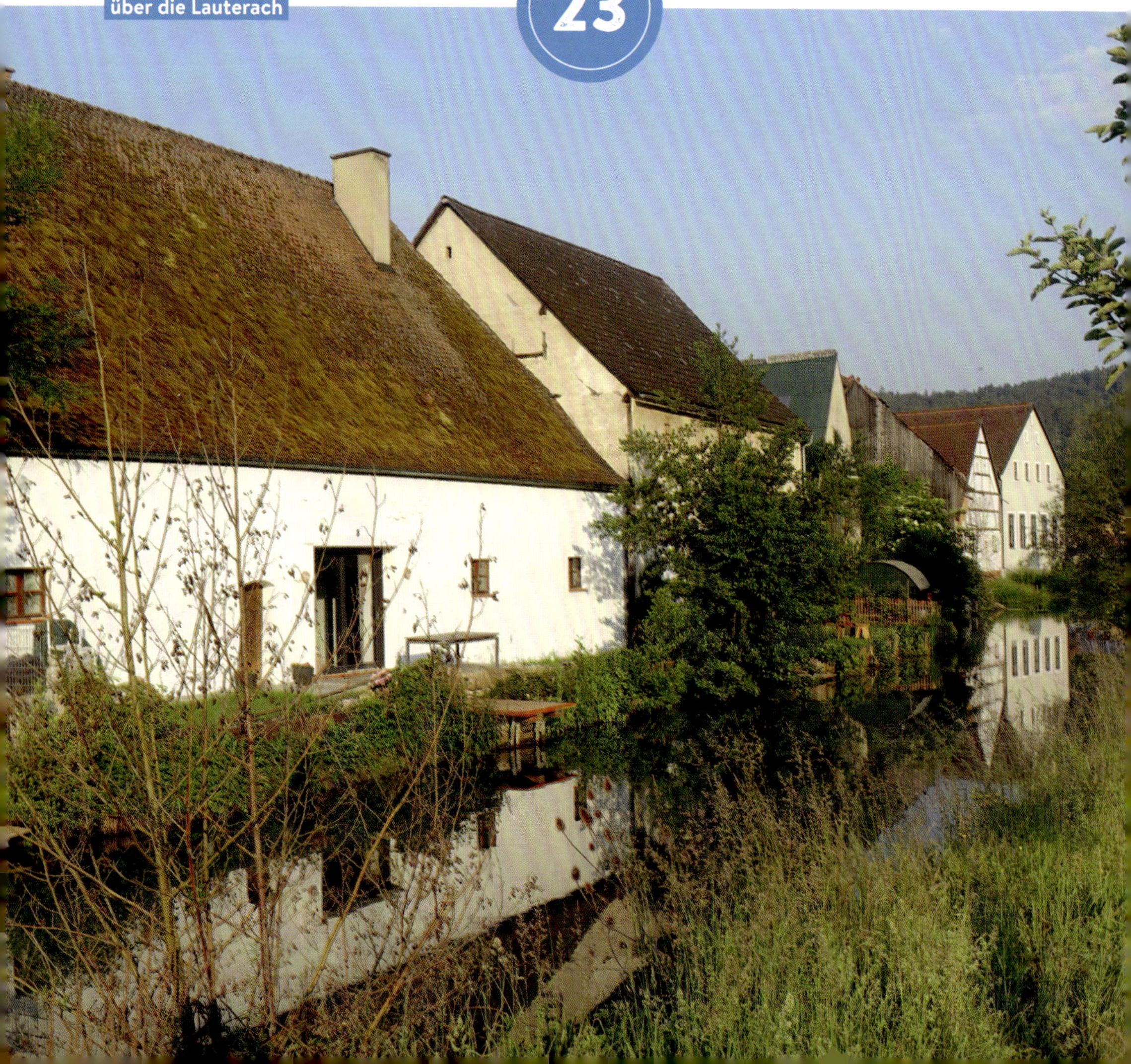

Nur angepasste Spezialisten aus dem Tier- und Pflanzenreich können auf den heißen Böden an den Hängen Lebensraum finden. Wanderer freuen sich über die Aussicht über das magisch-schöne Lauterachtal.

ZUR WEHRKIRCHE ALLERSBURG Vom **A Rathaus** am Marktplatz in Hohenburg beginnen wir die Erkundung des Ortes und der Landschaft. Das Ensemble der giebelständigen Bürgerhäuser aus dem 16. bis 19. Jahrhundert blieb in der Geschlossenheit der Bebauung bis heute erhalten, wenn auch einige Fassaden deutliche Patina tragen. Dabei stellt das schmucke Rathaus einen besonderen Akzent. Es war im 16. Jahrhundert als Hofkasten und Zeughaus erbaut worden. Die barocke Fassadengestaltung mit Stuckgliederung und Volutengiebel erhielt das Bauwerk im Jahr 1878. Durch einen Gang kommen wir hinter das Rathaus, wo wir vom Steg über die Lauterach idyllische Ansichten entdecken. Gegenüber dem Rathaus geht es auf der Gasse Am Pfleghof zum ehemaligen Regensburger Pflegschloss, das 1687 erbaut wurde. Bereits seit 1248 war die Herrschaft über Hohenburg an das Hochstift Regensburg gegangen. Seit dieser Zeit besaß der Ort das Marktrecht. Die barocke Saalkirche St. Jakobus wurde 1664 vollendet. Dabei steht der spätgotische Turm auf romanischen Grundmauern.

Vom Marktplatz beginnt die Wanderung auf der Straße Vormarkt nach Westen. An der Fuchsenkapelle aus dem Jahr 1500 wird die Straße geradeaus zur Hammermühlstraße. Die **1 Hammermühle** besteht in dieser Form seit Anfang des letzten Jahrhunderts. Der Stadel, der aus Gesteinsblöcken der Burgruine Hohenburg besteht, wurde zu einem Café und Hofladen ausgebaut. Wir bleiben auf dieser Seite der Lauterach und überqueren erst an den Glascontainern rechts auf der Brücke die Lauterach nach Allersburg.

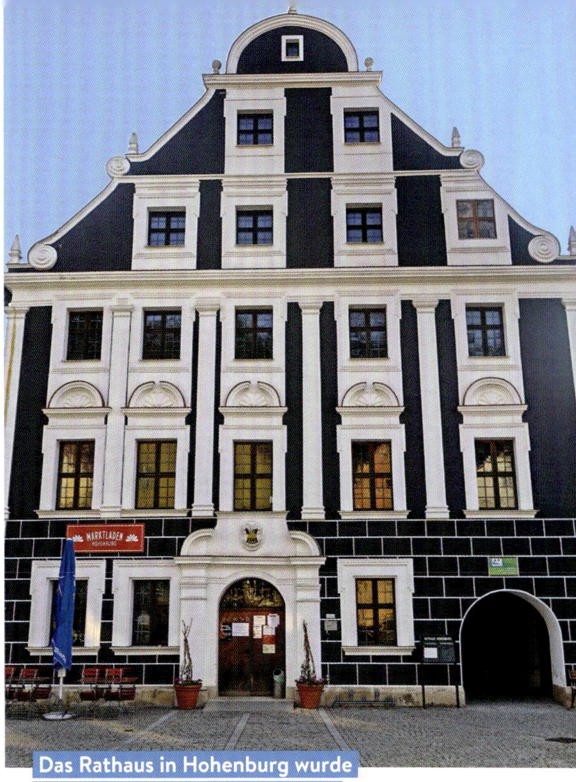

Das Rathaus in Hohenburg wurde im 19. Jahrhundert barockisiert.

In einem Abstecher werden wir die Wehrkirche St. Michael besichtigen. An der St 2235 müssen wir links und nach dem Haus mit der Nummer 17 scharf rechts aufwärts. An der Kreuzung steigen wir auf der Treppe hinauf zur gotischen Wehrkirche **2 St. Michael**. Das jetzige Leichenhaus rechts der Treppe stammt im Kern aus dem Jahr 1200 und war ursprünglich der Karner zur Aufbewahrung der Gebeine. In der mittelalterlichen Friedhofsmauer sind noch die Schießscharten zu sehen.

ZUR WALLFAHRTSKIRCHE STETTKIRCHEN

Wir steigen wieder auf der Treppe abwärts und folgen der Kehre der Straße nach links hinunter. An der breiteren Straße gehen wir rechts und vor der Bushaltestelle links und nach dem Hausener Bach rechts. Am Rand der St 2235 müssen wir 150 Meter weit laufen bis zum Beginn des Wacholderwanderweges links hinauf in Richtung Hohenburg. An

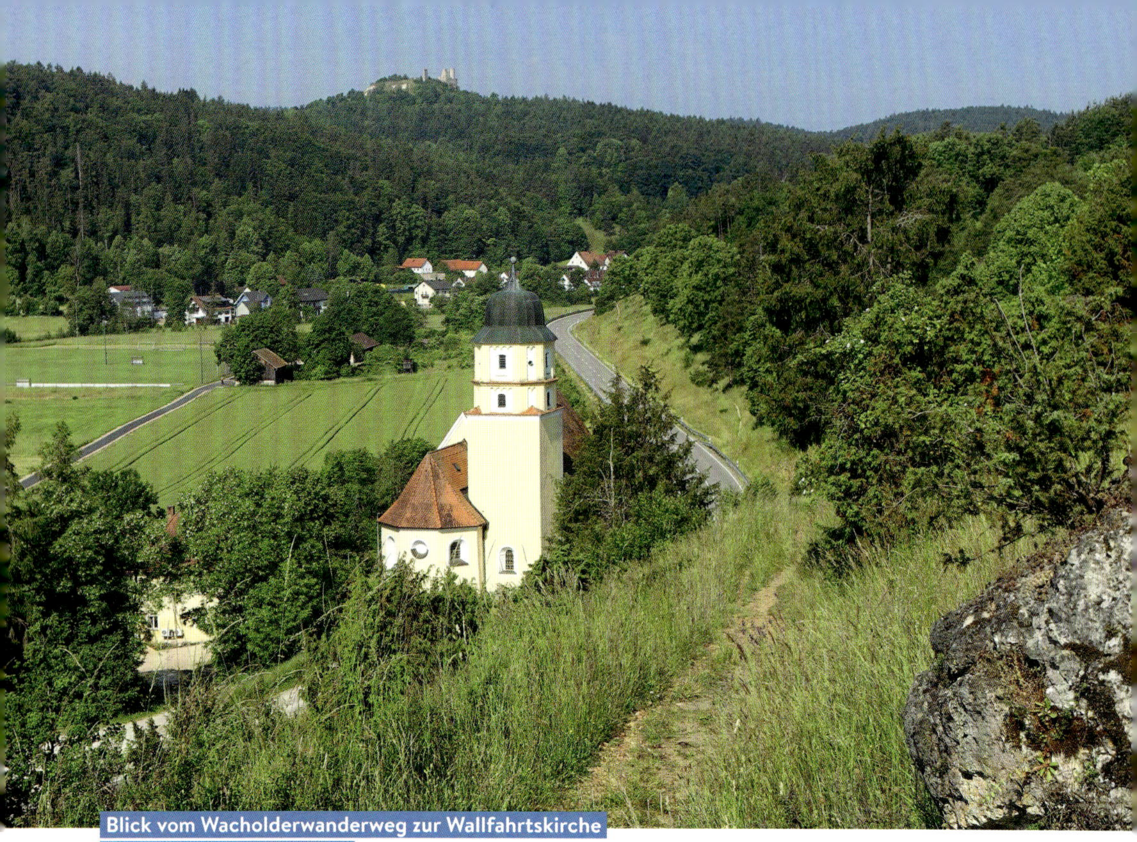

Blick vom Wacholderwanderweg zur Wallfahrtskirche und Burgruine Hohenburg

Tipp

DAS FLEDERMAUSHAUS

In ganz Deutschland gibt es nur eine einzige Wochenstube der streng geschützten Großen Hufeisennase und das ist im Fledermaushaus in Hohenburg. Das Haus ist für sie ein sicherer Ort für die Fortpflanzung. Im Fledermaushaus ist aber auch ein Informationszentrum für Interessierte. Jeden Freitag finden für angemeldete Besucher Führungen zur Ausflugsbeobachtung im Fledermaushaus statt. Im Mai und August um 19 Uhr und im Juni und Juli um 20 Uhr. Auf der Internetseite des LBV bietet eine Webcam Einblick in die Kinderstube der Großen Hufeisennase (Fledermaushaus, Marktplatz 32, 92277 Hohenburg, Tel. 0174/192 97 04, www.lbv.de).

großen Weideflächen wandern wir auf einem Feldweg rechts. In einer Rechtskurve finden wir an einer Bank einen **3 Bildstock** zur Erinnerung an die Martinsbergkirche. Sie wurde im 12. Jahrhundert anstelle früherer Kapellen und eines Wodan-Heiligtums erbaut. Nach dem Zweiten Weltkrieg war sie dem Verfall preisgegeben und wurde schließlich abgerissen.

Weiter unten kommen wir an einen Abzweig und gehen in spitzem Winkel auf dem Jurasteig links aufwärts. Nach 50 Metern folgen wir dem Pfad scharf rechts zu einem aussichtsreichen Streckenabschnitt. Wir schauen über den Markt Hohenburg zu den Ruinen der Hohenburg hinüber. Die Burg war um das Jahr 1000 von den Grafen von Hohenburg erbaut worden. Die Ruine kann nicht besichtigt werden, da sie im Gebiet des Truppenübungsplatzes Hohenfels liegt. Auf dem Koppelbergweg kommen wir hinunter zur

Straße Altach, der wir links folgen. An der Brücke bleiben wir links auf der Mendorferbucher Straße. Am Friedhof gehen wir links und an der Kirche **4 St. Salvator** rechts in die Straße Am Kalvarienberg. An der Gabelung vor dem Haus mit der Nummer 3 wandern wir rechts auf dem Wacholderwanderweg weiter. Wieder unten an der St 2235 geht es gleich wieder links in Richtung Stettkirchen hinauf. Wir steigen auf dem linken schmalen Weg mit den Kreuzwegstationen auf. An einem Abzweig bleiben wir geradeaus auf dem Jurasteig. Auf einem Fahrweg geht es dann ohne Markierung links aufwärts und auf der Hochfläche an zwei Gabelungen jeweils auf den rechten Wiesenweg. Vor einer Markierung des Wacholderwanderweges und Jurasteiges gehen wir in spitzem Winkel auf dem kleinen Pfad mit Blick auf die Wallfahrtskirche Mariä Heimsuchung in **5 Stettkirchen** rechts hinunter. 100 Meter nach der Kirche können wir die Straße überqueren. An der Südseite befindet sich ein romanisches Portal. Vom Parkplatz vor der Kirche gehen wir in die Wiesen hinunter, überqueren auf dem Steg die Lauterach und halten uns an den großen Pappeln rechts am Wald entlang an der Weihermühle vorbei. Der Weihermühlweg wird in Hohenburg zur Straße Keissing und Jakobusstraße, die in den lang gestreckten Marktplatz mündet. Gleich links steht mit der Nummer 32 das Fledermaushaus, ein Museum, das dem Hohenburger Versprechen »Fledermäuse willkommen« einen Rahmen gibt. Wenig weiter ist wieder das **E Rathaus** erreicht.

INFO

TOURENCHARAKTER

Leichte, sonnige Wege durch Wiesen und Wälder. Wanderschuhe mit griffigen Sohlen sind richtig.

AUSGANGS-/ENDPUNKT

Rathaus, Marktplatz 19, 92277 Hohenburg, GPS 49°17'40.5"N 11°48'00.1"E (348 m)

ANFAHRT

ÖPNV: Mit der Bahn nach Amberg und mit dem Bus 461 nach Hohenburg
Auto: Von der A 6 Ausfahrt 65 Amberg-West auf der Hohenburger Straße nach Hohenburg

GEHZEITEN

Rathaus–Hammermühle 0:15 Std.–St. Michael 0:30 Std.–Bildstock 0:20 Std.–St. Salvator 0:20 Std.–Stettkirchen 0:35 Std.–Rathaus 0:30 Std.

EINKEHR

Café Hammermühle, Hammermühlstraße 32, 92277 Hohenburg, Tel. 09626/929853, www.cafe-hammermuehle-bio.de

Leicht | 8,7 km | 130 Hm | 2.30 Std.

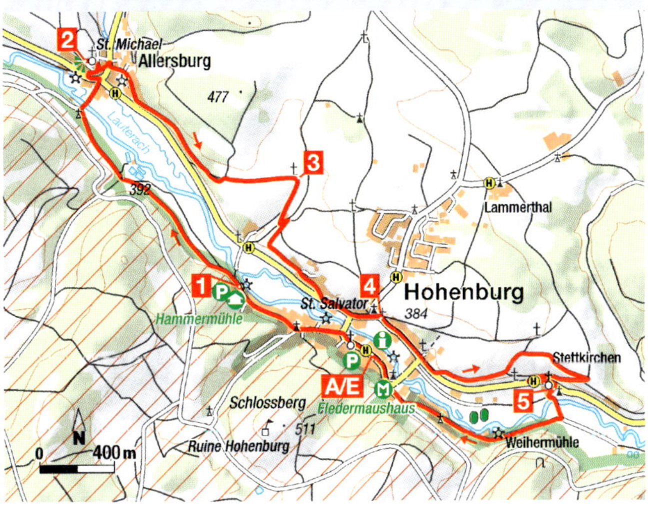

INFORMATION

Marktplatz 19, 92277 Hohenburg, Tel. 09626/92110, www.hohenburg.de

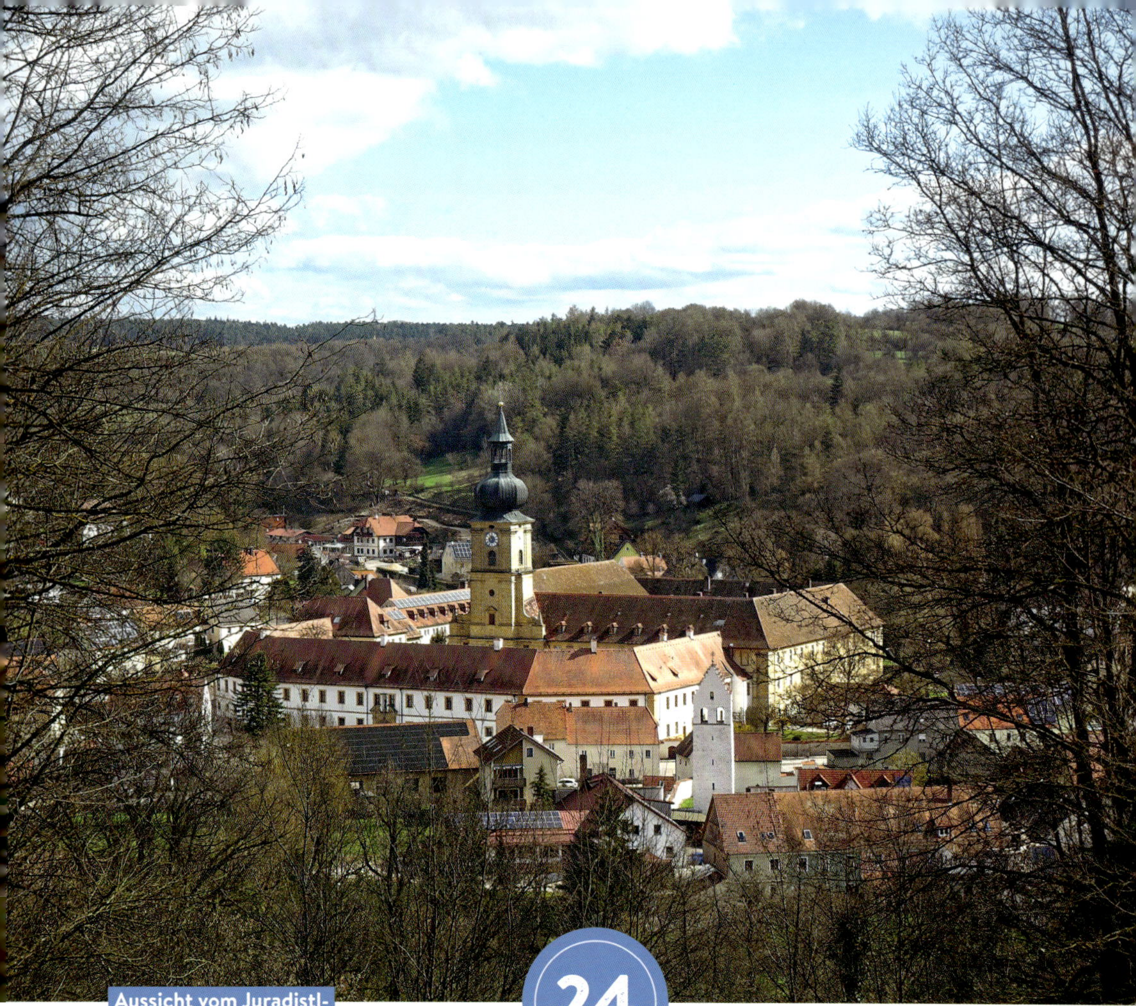

Aussicht vom Juradistl-Landschaftskino über Ensdorf

24

VOM KLOSTER ENSDORF IN DEN WALD

Erholung im Naturpark Hirschwald

Der Naturpark Hirschwald besteht nicht nur aus weiten verwunschenen Wäldern mit Wallfahrtskirchen und Kapellen. Sanfte Hügel, Wacholderheiden, Jurabäche und Dolomitfelsen prägen die ökologisch wertvolle Landschaft und sind Lebensraum zahlreicher seltener Pflanzen und Tiere.

Die barocke Klosterkirche St. Jakobus aus dem 17. Jahrhundert ist etwas für Kunstliebhaber. Der Baumeister Wolfgang Dientzenhofer war der Architekt und Cosmas Damian Asam schuf die herrlichen Deckengemälde.

ZUR WALLFAHRTSKIRCHE Vom Parkplatz vor dem **A Kloster** in Ensdorf gehen wir auf der Hauptstraße an der Bushaltestelle vorbei nach Süden. Nach der Tankstelle steht rechts im historischen Friedhof der Stephansturm, der zur ehemaligen Pfarrkirche gehörte. Der Turm wurde im Jahr 1075 erbaut und ist somit eines der ältesten Bauwerke der Oberpfalz. Im Jahr 1028 wurde Ensdorf erstmals urkundlich erwähnt.
An der Bushaltestelle vor dem Kindergarten geht es rechts auf der Bahnhofstraße mit der Markierung des Jakobsweges in Richtung Hirschwald über die Vils und unter der Brücke der Staatsstraße 2165 durch. Nach dem Fünf-Flüsse-Radweg auf dem alten Bahndamm wandern wir auf dem Eggenbergweg rechts und kommen an den Beginn der langen **1 Steinernen Treppe**. Nach den 218 Stufen erreichen wir mit erhöhtem Puls oben das Juradistl-Landschaftskino. Mit Blick auf das Klosterdorf Ensdorf und die wunderschöne Natur des Oberpfälzer Jura können

Tipp

IN DER SAKRISTEI

Im Rahmen von Führungen kann auch die Sakristei der Klosterkirche besichtigt werden. Die Ausstattung gilt als kunsthistorischer Schatz. Wenn auch nichts über die beteiligten Künstler bekannt ist, weiß man doch, dass sie 1743 entstand. Die Sakristei ist mit dem reich verzierten Ankleideschrank des Abtes, mit einem Schrank für die Kelche der Mönche und einem Lavabo ausgestattet. Der Schrank ist mit einer geschnitzten Pelikangruppe, mit dem apokalyptischen Lamm und mit einem Bild der Emmausjünger verziert. Es gibt noch einen Betschemel mit Pult, auf dem eine ausdrucksvolle Kreuzigungsgruppe angebracht ist (www.kloster-ensdorf.de).

↓ In Ensdorf an der romantischen Vils

↘ Die Wallfahrtskirche auf dem Eggenberg wurde 1699 erbaut.

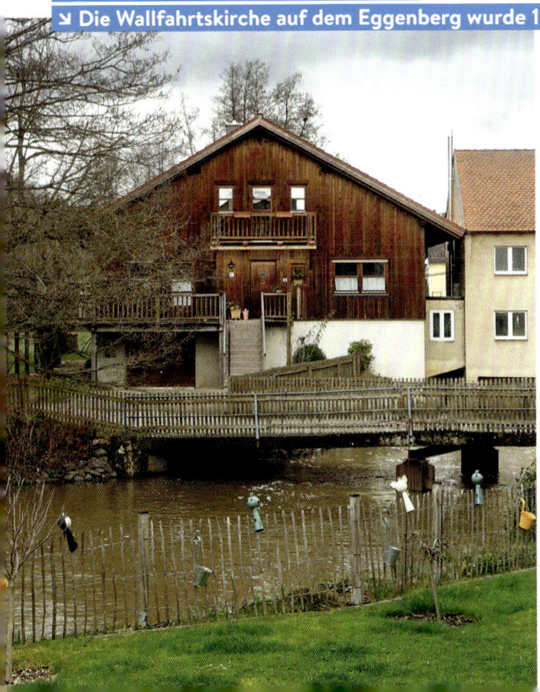

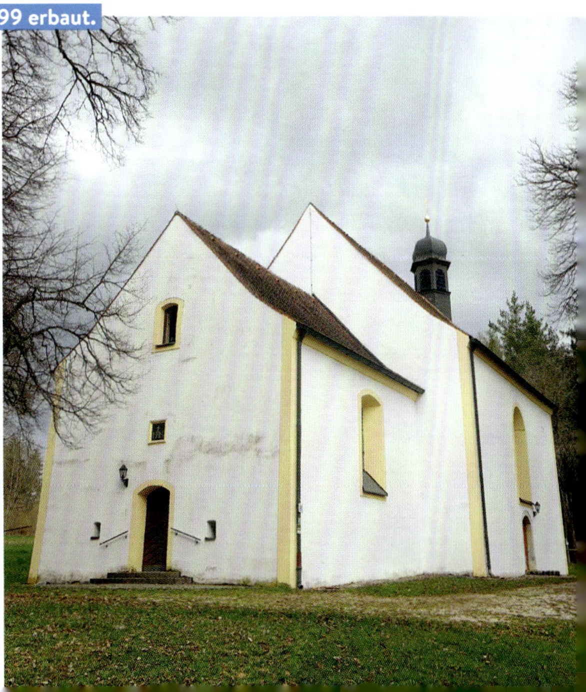

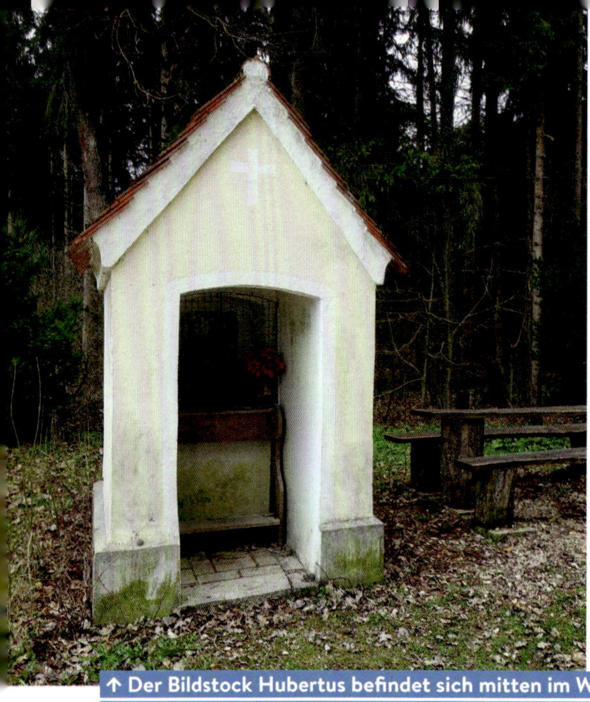

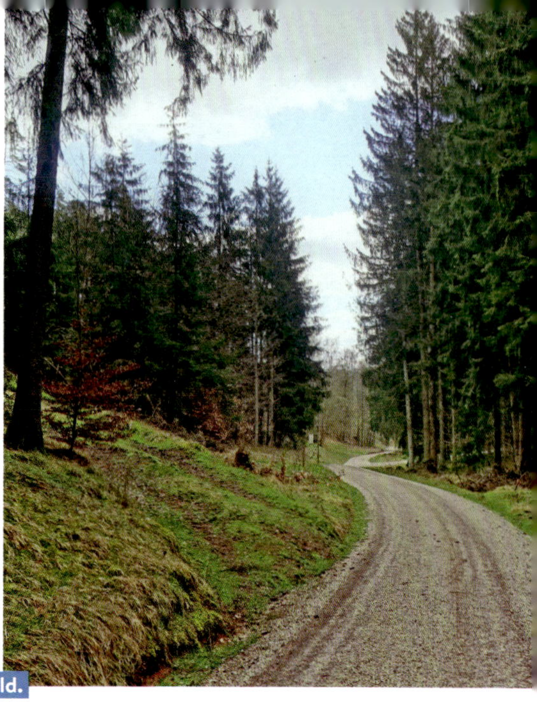

↑ Der Bildstock Hubertus befindet sich mitten im Wald.
↗ Der Wanderweg im Wassertal führt zur Vils hinab.

wir verschnaufen. An der Kreuzigungsgruppe wandern wir links hinunter und auf dem Kreuzweg rechts hinauf zur **2 Wallfahrtskirche** St. Dionys und 14 Nothelfer auf dem Eggenberg. Die Kirche wurde 1699 erbaut und später zweimal erweitert. Das oktogonale Brunnenbecken vor der Kirche stammt aus dem Jahr 1896. Die großen Linden um die Kirche stehen wohl auch schon einige Hundert Jahre.

ZUR STEINBERGWAND Links an der Wallfahrtskirche vorbei laufen wir nach Süden in den Wald hinein in Richtung Palkering. An der Kreuzung wandern wir rechts auf der Forststraße und an der Einmündung auf der breiteren Hirschwaldstraße weiter nach Nordwesten. Die Besonderheit des Hirschwaldes ist die Artenvielfalt und landschaftliche Verschiedenheit. In den Wäldern stehen mächtige Tannen. Bewaldete Hochflächen wechseln sich mit Tälern ab, in denen Felsen anstehen. Am reichlich ergrauten Waldwichtelpfad entdecken aufmerksame Augen einige verwitterte, gespenstische und mystische Gestalten.

An der Kreuzung am **3 Bildstock Hubertus** verlassen wir die Hirschwaldstraße mit der Markierung EN nach rechts. Vor einem Jagdansitz in einer engen Rechtskurve geht es mit einem Gefälle von 16 Prozent links hinab. An der T-Kreuzung im Geländeeinschnitt sind wir im **4 Wassertal** und wandern rechts abwärts. 80 Meter vor den Auwiesen der Vils gehen wir rechts und gleich am Waldrand mit der Markierung EN weiter. Nach fast 400 Metern erreichen wir die **5 Steinbergwand**. Im Schutz der überhängenden Dolomitfelsen lebten weit vor unserer Zeit Jäger und Sammler. Hier wurden bei Grabungen Schichten mit steinzeitlichen Werkzeugen gefunden. Es konnten drei Zeiträume von Besiedelungen unterschieden werden, die sich in die Altsteinzeit, Mittelsteinzeit und Hallstattzeit gliedern. Es handelt sich um einen Zeitraum von vor 12 000 Jahren bis 500 v. Chr. Östlich von Ensdorf gibt es weitere frühgeschichtliche Spuren einer Besiedelung. An der Schulstraße befindet sich ein Ringwall, der in die Urnenfelderkultur der Bronzezeit (1300 bis 800 v. Chr.) eingereiht wird.

Ab der Steinbergwand gehen wir auf dem Damm des Fünf-Flüsse-Radweges entlang der Vils weiter und kommen an der Quelle Rammertsbrunn vorbei. Es handelt sich um eine Karstquelle aus dem Einzugsgebiet des Hirschwaldes im Oberpfälzer Jura.
Bald überqueren wir links auf der Holzbrücke für Fußgänger die Vils und gehen rechts unter der Brücke der Staatsstraße 2165 durch. Der Weg führt genau zum Rathaus an der Hauptstraße, an der nach rechts auch der Parkplatz vor dem **E Kloster** Ensdorf liegt. Bleibt noch die Klosterkirche St. Jakobus d. Ä. zu besichtigen. Der Baumeister Wolfgang Dientzenhofer und der Maler Cosmas Damian Asam haben mit ihr ein barockes Juwel geschaffen. Mit dem Bau der Kirche wurde 1694 begonnen. Die Abtei war von der Gründung im Jahr 1121 bis 1802 ein Benediktinerkloster. 1920 zogen die Salesianer Don Boscos in den Konvent ein. Heute ist das Kloster Ensdorf ein Haus für Jugend, Schöpfung, Kultur und Konzerte.

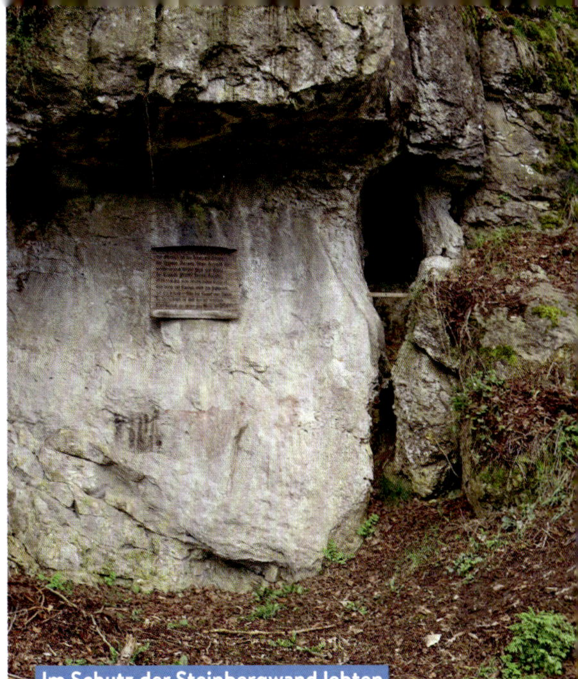

Im Schutz der Steinbergwand lebten einst Steinzeitmenschen.

INFO

TOURENCHARAKTER
Leichte, meist schattige Wege durch Wälder. Wanderschuhe mit griffigen Sohlen sind angebracht.

AUSGANGS-/ENDPUNKT
Parkplatz Kloster, Hauptstraße 9, 92266 Ensdorf, GPS 49°20'27.5"N 11°56'07.4"E (369 m)

ANFAHRT
ÖPNV: Mit der Bahn nach Amberg und mit dem Bus 454 nach Ensdorf
Auto: Von der A 6 Ausfahrt 66 Amberg-Süd auf der St 2165 nach Ensdorf

GEHZEITEN
Kloster–Steinerne Treppe 0:15 Std.–Wallfahrtskirche 0:25 Std.–Bildstock 0:30 Std.–Wassertal 0:15 Std.–Steinbergwand 0:20 Std.–Kloster 0:25 Std.

EINKEHR
Asamcafé, Hauptstraße 6, 92266 Ensdorf, Tel. 09624/931424

Leicht | 6,8 km | 150 Hm | 2.10 Std.

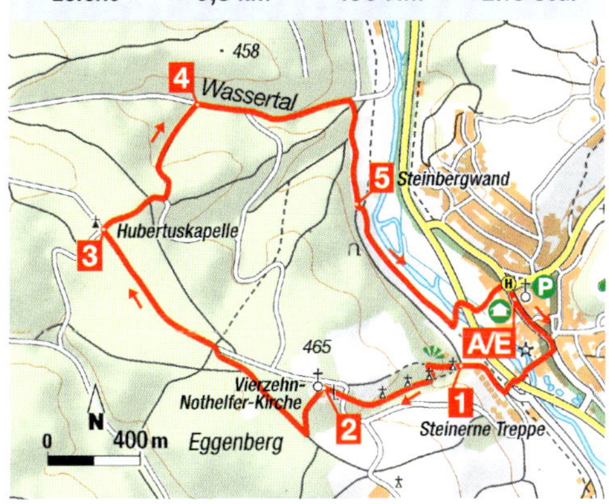

INFORMATION
Hauptstraße 4, 92266 Ensdorf, Tel. 09624/90 33 30, www.naturparkhirschwald.de

FELSENBURGEN ÜBER DER SCHWARZACH

Der sagenhafte Schwarzwihrberg

Sagen erzählen von Geistern, Hexen und wilden Haufen finsterer Gestalten, die auf dem Schwarzwihrberg wilde Jagden mit Lärm und Krachen ausrichten. Allen voran Heinrich von Guttenstein, der letzte Ritter der Schwarzenburg, dessen Seele nicht zur Ruhe kommt und um die Burg geistern muss.

25

Blick aus dem Unteren Burghof zum Bergfried der Schwarzenburg

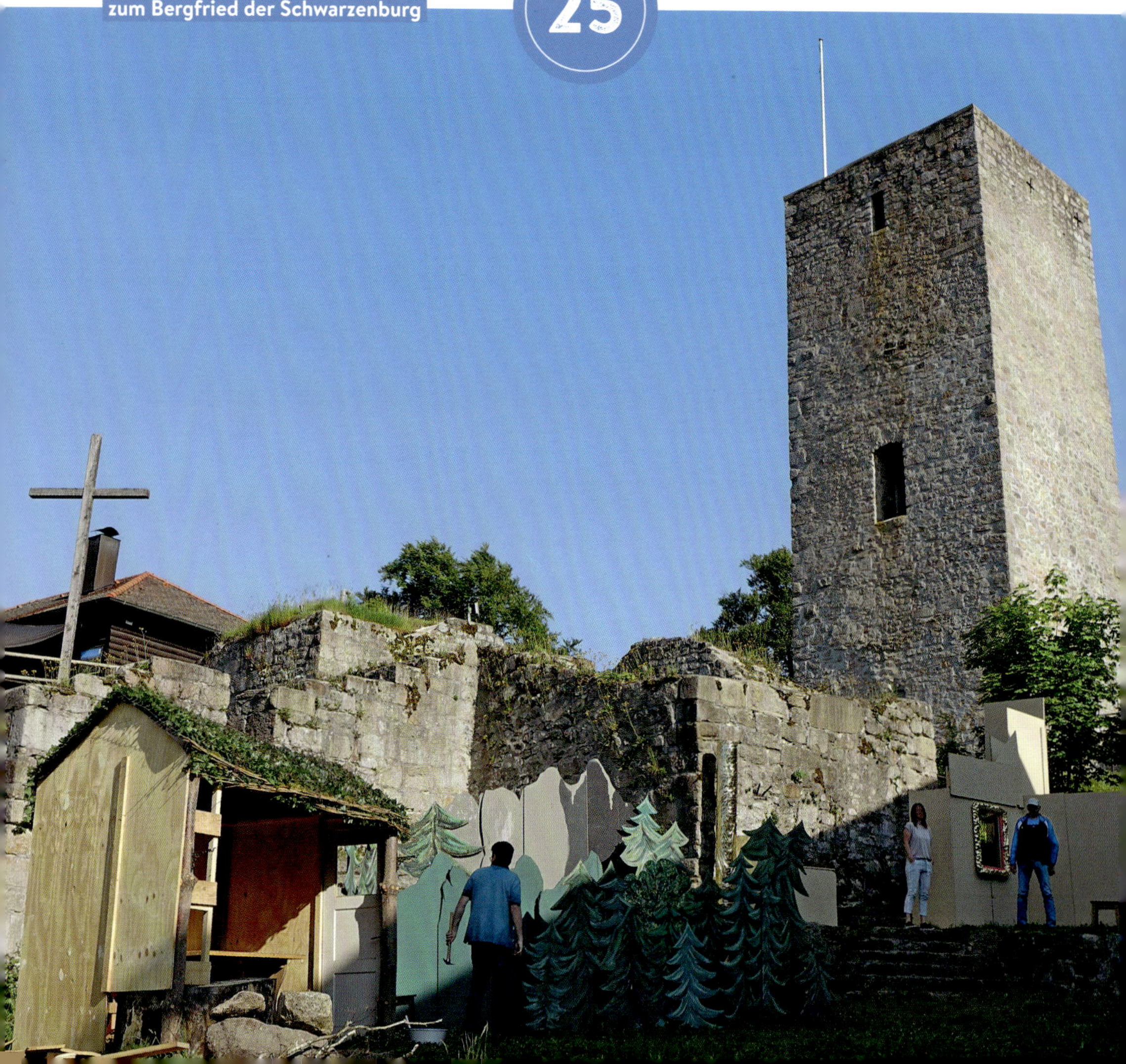

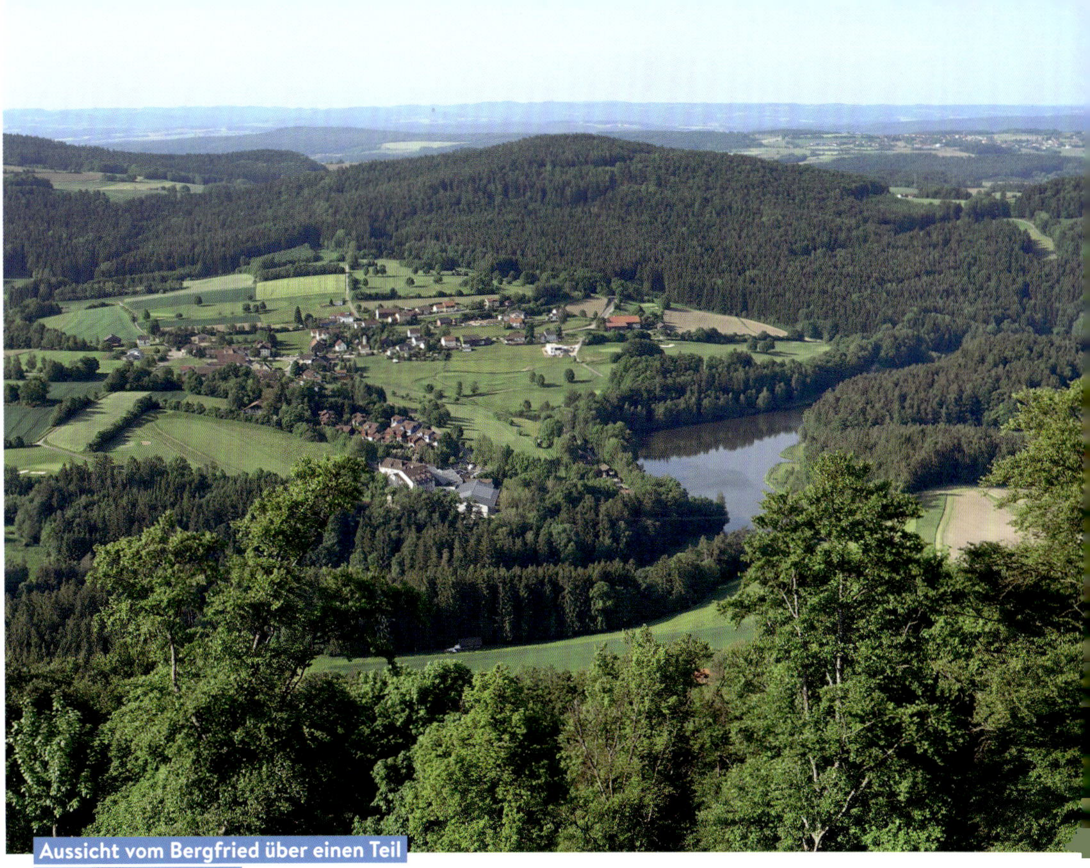

Aussicht vom Bergfried über einen Teil des Eixendorfer Sees

Kein Wanderer sollte sich von diesen dunklen Geschichten abhalten lassen, auf den Schwarzwihrberg zu steigen. Nur in nebligen Raunächten zeigen sich die wilden Geister ausgesuchten Menschen. Andere sehen sie nicht, sollen sie aber spüren können. Schließlich sind die Schätze der Burg, die in dem Felsen Totentruhe verborgen sind, das Risiko des Aufstieges wert. Doch dort wacht ein feuriger Kater.

ZUR STEINERNEN WAND Vom Wanderparkplatz Schwarzwihrberg im Rötzer Ortsteil **A Bauhof** steigen wir nach Norden auf der Straße mit der Markierung des Burgenweges auf. Nach 120 Metern geht es links in Richtung Burg hinauf. Nach 160 Metern wandern wir links auf dem romantischen Schützsteig mit der Markierung des Goldsteiges in Richtung Burg. An einer Kreuzung verlassen wir den Schützsteig rechts aufwärts mit der Markierung roter Punkt in Richtung Totentruhe. Nach einer Treppe schauen wir links nach einem kurzen Abstecher an einer Bank mit **1 Aussicht** nach Südwesten in den Oberpfälzer Wald. Nur fünf Meter weiter auf dem Weg steht das Naturdenkmal Totentruhe. Der Felsen ähnelt tatsächlich einem Sarg mit Deckel. In gewissen Nächten, so erzählt die Sage, soll sich der Deckel heben und ein wunderschönes Burgfräulein erscheint. Wer sie küsst, kann sie erlösen und die Schätze davontragen. Auf unserer Wanderung ist keine gewisse Nacht und so steigen wir weiter aufwärts. Plötzlich ändert sich die magere Bodenvegetation des Granitberges zu einer nährstoffreichen Krautschicht. Brennnesseln, Klettlabkraut und andere Kräuter sind deutliche Stickstoffanzeiger. Wir stehen unter dem südwestlichen Batterieturm der Schwarzenburg.

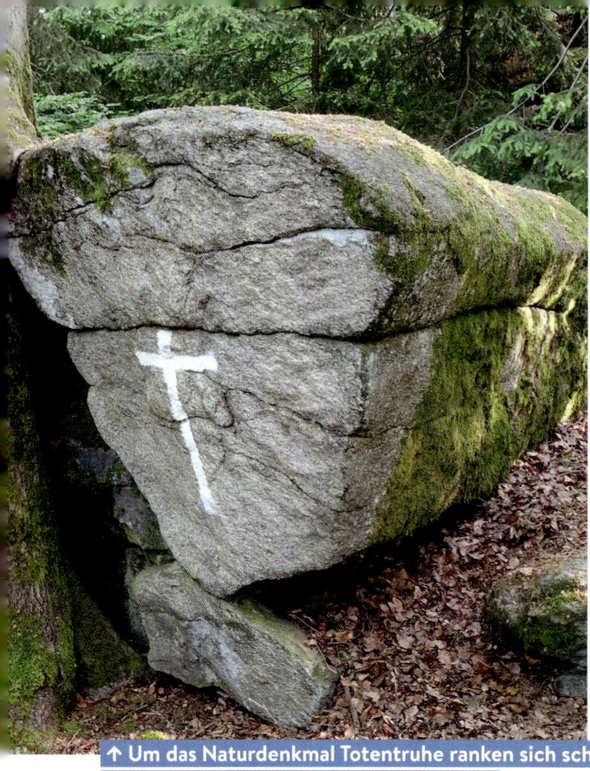

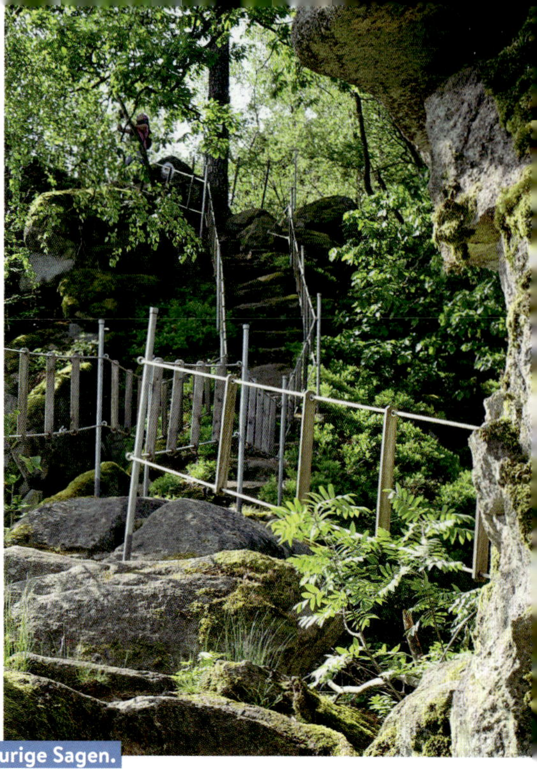

↑ Um das Naturdenkmal Totentruhe ranken sich schaurige Sagen.
↗ Die Steinerne Wand ist wildromantisch.

Tipp

IM HANDWERKSMUSEUM

Das Oberpfälzer Handwerksmuseum Rötz-Hillstett zeigt in seinen Räumen 20 Handwerksberufe in der Übergangszeit vom manuellen Handwerk zu Mechanisierung und Industrialisierung. Ein Dampfsägewerk und eine mit Wasserkraft betriebene Schneidsäge haben einst die Handarbeit erheblich erleichtert. Eine Hammerschmiede wurde im Museumsgelände wiederaufgebaut. Eine Dampflokomotive aus dem Jahr 1934 erinnert an die ehemalige Eisenbahnlinie nach Rötz. Der Salzfriedlhof ist ein Waldlerhaus, in dem heute die Museumsschänke betrieben wird (Oberpfälzer Handwerksmuseum, Hillstett 52, 92444 Rötz, Tel. 09976/941160, www.hwm.as-wm.de).

Hier gingen wohl über Jahrhunderte Abfälle und Exkremente über die Mauer. Dann sind wir auch schon im Unteren Burghof der romantischen Ruine der **2 Schwarzenburg** auf 706 Metern Höhe. Die Burg wurde im Jahr 1050 erstmals urkundlich erwähnt. Es soll noch einen befestigten Vorgängerbau gegeben haben. Die Schwarzenburg wechselte viele Male den Besitzer und wurde bis 1500 oft umgebaut und erweitert. Während des Dreißigjährigen Krieges zerstörten schwedische Truppen die Festung und sie wurde schließlich als Steinbruch genutzt. Von der romanischen Burganlage sind noch der Bergfried und weitere Mauerreste erhalten. Heute dient der Bergfried als Aussichtsturm, von dem wir ein 360-Grad-Panorama über den Eixendorfer See und Oberpfälzer Wald genießen. Im Burghof finden im Sommer die Schwarzenburg-Festspiele mit Aufführungen unter dem Motto »Märchenzeit für Jung und Alt« statt.

Durch das Äußere Tor im Norden der Anlage verlassen wir die Burg auf der Zufahrtsstraße und gehen nach fast 100 Metern links auf dem Goldsteig in Richtung Steinerne Wand abwärts. Unten überqueren wir den Parkplatz geradeaus in den rechten Weg und kommen zum Beginn des gesicherten Steiges der **3 Steinernen Wand**. Hier reihen sich viele Granitfelsen aneinander, die durch natürliche Erosion auf dem Bergkamm freigelegt wurden. Oder ist die Steinerne Wand ein Werk der Geister und finsteren Gestalten vom Schwarzwihrberg, wie die Sagen berichten? Nach den Erzählungen bogen sich vor den Geistern der wilden Jagd die Bäume erschrocken zur Seite und Felsen hoben sich krachend zu diesem Grat empor. Tatsächlich wurden die Felsformationen aufwendig zu einem gesicherten Felsensteig ausgebaut, der an manchen Stellen mit einer schönen Aussicht belohnt.

RÜCKWEG AUF DEM SCHÜTZSTEIG Nach dem Felsensteig über die Steinerne Wand erreichen wir an einem Abzweig den **4 Umkehrpunkt** der Wanderung. In spitzem Winkel geht es links auf dem bequemen Burgenweg jetzt unterhalb der Steinernen Wand abwärts in Richtung Burg. Weiter unten laufen wir wieder geradeaus über den Parkplatz auf dem Goldsteig in Richtung Burg hinauf, aber nun 50 Meter vor dem äußeren Burgtor rechts auf dem Goldsteig in Richtung Bauhof abwärts. An einer Weggabelung wandern wir links auf dem Schützsteig unterhalb der Schwarzenburg und Halden aus Granitblöcken vorbei. An der vom Aufstieg bekannten Kreuzung bleiben wir geradeaus auf dem romantischen Schützsteig. Am Ende müssen wir nur noch auf der Forststraße rechts hinunter und gelangen zum Wanderparkplatz im Rötzer Ortsteil **E Bauhof** zurück.

INFO

TOURENCHARAKTER

Mittelschwere, meist schattige Wege durch Wälder. In der Steinernen Wand sind Trittsicherheit und Bergschuhe mit griffigen Sohlen erforderlich.

AUSGANGS-/ENDPUNKT

Wanderparkplatz Schwarzwihrberg 52,
92444 Rötz-Bauhof,
GPS 49°20‘59.0“N 12°30‘07.0“E (540 m)

ANFAHRT

ÖPNV: Mit der Bahn nach Cham und mit dem Bus 350 nach Rötz-Schellhof
Auto: Von der A 93 Ausfahrt 31 Schwarzenfeld auf der St 2151 nach Bauhof

GEHZEITEN

Bauhof-Aussicht 0:30 Std.-Schwarzenburg 0:10 Std.-Steinerne Wand 0:10 Std.-Umkehrpunkt 0:20 Std.-Bauhof 0:50 Std.

EINKEHR

Schwarzwihrberghütte, Bauhof, 92444 Rötz,
Tel. 0172/456 30 49

Mittel	5,0 km	210 Hm	2.00 Std.

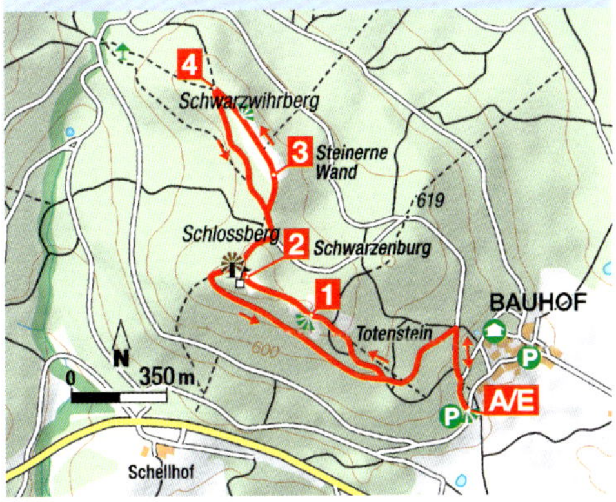

INFORMATION

Böhmerstraße 18, 92444 Rötz, Tel. 09976/94 11 60,
www.roetz.de

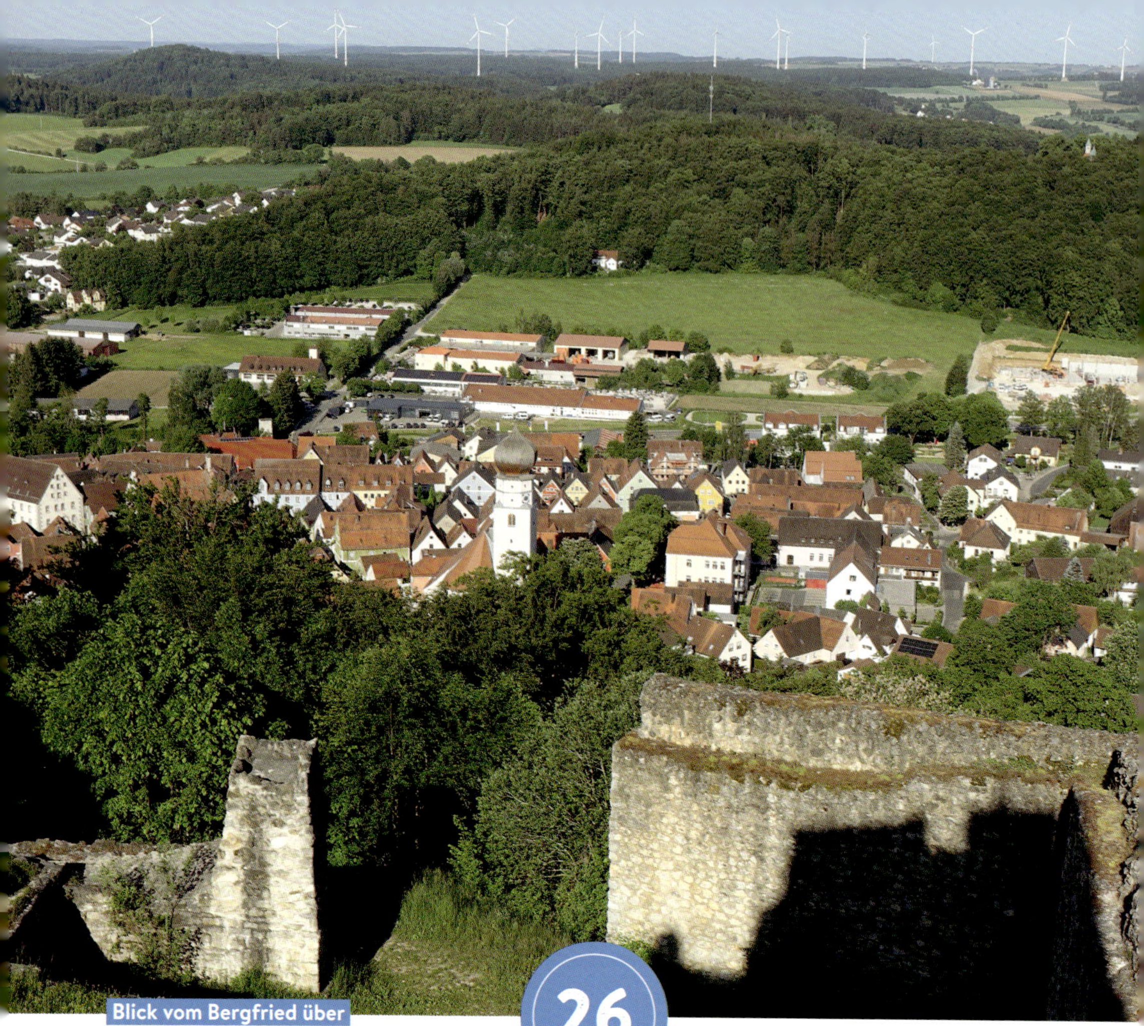

Blick vom Bergfried über das historische Velburg

26

IM OBERPFÄLZER JURA BEI VELBURG

Blumen und Höhlen im Karstgebiet

Die magischen Felsfiguren prägen die Juralandschaft im Schutzgebiet bei Velburg. Über die felsigen Hänge zieht sich im Mai der blühende Trockenrasen bis hinauf zur Burgruine mit genialer Aussicht. Das historische Städtchen Velburg ist mehr als nur einen Blick wert.

Velburg begeistert mit seinem prachtvollen Rathaus und seinen schmucken Häusern mit den bunten Fassaden. Das große Hohlloch ist ein riesiger Höhlenkomplex im Karstgebiet über der gotischen Wallfahrtskirche St. Wolfgang aus dem 15. Jahrhundert. Ein kunsthistorischer Leckerbissen sind die drei spätgotischen Flügelaltäre.

ZUM HOHLLOCH Vom Wanderparkplatz in der **A Burgstraße** über Velburg gehen wir etwas zurück und nach dem Picknickplatz scharf links auf dem Kraftortwanderweg mit der Markierung K auf blauem Grund in Richtung Burg in der herrlichen Lindenallee hinauf. Nach einer Bank mit Aussicht steigen wir auf dem Weg links in Richtung Burgtor aufwärts. Die **1 Burgruine** Velburg ist ein vortrefflicher Aussichtsplatz mit Blick über das historische Velburg und über die Hügel der Dolomit-Kuppen-Alb. Die Burg wurde im Jahr 1129 erstmals erwähnt und im Dreißigjährigen Krieg von schwedischen Truppen zerstört. Der Burgberg ist aber auch der Platz einer Höhensiedlung der Urnenfelderzeit (1300 v. Chr. bis 800 v. Chr.)

Tipp

IN DER KÖNIG-OTTO-HÖHLE

In der Tropfsteinhöhle, die zu den schönsten in Deutschland zählt, sind viele feine und bizarre Sinterformen zu sehen. Besonders auffallend sind Sintervorhänge an der Decke und die vielen verdreht gewachsenen Stalaktiten, Sintersäulen und Sinterbecken. Motor des Wachstums sind sich ablagernde Kristalle aus Kalkstein oder Kalkspat. Dieses Material wird im porösen Kalkstein durch die im Regenwasser vorhandene Kohlensäure aufgelöst und setzt sich bei Verdunstung des Wassers wieder ab (April bis Oktober, Dienstag bis Freitag 10–17 Uhr, Samstag, Sonntag und Feiertag 10–18 Uhr, www.velburg.de).

↓ Das Burgtor der Velburg

↘ Der Bergfried steht als Aussichtsturm zur Verfügung.

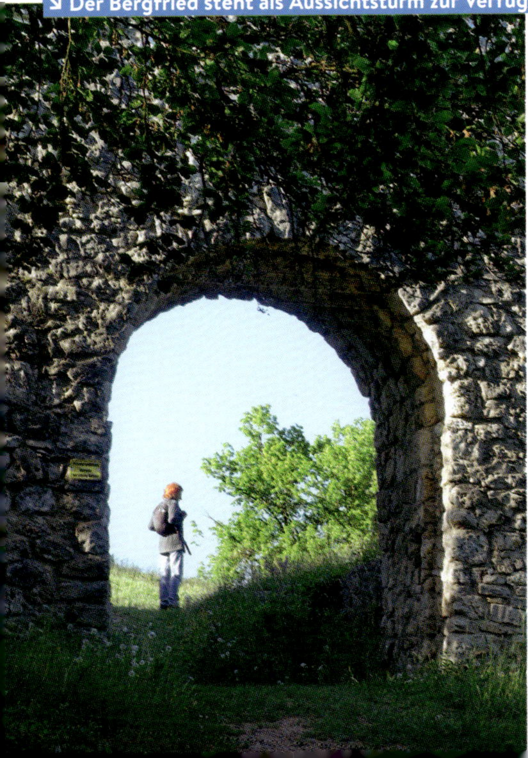

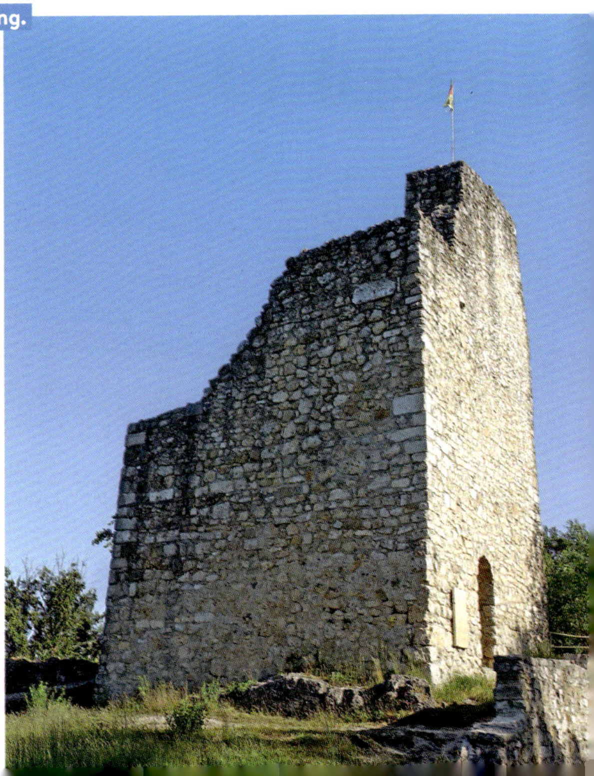

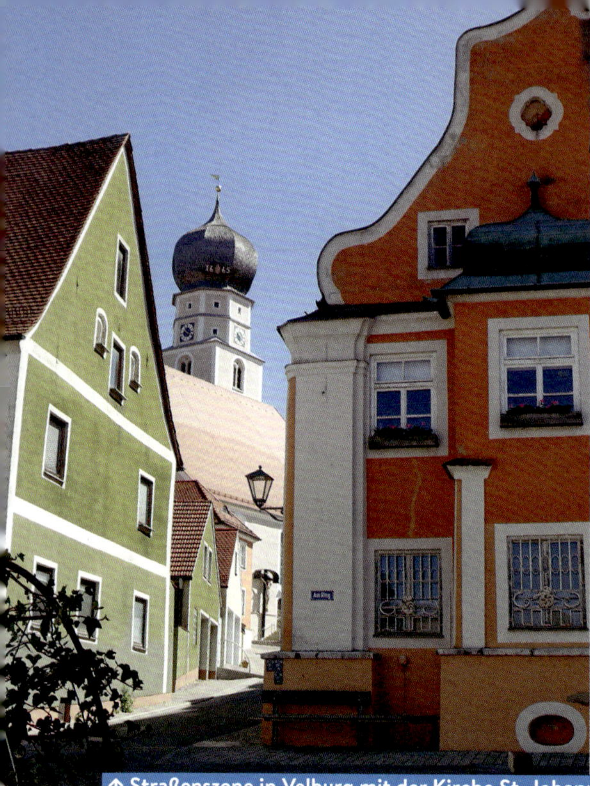

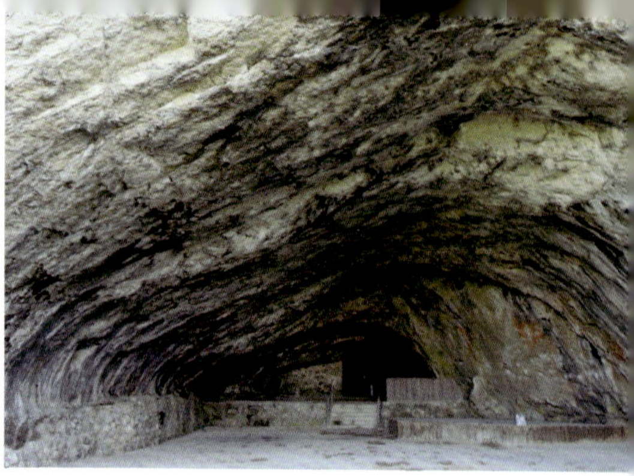

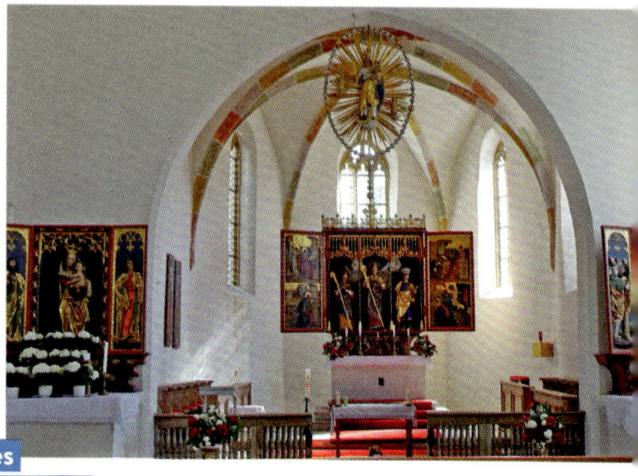

↑ Straßenszene in Velburg mit der Kirche St. Johannes
↗ Das Hohlloch entstand durch die Wucht der Meereswellen.
→ Die Wallfahrtskirche St. Wolfgang ist ein spiritueller Ort.

und der frühen Latènezeit (etwa 5. Jahrhundert v. Chr.).
Aus der Burgruine gehen wir nun nicht durch das Burgtor, sondern vor dem Tor links durch die Lücke in der Mauer hinunter. Vor dem Holzkreuz wandern wir auf dem schmalen Pfad an der Geländekante links und treffen in einem Wäldchen auf die imposante **2 Alte Buche**, die mit ihren Ästen unseren Weg beschützt. Ehrfürchtig schauen wir in die gewaltige Krone und versuchen die Lebenszeit des Baumes zu erfassen. Nach der Buche schwenken wir in einer Rechtskurve in den felsigen Abhang mit den blühenden Trockenrasen ein. Eine Fülle an Wiesensalbei und Lein färbt die Hänge blau. Dazwischen sind Kartäusernelken zu finden. Schmetterlinge laben sich an den Blüten. Die Flächen der Kalktrockenrasen bieten eine hohe Lebensraumvielfalt mit hoher Artendichte. Nach einem schmiedeeisernen Kreuz geht es links hinab und vor dem Felsen mit der Markierung K auf blauem Grund vorbei. Nach dem Felsen müssen wir an der Kiefer links vorbei in der Falllinie den Hang hinunter. Unten quert vor Hecken ein Wanderweg mit der Markierung roter Punkt, dem wir links zum Meditationsort **3 Der Pfad** folgen. Später sehen wir rechts schon die Wallfahrtskirche St. Wolfgang. An einer Weggabelung an der Lebenden Sonnenuhr folgen wir der Markierung K auf blauem Grund nach rechts. Auf einem Asphaltsträßchen wandern wir links und nach 130 Metern rechts in Richtung Hohlloch. An einer weiteren Gabelung bleiben wir rechts. Nach 400 Metern steigen wir an markanten Felsen links auf einem Fahrweg in Richtung Hohlloch hinauf. Das große **4 Hohlloch** ist eine Brandungshöhle, die einst durch die Wucht der Meereswellen entstand. In der

Höhle wurde Bandkeramik gefunden, die in die Jungsteinzeit auf den Zeitraum von 6200 bis 5600 v. Chr. datiert wird.

RÜCKWEG ÜBER ST. WOLFGANG Vom Hohlloch gehen wir wieder hinab, aber bleiben jetzt weiter unten vor der Rechtskehre geradeaus. Auf der Straße in St. Wolfgang laufen wir rechts zur Wallfahrtskirche **5 St. Wolfgang**. Der spirituelle Ort wird besonders durch die drei kraftvollen spätgotischen Flügelaltäre aus dem 15. Jahrhundert getragen. Der Hochaltar zeigt die Figuren der Heiligen Wolfgang, Willibald und Sebastian. Auf den Gemälden der Flügel sind die vier Kirchenväter Ambrosius, Hieronymus, Augustinus und Gregor der Große zu sehen. Im linken Seitenaltar steht flankiert von den Heiligen Johann Baptist und Johannes Evangelista die Mondsichelmadonna im Zentrum. Der rechte Seitenaltar zeigt die heilige Katharina und in den Flügeln sind die Heiligen Christophorus und Georg zu sehen.

Am Parkplatz vorbei laufen wir auf dem Sträßchen nach Südwesten und erreichen auf der Wolfganger Straße Velburg. An einer Straßengabelung wandern wir rechts auf der Straße Hinterer Markt zum schmucken neogotischen **6 Rathaus** aus dem 19. Jahrhundert. Gleich nach dem Rathaus führt am Löwebrunnen rechts die Burgstraße an der Kirche St. Johannes vorbei, hinauf zum Wanderparkplatz in der **E Burgstraße**. Doch vorher schlendern wir nach dem Rathaus entlang der farbenfrohen Häuser auf dem Stadtplatz umher. Velburg ist eine lebenswerte Stadt, die erst im 13. Jahrhundert im Schatten der Burg entstand und schon im Jahr 1410 die Stadtrechte bekam. Die Stadtmauer hatte einst 13 Türme. Von den Toren steht nur noch das Velburger Tor.

INFO

TOURENCHARAKTER

Leichte Wege, aber der Abstieg von der Burg verlangt Trittsicherheit und Wanderschuhe mit griffigen Sohlen.

AUSGANGS-/ENDPUNKT

Parkplatz, nach Burgstraße 15 rechts, 92355 Velburg, GPS 49°14'07.3"N 11°40'32.3"E (545 m)

ANFAHRT

ÖPNV: Mit der Bahn nach Neumarkt/Oberpfalz und mit dem Bus 513 nach Velburg
Auto: Von der A 3 Ausfahrt 93 Velburg auf der St 2220 nach Velburg

GEHZEITEN

Burgstraße–Burgruine 0:15 Std.–Alte Buche 0:05 Std.–Der Pfad 0:10 Std.–Hohlloch 0:35 Std.–St. Wolfgang 0:10 Std.–Rathaus 0:25 Std.–Burgstraße 0:20 Std.

EINKEHR

Gasthaus zum Löwen, Stadtplatz 11, 92355 Velburg, Tel. 09182/90 20 55, www.andermichl.com

Mittel | 5,8 km | 200 Hm | 2.00 Std.

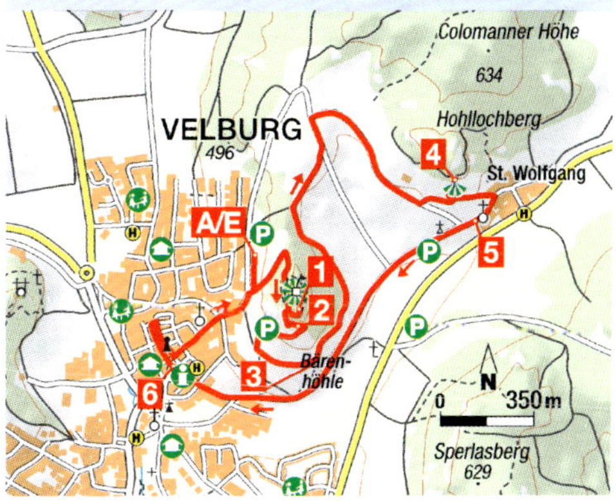

INFORMATION

Hinterer Markt 1, 92355 Velburg, Tel. 09182/93 02 60, www.velburg.de

DAS KLEINE IDYLL KALLMÜNZ

Künstlerort mit Charme und Beschaulichkeit

Am Zusammenfluss von Vils und Naab liegt das idyllische Kallmünz unter der wildromantischen Bergkulisse der Oberpfälzer Jurafelsen. Die zwei verträumten Flüsschen verleihen dem Ort eine bezaubernde Atmosphäre, waren für die Menschen aber schon immer Fluch und Segen gleichzeitig.

27

Aussicht vom Kreuz auf dem Eicherberg auf Kallmünz

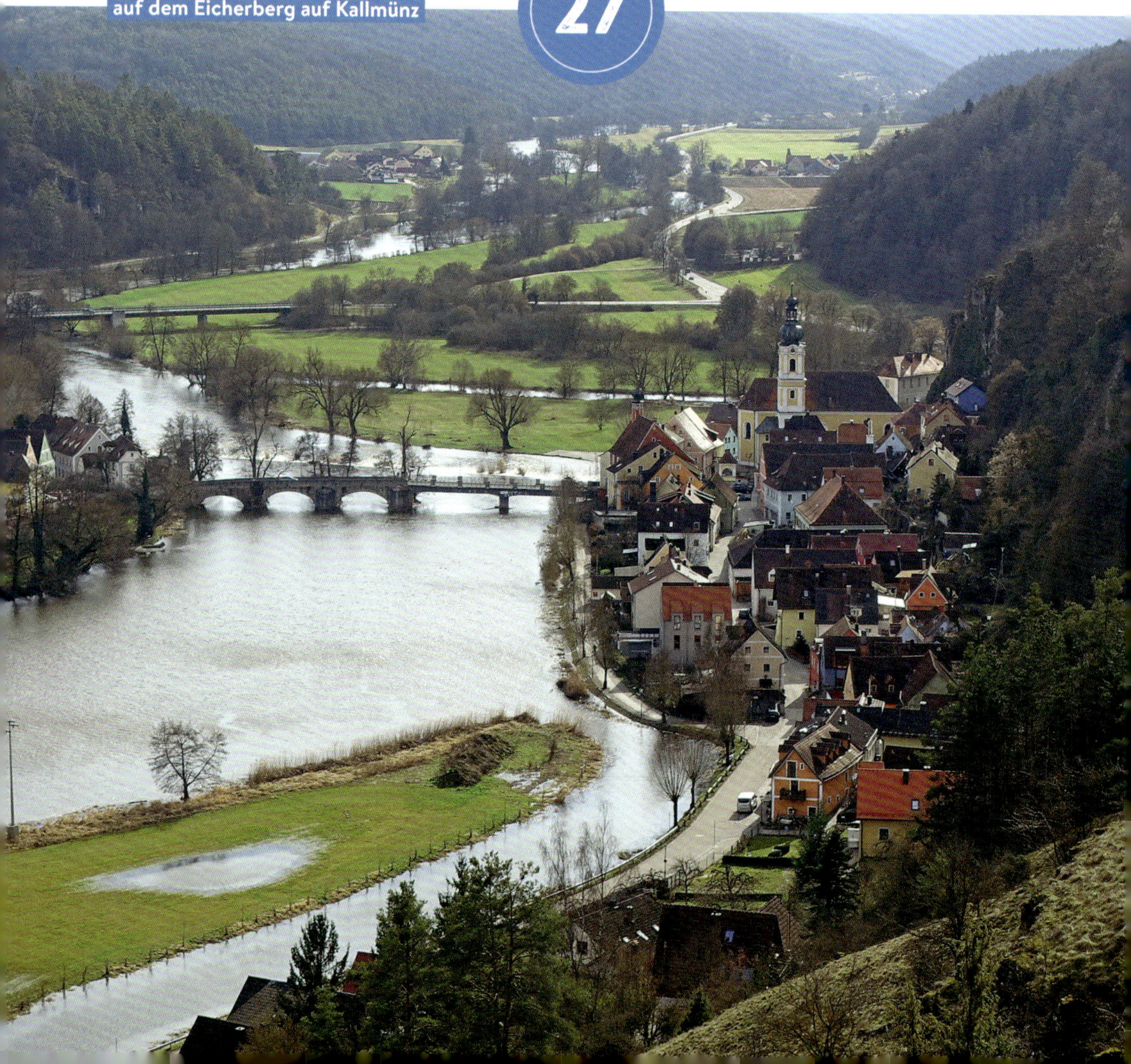

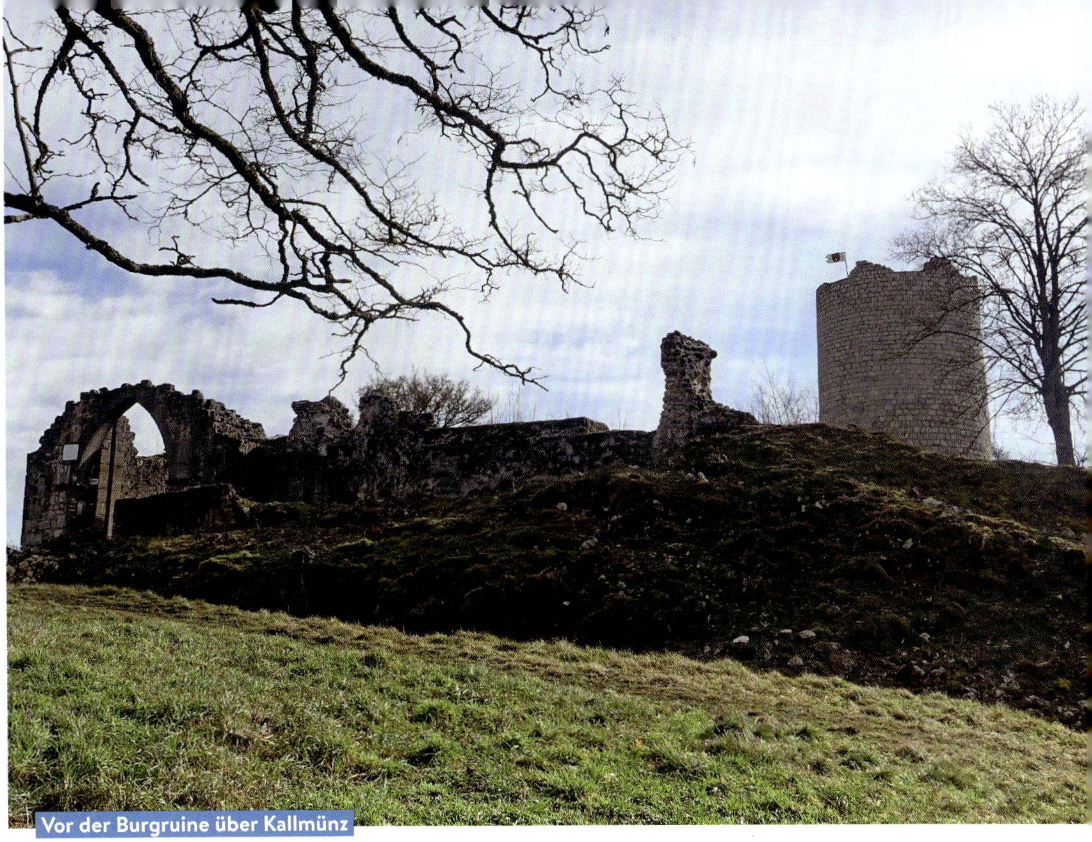

Vor der Burgruine über Kallmünz

Bis auf den heutigen Tag lockt das stimmungsvolle Kallmünz Künstler an, die hier neue Träume fanden und finden. Die Aussicht von der Burgruine auf das liebliche Städtchen ist magisch und inspirierend, der Spaziergang durch den Ort eine überraschende Entdeckungsreise.

ZUR BURGRUINE KALLMÜNZ Vom Parkplatz vor dem **A Hammerschloss** in Traidendorf gehen wir in einem Abstecher vor das Schloss, um es anzuschauen. Das Renaissanceschloss ist als Anwesen bereits im Jahr 1240 nachgewiesen. Im zugehörigen Eisenhammer wurden Erze verarbeitet. Am Parkplatz laufen wir links und auf der Brücke über die Vils und auf der Amberger Straße geht es links. Nach dem Haus mit der Nummer 18 steigen wir rechts auf der Straße Am Kirchenberg aufwärts. An einer spitzen Weggabel geht es links weiter hinauf. An einem Abzweig bleiben wir geradeaus. Weiter oben steht links eine Bank mit Blick zur Burgruine. Vor einer Rechtskurve stehen wir vor einem fast nicht erkennbaren Wall. Hier steigen wir rechts auf dem Pfad über die Wiese hinauf. Wir befinden uns innerhalb einer vor- und frühgeschichtlichen Wallanlage aus der Bronzezeit um 1600 v. Chr. und aus der Zeit der keltischen Latènezeit um 500 v. Chr. Das Gelände wird fast weglos, aber kurz nach der höchsten Stelle folgen wir links dem Pfad über den nun gut sichtbaren Wall zu einem Weg vor einem Feld hinab und wandern rechts weiter. An einer Gabelung nehmen wir den Weg rechts durch die Gebüschreihe. Bevor der Feldweg abwärtsführt, wandern wir links auf dem Pfad zum Aussichtspunkt **1 Kreuz Eicherberg**.
Von der Bank am Kreuz wandern wir rechts auf dem Pfad entlang der Geländekante und dann auf breiterem Weg abwärts. Auf dem querenden Fahrweg können wir links einen Abstecher zum Aussichtspunkt an der

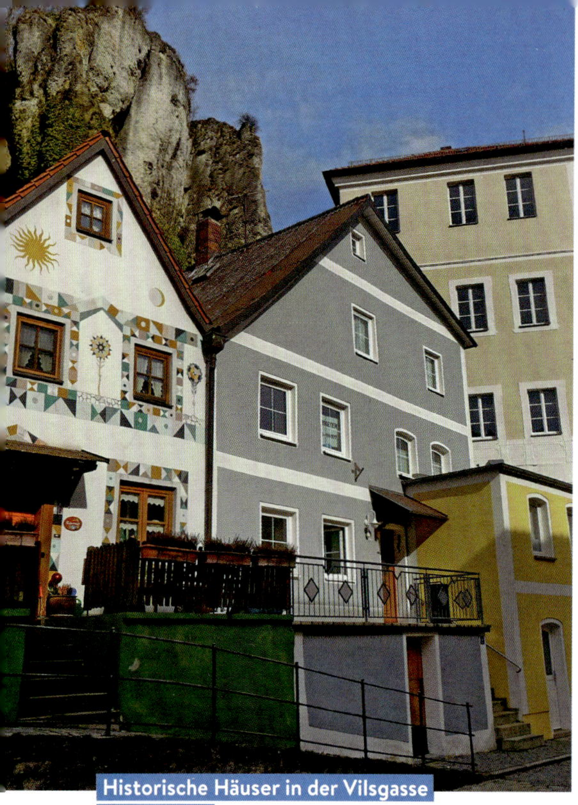

Skulptur »König und Königin« machen. Wieder zurück geht es geradeaus in Richtung Burgruine zunächst am Inneren Wall vorbei. Der Bereich war schon vor 1500 Jahren besiedelt. Vorbei am Aussichtsplatz bei den Skulpturen »Wächter« kommen wir durch den Haupteingang der **2 Burgruine**. Die Burg Kallmünz entstand in der Mitte des 13. Jahrhunderts. Zur Ruine wurde sie im Dreißigjährigen Krieg. Die schönsten erhaltenen architektonischen Teile sind die rundbogigen Arkadenfenster mit romanischen Mittelsäulen und Kapitellen im Palas. Die spitzbogigen Fenster sind der frühen Gotik zuzurechnen. 100 Meter über den Tälern ist das Schönste die herrliche Aussicht auf den Markt Kallmünz und die wunderbare Landschaft. Im Jahr 983 wurde der Ort erstmals in einer Urkunde als *Calminz* genannt. Der Ort war eine wichtige Station auf dem Erz- und Salzweg von Amberg nach Regensburg und des Handelsweges von Nürnberg nach Regensburg.

SPAZIERGANG DURCH DEN ORT Durch das Tor in der südwestlichen Mauer schlüpfen wir durch die Burgmauer und steigen links vorsichtig auf dem Wittelsbacher Burgensteig nach Kallmünz hinunter. Unten treffen wir auf den Marktplatz mit der Rokokokirche St. Michael. Vor dem Alten Rathaus aus dem Jahr 1603 laufen wir auf der Brunngasse links. Nach den Mauerresten vom **3 Brunntor** aus dem Jahr 1250 gehen wir rechts zur Naab hinunter und sehen bald die romantische Steinerne Brücke aus der Mitte des 16. Jahrhunderts aus dem besten Blickwinkel. Vor der alten Brücke geht es rechts wieder zum Marktplatz hinauf, und dann laufen wir links auf der alten Brücke über die Naab. Am anderen Ufer machen wir nach links einen Abstecher zu zwei Aussichtspunkten am Fluss, die Kallmünz mit der Burg von ihrer schönsten Seite zeigen. Wir

Tipp

KÜNSTLER IN KALLMÜNZ

Wassily Kandinsky und Gabriele Münter waren nicht die einzigen Künstler, die um die Jahrhundertwende nach Kallmünz kamen, aber wohl die bekanntesten. Das idyllische Kallmünz inspirierte die Maler zu neuen Sichtweisen und zu vielen Gemälden. Wassily Kandinsky hatte mit anderen Künstlern 1901 in München die Malschule Phalanx gegründet, die sich gegen Konservatismus in der Kunst stellte. 1903 kam Kandinsky mit den Schülern der Malschule nach Kallmünz und es entstanden viele Gemälde mit Ansichten der Stadt. Eine seiner Schülerinnen war Gabriele Münter, mit der er sich in Kallmünz verlobte. Das malerische Kallmünz besitzt noch heute eine lebendige Kunstszene.

gehen zurück, an der Steinernen Brücke vorbei auf der Straße Am Planl zur Vilsmühle aus dem Jahr 1622, die noch über das große Mühlrad verfügt. Die Mühle war einst Münzstätte der Wittelsbacher und ist heute ein Café. Von der Terrasse schauen wir über die große Schwelle auf das schöne Ortsbild von Kallmünz. Nun laufen wir wieder auf der Brücke über die Naab, an der Kirche links und vor der Pizzeria nochmals links zur großen **4 Schwelle** hinab.

ZUM HAMMERSCHLOSS ZURÜCK Weiter an der Naab gehen wir am Parkplatz auf der Straße Am Schmidwöhr rechts zum Schloss Raitenbuch in der Vilsgasse. Das ehemalige Rittergut erhielt sein heutiges Aussehen im 18. Jahrhundert. Auf der Vilsgasse schlendern wir links und entdecken nach dem Haus mit der Nummer 24 rechts oben in den Dolomitfelsen das Haus ohne Dach. Kurz danach überschreiten wir nach links auf der Brücke die Vils und gehen rechts gleich nach dem Autohaus auf dem Feldweg in die Vilsauen. Die Staatsstraße überqueren wir schräg und kommen nach 350 Metern an einer steilen Rinne, kurz vor einem alten Bierkeller, an den Aufstieg zum **5 Osterloch**. Archäologische Funde aus der Höhle verweisen auf acht aufeinanderfolgende Kulturen vom Spätpaläolithikum bis zum Mittelalter. Der Aufstieg ist sehr steil und die 50 Meter lange Höhle ist nicht aufregend. Wir bleiben auf dem Weg vor Traidendorf links am Waldrand. Im Ort laufen wir auf der Straße Am Fallgatter ein, gehen an deren Ende rechts hinab zum Parkplatz vor dem **E Hammerschloss** zurück.

INFO

TOURENCHARAKTER

Leichte, sonnige Wege, aber felsiger Abstieg von der Burgruine. Trittsicherheit und Wanderschuhe mit griffigen Sohlen sind nötig.

AUSGANGS-/ENDPUNKT

Hammerschloss, Schlossweg 1,
93183 Traidendorf,
GPS 49°10'19.7"N 11°56'41.5"E (345 m)

ANFAHRT

ÖPNV: Mit der Bahn nach Regensburg und mit dem Bus 15 nach Kallmünz

Auto: Von der A 3 Ausfahrt 95 Beratzhausen auf der St 2041 nach Traidendorf

GEHZEITEN

Hammerschloss–Kreuz Eicherberg 0:30 Std.–Burgruine 0:20 Std.–Brunntor 0:15 Std.–Schwelle 0:25 Std.–Aufstieg Osterloch 0:20 Std.–Hammerschloss 0:30 Std.

EINKEHR

Mühlencafé,
Alte Regensburger Straße 2, 93183 Kallmünz,
Tel. 0151/10 92 52 93,

Leicht | 7,0 km | 170 Hm | 2.20 Std.

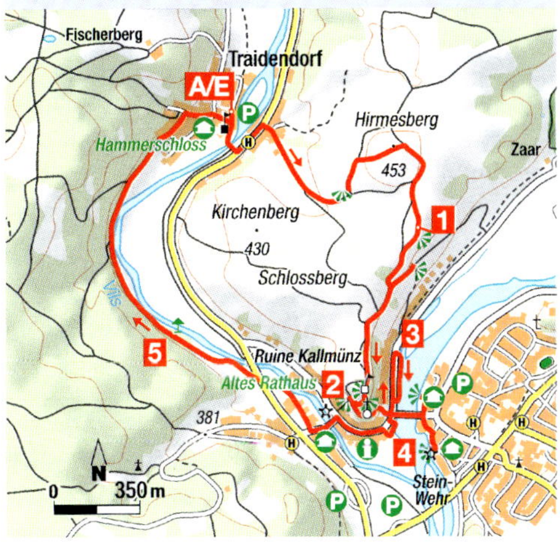

INFORMATION

Marktplatz 1, 93183 Kallmünz, Tel. 09473/717 99 99,
www.kallmuenz.de

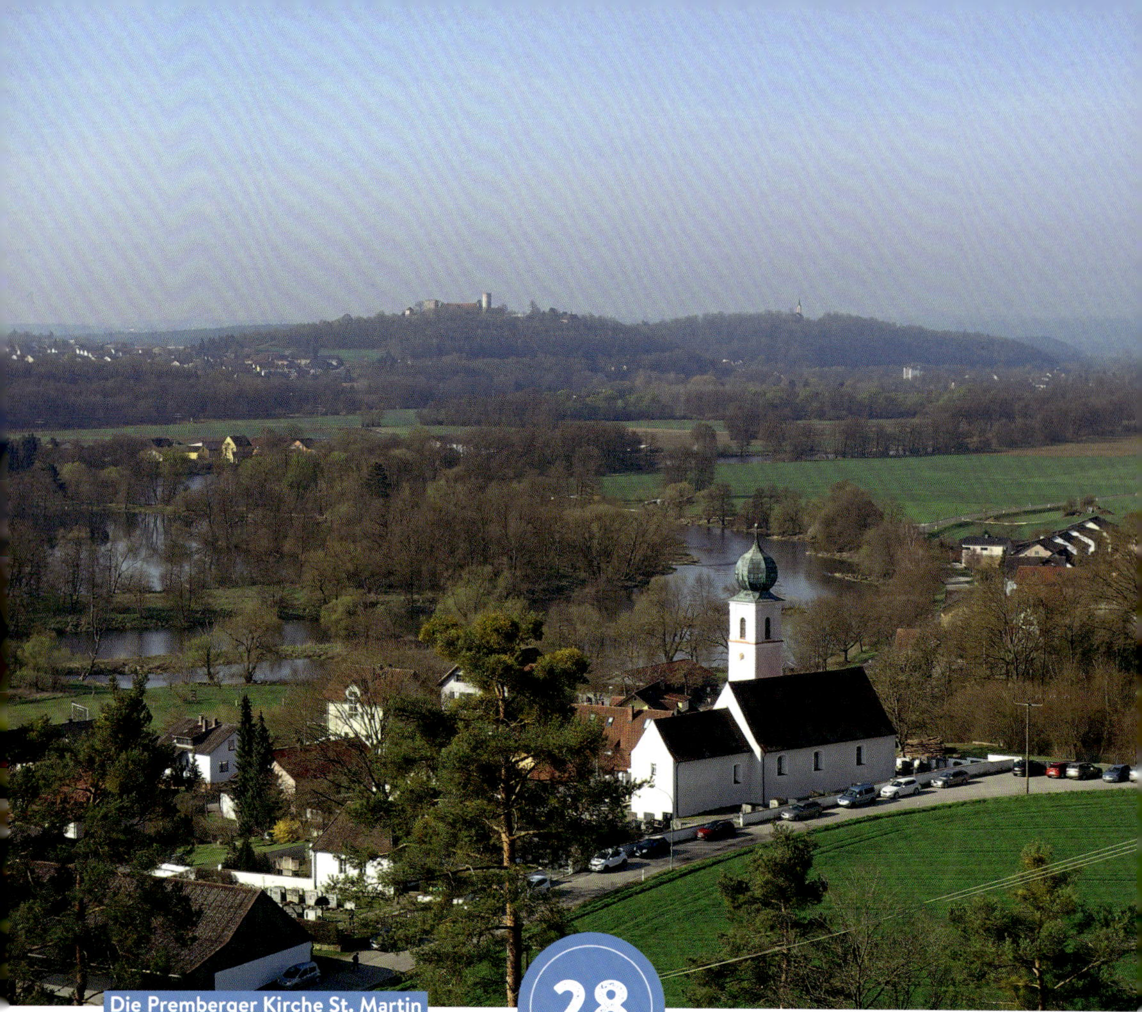

Die Premberger Kirche St. Martin ist über 1000 Jahre alt.

28

ZUM BURGLENGENFELDER MALERWINKEL

Hübsche Aussichten und Naturbad

Der Malerwinkel ist ein traditionelles Ziel der Burglengenfelder Sonntagsspaziergänger. Liebreizende Natur und Aussichten auf die Stadt mit der Burg und über das Naabtal bilden den Genuss der Unternehmung. Am naturbelassenen magischen Ufer der Naab gibt es viel zu sehen.

Wege bei Premberg leiten über Kalkmagerrasen mit seltenen Blumen. Im zeitigen Frühjahr blühen die Küchenschellen, im Sommer die Kartäusernelke und die Wolfsmilch und das ganze Jahr stehen Silberdisteln auf den Flächen. Wir dehnen die Wanderung aus und kommen auf dem Rückweg an einem Naturbad vorbei. Im sehenswerten Burglengenfeld steigen wir zum Schluss noch zur Burg hinauf.

ZUM MALERWINKEL Vom Parkplatz **A Naabauen** an der Schwandorfer Straße beginnen wir die Wanderung nach Südwesten entlang der Schwandorfer Straße in Richtung Burglengenfeld. Auf einer Treppe steigen wir zur **1 Brücke** hinauf und überqueren die Naab. Nach der Brücke wandern wir auf der Naabgasse rechts am Fluss entlang. Die Gasse wird zu einem Gehweg, der an der Brunnmühlstraße endet, auf der es rechts aufwärtsgeht. 100 Meter nach dem Ortsschild steigen wir rechts auf der Treppe und auf dem weiteren Weg mit der Markierung 5 des Malerwinkelweges durch Wald zur Köblitzplatte hinauf. Zwischen dem **2 Funkmast** und Turnierplatz gehen wir zur Geländekante und dann links.

ZUM NATURBAD An einem großen Felsen ist der Malerwinkel mit Blick auf das Naabtal und Teile von Burglengenfeld. Die Fernsicht ist durch Bäume ein wenig eingeschränkt, doch wir kommen noch zu besseren Aussichten. Der romantische Weg führt durch urwüchsigen Wald und dann entlang von Weiden, auf denen Highland-Rinder stehen. Dort schweift unser Blick ungehindert über die Naab nach Burglengenfeld mit der Burg und Kirche auf dem Kreuzberg. Am Ende der letzten Weide führt der Fahrweg hinunter und wir gehen unten auf dem Talweg rechts abwärts. Nach 70 Metern folgen wir der schmalen Spur links die Böschung hinauf und nach zehn Metern rechts ohne Markierung im Wald aufwärts. Oben laufen wir am Rand einer Wiese geradeaus in den Wald hinein. Auf einer großen Wiese mit einzelnen Gebüschen bleiben wir ebenfalls geradeaus. An einer T-Kreuzung finden wir auf der Forststraße nach rechts wieder die Markierung 5. An einer windzerzausten Baumgruppe aus Kiefern folgen wir der kleinen Spur rechts über die Wiese. Auf zwei möglichen Pfaden geht es durch Wald abwärts. Der wiedervereinigte Pfad wird zu einem Hohlweg. In Sichtweite der Premberger Kirche wechseln wir auf die Straße Am Seeberg abwärts zur Kirche **3 St. Martin**. Die Kirche ist im Grund romanisch und über 1000 Jahre alt. Eine Besonderheit ist die spätgotische Empore, die auf einer Eichensäule ruht.

Nach der Kirche erreichen wir eine T-Kreuzung, an der es links auf einem Feldweg auf den Münchshofener Berg hinaufgeht. Der Aufstieg über die Wacholderhänge mit seltenen Blumen lohnt sich, denn dort oben befindet sich am **4 Holzkreuz** die Aussicht Juradistl-Landschaftskino. Der Blick reicht nach Teublitz hinüber und entlang der Naab bis nach Burglengenfeld. Wir steigen auf

Aussicht vom Juradistl-Landschaftskino über Premberg bis Burglengenfeld

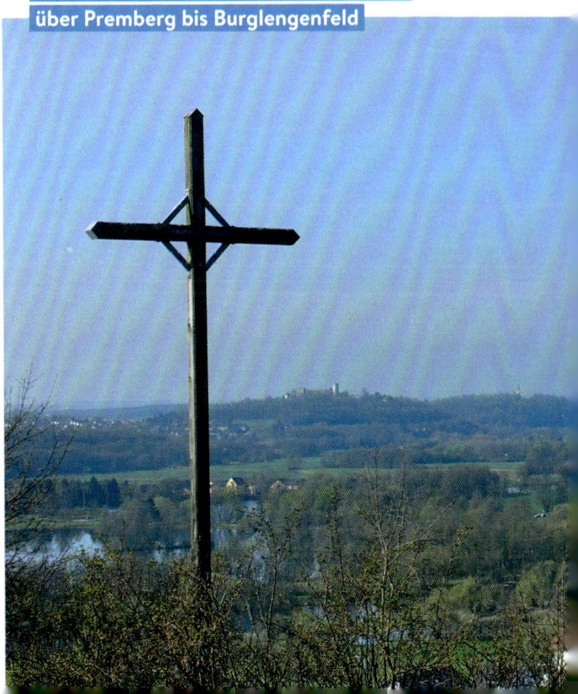

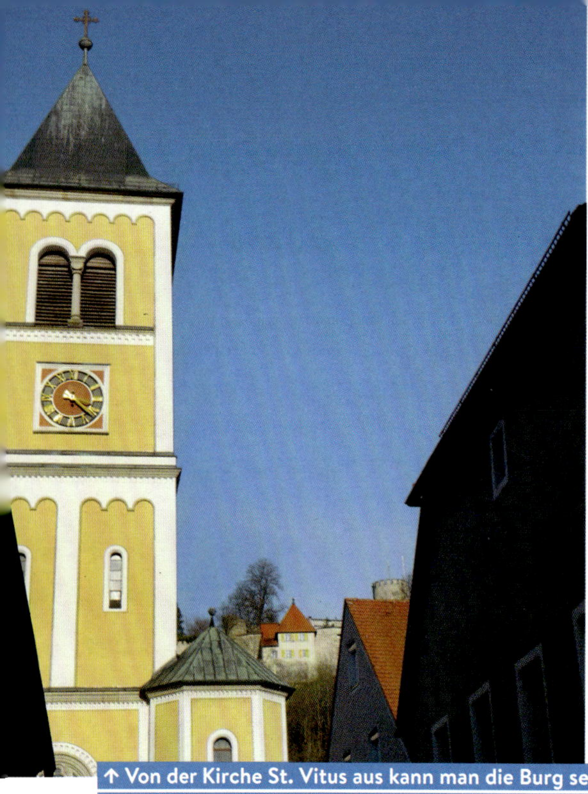

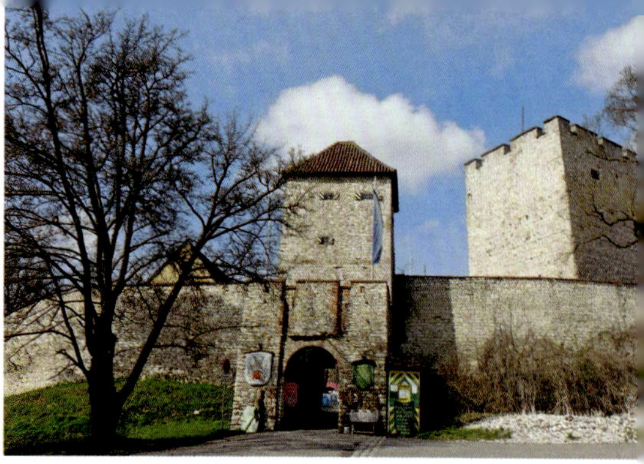

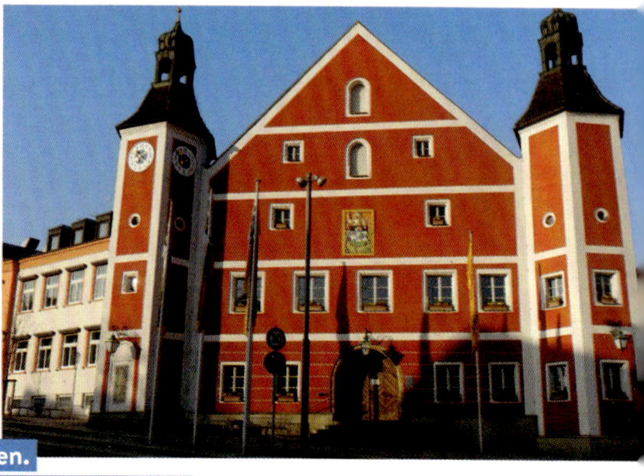

↑ Von der Kirche St. Vitus aus kann man die Burg sehen.
↗ Die Burg über Burglengenfeld ist eine der größten in der Oberpfalz.
→ Das Rathaus in Burglengenfeld ist ein Renaissanceschmuckstück.

Tipp

IM VOLKSKUNDEMUSEUM

Die Stadt Burglengenfeld hat mit dem Oberpfälzer Volkskundemuseum einen Anziehungspunkt für die ganze Region geschaffen. Zu Füßen der Burg werden in dem Museum Volkskultur und Lebensweise der oberpfälzischen Bevölkerung vom 18. bis 20. Jahrhundert auch multimedial gezeigt. Großen Raum nehmen die Werke des Burglengenfelder Barock- und Rokokobaumeisters Johann Michael Fischer ein. Mit kunst- und kulturgeschichtlichen Sonderausstellungen und kulturellen Veranstaltungen ist das Museum eine Größe im Kulturleben der Stadt geworden (Berggasse 3, 93133 Burglengenfeld, Tel. 09471/60 25 83, www.burglengenfeld.de).

gleichem Weg wieder hinab und geradeaus auf der Straße Am Seeberg abwärts in das Dorf hinein. An einer Kreuzung bleiben wir auf der mittelalterlichen Salzstraße geradeaus. Premberg ist mit über 1200 Jahren eines der ältesten Dörfer der Oberpfalz. Es existiert eine Urkunde des Kaisers Karl des Großen, in der er *Breemberga* zu einer Zollstätte an der Ostgrenze seines Reiches machte. Premberg war ein Umschlagplatz mit Hafen für Salz und Eisen, in dem die Waren auf Schiffe geladen und auf der Naab nach Regensburg gebracht wurden.
Die Salzstraße leitet uns auf der Brücke über die Naab und rechts zum Fluss hinunter. Nach 250 Metern entlang der Naab folgen wir dem Pfad ohne Markierung nach rechts durch den Auwald zwischen Kronbertsweiher und Fluss. Am südlichen Ende des Weihers sind wir am **5 Naturbad** Saltendorf, das mit den Bänken für eine Pause gut ist.

NACH BURGLENGENFELD Von der Badestelle laufen wir über die Wiese am Spielplatz vorbei direkt nach Süden. Rechts vom Sportplatz geht es geradeaus in den Wald hinein nach Kuntsdorf. Nach rechts immer entlang der Naab und am Ende durch Vereinsgelände kommen wir wieder nach Burglengenfeld. Von der Brücke geht es auf der Hauptstraße hinauf zum Marktplatz mit dem **6 Rathaus**. Es stammt aus dem 15. Jahrhundert, wurde aber später im Renaissancestil umgestaltet. Am Brunnen links durch die Robert-Koch-Straße mit Burgblick zur Kirche St. Vitus, die auf das 14. Jahrhundert zurückgeht. Nach der Kirche gehen wir auf der Straße Am Klingentor rechts und dann links hinauf zur Kaiser- und Herzogsburg. Sie wurde im 10. Jahrhundert begründet und im 12. Jahrhundert zu einer der größten Burganlagen der Oberpfalz ausgebaut. Da in der Burg eine soziale Einrichtung ist, kann sie durch Einzelpersonen nicht besichtigt werden. Nach der Umrundung der Burg können wir uns im Abstieg auf der Berggasse rechts halten und auf kürzerem Weg die Naab erreichen, von der es rechts zum Parkplatz **E Naabauen** zurück geht.

INFO

TOURENCHARAKTER

Leichte, sonnige Wege durch Felder und Wälder. Wanderschuhe mit griffigen Sohlen sind richtig.

AUSGANGS-/ENDPUNKT

Parkplatz Naabauen, Schwandorfer Straße 2, 93133 Burglengenfeld, GPS 49°12'40.5"N 12°02'36.8"E (350 m)

ANFAHRT

ÖPNV: Mit der Bahn nach Schwandorf und mit dem Bus 41 nach Burglengenfeld
Auto: Von der A93 Ausfahrt 35 Teublitz auf der St 2397 nach Burglengenfeld

GEHZEITEN

Naabauen-Brücke 0:10 Std.–Funkmast 0:30 Std.–St. Martin 0:50 Std.–Kreuz 0:15 Std.–Naturbad 0:35 Std.–Rathaus 1:00 Std.–Naabauen 0:40 Std.

EINKEHR

Gasthof 3 Kronen, Hauptstraße 1, 93133 Burglengenfeld, Tel. 09471/805 81, www.gasthofdreikronen.de

Leicht | 12,9 km | 240 Hm | 4.00 Std.

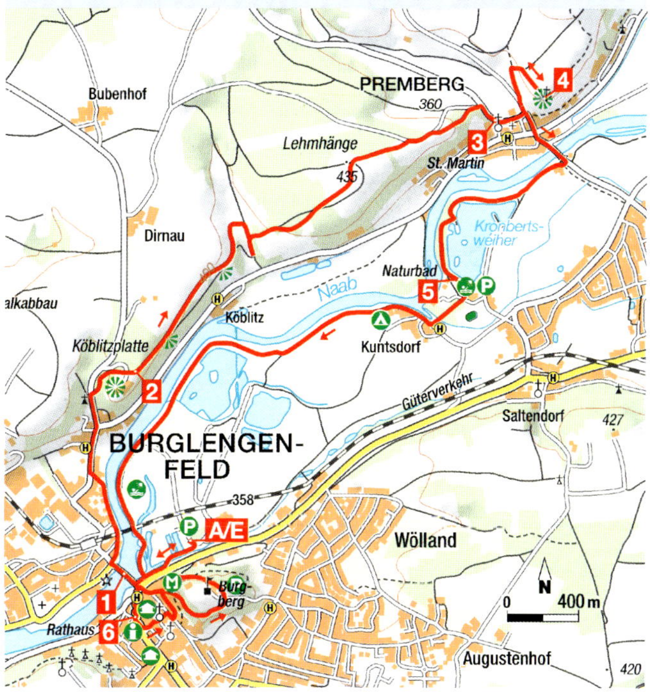

INFORMATION

Marktplatz 2–6, 93133 Burglengenfeld, Tel. 09471/70 18 20, www.burglengenfeld.de

IM LABERTAL RUND UM BERATZHAUSEN

Burgruine und Landschaftsidylle

Markante Felsen und typische Wacholderhänge begleiten den Lauf der malerischen Schwarzen Laber durch den Oberpfälzer Jura. Von den Höhenwegen blicken Wanderer von Aussichtspunkten über die abwechslungsreiche Naturlandschaft um die mäandernde Schwarze Laber und Beratzhausen.

29

Blick auf Beratzhausen und auf die Schwarze Laber

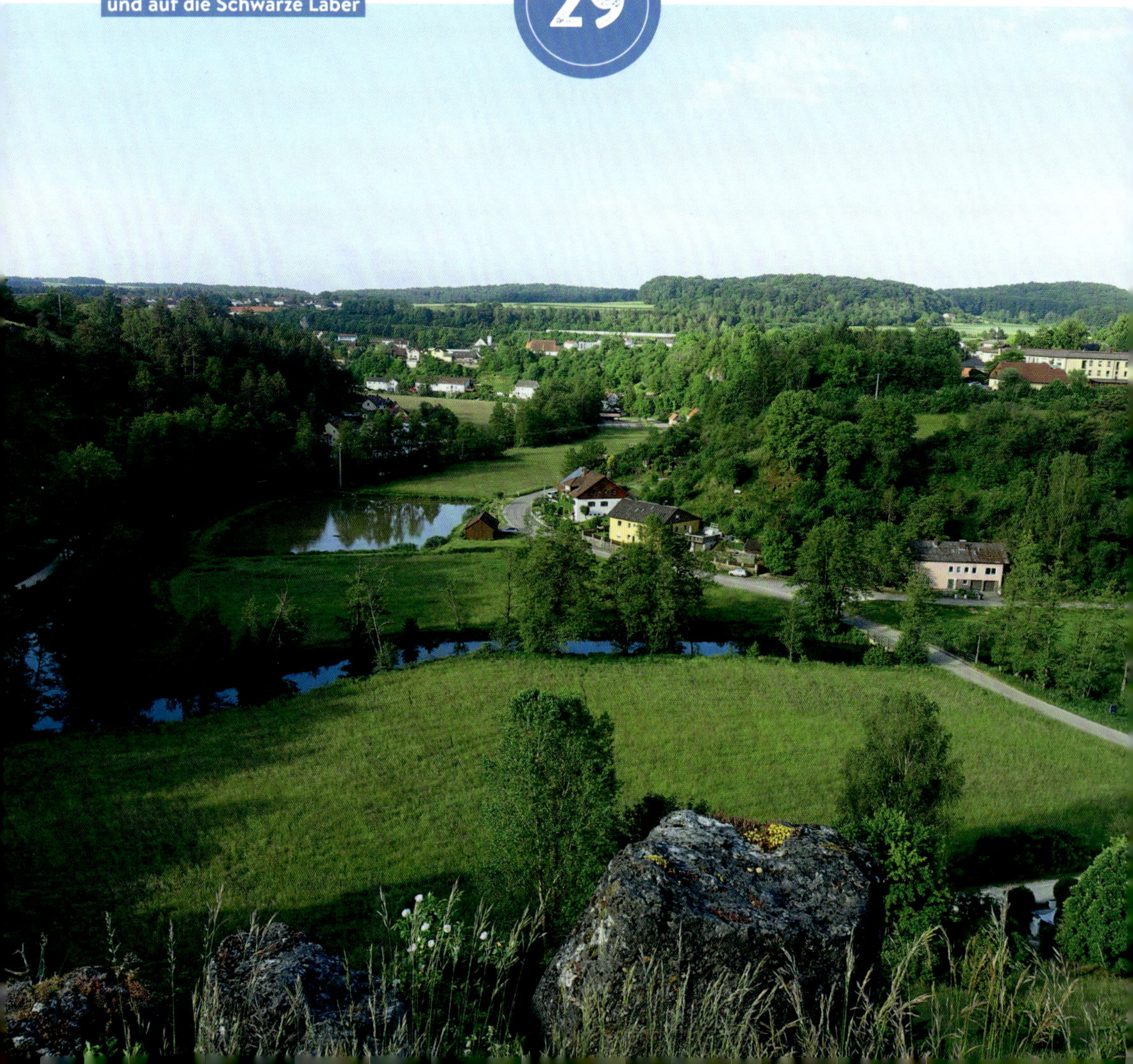

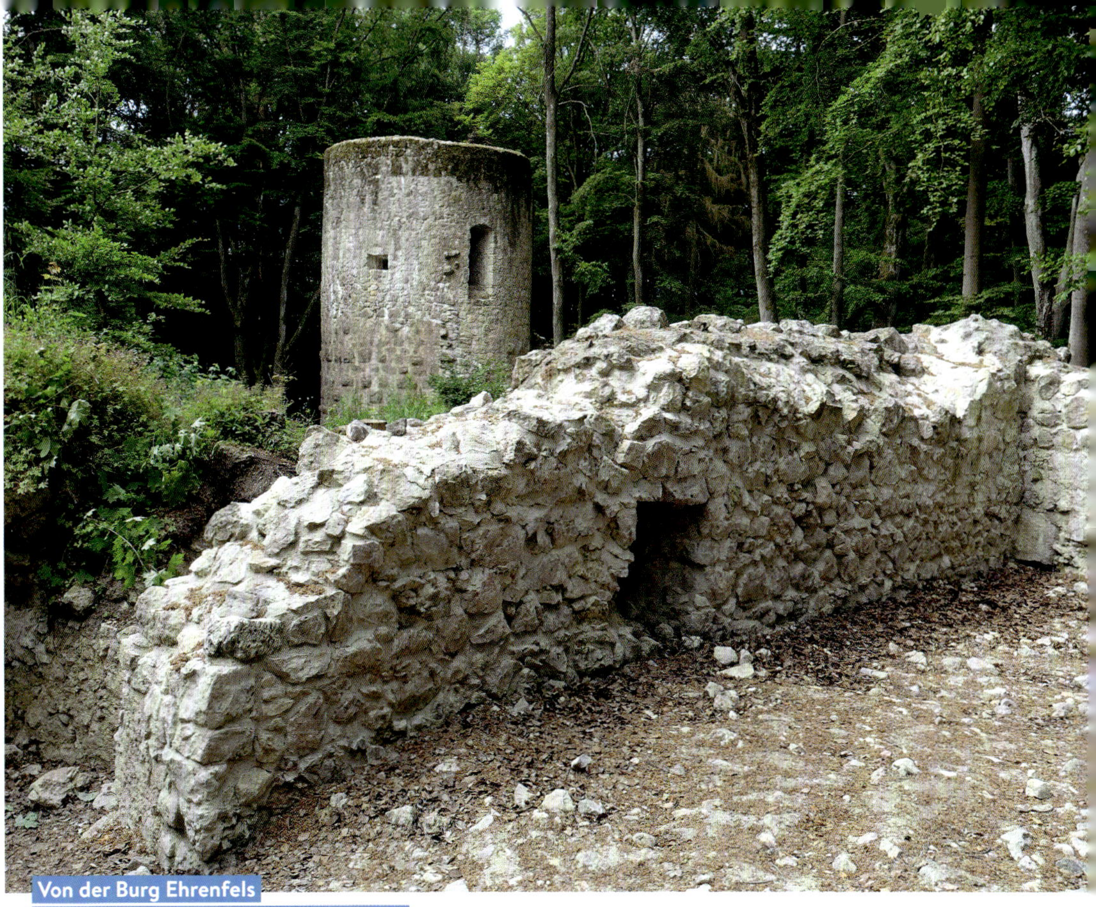

Von der Burg Ehrenfels
sind nur noch spärliche Reste erhalten.

Das beschauliche Beratzhausen nennt sich Perle des Labertales. Die 1100-jährige Geschichte des Ortes ist eng mit der Burg Ehrenfels und mit den Stauffern verbunden. Der Zehentstadel steht noch heute im Markt Beratzhausen. Die Burg Ehrenfels ist nur noch eine verwunschene Ruine, um die sich unheimliche Sagen ranken.

ZUR RUINE EHRENFELS Vom Parkplatz am **A Bahnhof** gehen wir zu Beginn auf der Bahnhofstraße nach Nordwesten und nach dem Bahnhofsgebäude an der Unterführung links auf der Lindenstraße nach Süden aufwärts. Nach 350 Metern knickt die Lindenstraße an einer Kreuzung nach rechts, und wir überqueren etwas nach links versetzt die **1 Hemauer Straße** geradeaus in den Pappelweg. Vor dem roten Gebäude wandern wir rechts und an der Kreuzung vor den Feldern links auf dem Feldweg über die Fluren. An einem großen Holzkreuz können wir zurückschauen über Beratzhausen im Tal der Schwarzen Laber. Danach folgen wir dem Weg ohne Markierung im Waldrand rechts. An einer Kreuzung kommen wir an mysteriöse Felsformationen offen daliegender Schwammriffe aus Dolomitkalk. Die Sage erzählt, es handele sich um die Reste eines verfluchten Schlosses. In den Winkeln und Ecken der Felsen füllen goldgelbe Dolomitsande die Klüfte aus. So wird der Fels zu lockerem Sand, der hier sogar in der Sandgrube **2 Goldene Haube** abgegraben wurde. Durch das Ausgraben des Sandes entstanden Strukturen, die an Wände und Räume erinnern. An der Kreuzung folgen wir dem Wegweiser nach Nordwesten in Richtung

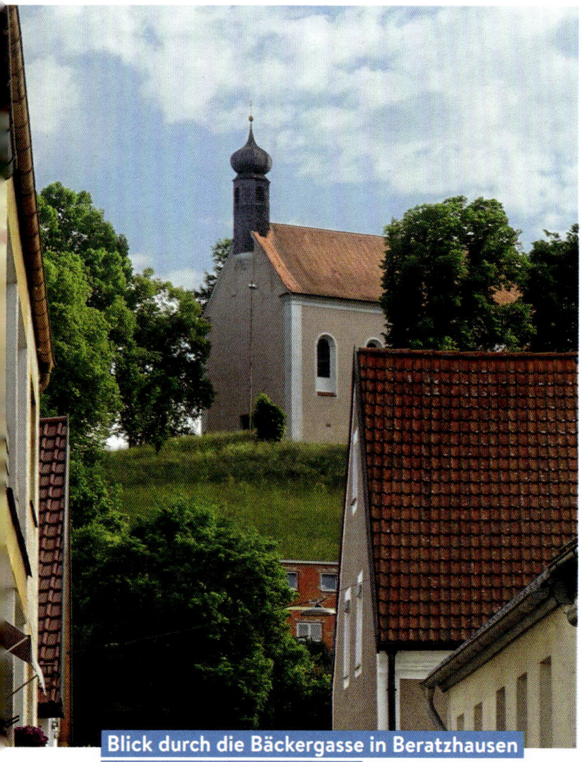

Blick durch die Bäckergasse in Beratzhausen zur Wallfahrtskirche hinauf

Tipp

ECHTER BAUERNHANDDRUCK

Auf dem Einödhof Kathariedhaben sich die Bauersleute das Bedrucken von Stoffen selbst beigebracht. Durch die Nachfrage nach den entzückend bedruckten Naturtextilien entstand ein Familienbetrieb. Dabei erfolgen der Musterentwurf, die Schablonenherstellung, das Farbenmischen und das Bedrucken der Stoffe von Hand und vor Ort. Inzwischen gibt es auf dem Bauernhof einen Hofladen mit Stoffprodukten, die mit bezaubernden Motiven bedruckt sind (Friederike Schleyerbach, Katharied 1, 93176 Beratzhausen, Tel. 09493/713, www.schleyerbach-katharied.de).

Schlossberg. Bei Neurufenried überqueren wir ein Asphaltsträßchen und bleiben nach 150 Metern vor der Rechtskurve geradeaus in den Wald hinab. An einem Abzweig gehen wir rechts durch einen Graben und steigen genau geradeaus auf einem steilen Pfad aufwärts. Erst weiter oben finden wir Holzpfosten mit roter Farbe, die den Verlauf des Steiges anzeigen.
Nach 400 Metern Strecke und etwa 90 Metern Aufstieg treffen wir auf den markierten Burgensteig, dem wir rechts folgen. Dann geht es links durch den Burggraben zur **3 Ruine Ehrenfels** hinauf. Die Burg wurde 1256 erstmals urkundlich erwähnt. Erhalten sind im Wesentlichen Wall, der Graben, die Ruinen zweier Rundtürme und Reste der Kernburg. Herzog Albrecht IV. eroberte 1492 die Burg wegen der Beteiligung der Ehrenfelser am Ritteraufstand des Löwlerbundes. Wanderer sollten nicht auf der Burg übernachten, denn der Geist der ermordeten Gräfin geht noch heute auf der Ruine umher und findet keine Ruhe.

RÜCKWEG AN DER SCHWARZEN LABER

Wir treten lieber den Rückweg an und wandern auf dem markierten Burgensteig links hinunter. Unten gehen wir auf der Straße rechts und vor dem Trafohaus links in die Felder hinab. Die Bahnlinie unterqueren wir in einem Tunnel und überqueren auch die Straße auf dem Burgensteig in den Wald abwärts. Unten wenden wir uns vor der Schwarzen Laber nach rechts und überschreiten am Haus mit der Nummer 1 auf der **4 Brücke** die Schwarze Laber. An der T-Kreuzung gehen wir links und nach 50 Metern auf der Fahrspur rechts hinauf. 30 Meter vor einem Grundstück müssen wir links auf einem schmalen Pfad des Burgensteiges über den Wacholderhang hinauf. Weiter oben bleiben wir am Rand einer Wiese geradeaus. Vor roten Gebäuden in

der Ansiedlung Gleiter führt der Burgensteig auf dem Sträßchen rechts in Richtung Beratzhausen. Nach der langen Linkskurve bringt uns rechts ein Pfad über die Wiese in einem Abstecher zu einem Aussichtspunkt mit Bank. Vor einer weiteren Linkskurve geht es vor der Hecke auf dem Burgensteig rechts. Ein weiterer Abstecher führt uns rechts auf den Burgstall **5 Hohe Felsen**. Auf dem Hohen Felsen ist ein vorzüglicher Aussichtsplatz mit Blick auf das Tal der Schwarzen Laber und Beratzhausen. Hier soll sich eine kleine mittelalterliche Befestigung befunden haben. Der romantische Burgensteig neigt sich weiter abwärts. Ein Asphaltsträßchen überqueren wir nach rechts versetzt zu einem Abstecher auf der Treppe des Kreuzweges hinauf zur **6 Maria-Hilf-Kirche** aus dem 18. Jahrhundert. An der Rückseite der Kirche können wir über Beratzhausen schauen. Beratzhausen profitierte in seiner Entstehungszeit von der Handelsstraße, die von Regensburg nach Bamberg führte.
Von der Wallfahrtskirche Maria Hilf steigen wir auf der Treppe den gesamten Kreuzweg abwärts und bleiben unten auf dem Obermühlweg geradeaus über die Schwarze Laber. Am Gottfried-Kölwel-Platz steht links des Tores das Geburtshaus des Lyrikers und Erzählers Gottfried Kölwel. Wir gehen auf der Färbergasse durch das Tor und an der Kreuzung auf der Marktstraße links. Durch die Bäckergasse können wir noch einmal zur Wallfahrtskirche Maria Hilf hinaufschauen. Am Ende der Marktstraße geht es auf der Straße Hinterer Markt rechts aufwärts und nach dem Haus mit der Nummer 11 links auf der Treppe hinauf. Oben bleiben wir auf der Ceyrater Straße geradeaus und kommen durch die Unterführung zum Parkplatz am **E Bahnhof** zurück.

INFO

TOURENCHARAKTER

Leichte Wege, aber sehr steiler Aufstieg zur Ruine Ehrenfels. Etwas Orientierungssinn ist nötig. Wanderschuhe mit griffigen Sohlen sind richtig.

AUSGANGS-/ENDPUNKT

Bahnhofstraße 31, 93176 Beratzhausen, GPS 49°05'31.6"N 11°48'31.9"E (455 m)

ANFAHRT

ÖPNV: Mit der Bahn nach Beratzhausen
Auto: Von der A 3 Ausfahrt 96 Laber auf der St 2235 und St 2394 nach Beratzhausen

GEHZEITEN

Bahnhof–Hemauer Straße 0:10 Std.–Goldene Haube 0:25 Std. Ehrenfels 0:40 Std.–Brücke 0:45 Std.–Hohe Felsen 0:25 Std.–Maria-Hilf-Kirche 0:15 Std.–Bahnhof 0:30 Std.

EINKEHR

Landgasthof Friesenmühle, Friesenmühle 1, 93176 Beratzhausen, Tel. 09493/735, www.friesenmuehle.de

Mittel | **9,3 km** | **250 Hm** | **3.10 Std.**

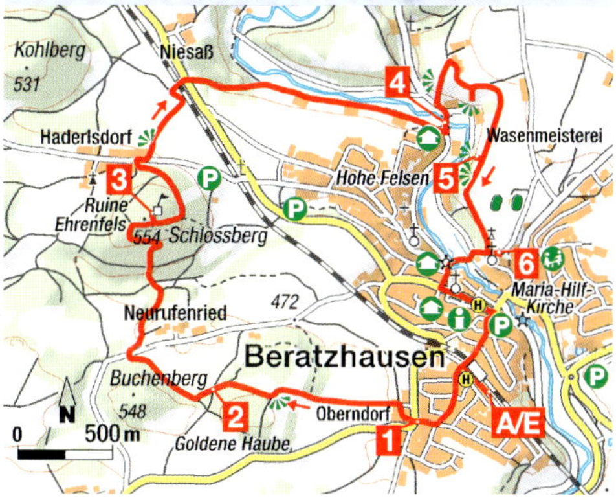

INFORMATION

Marktstraße 33, 93176 Beratzhausen, Tel. 09493/94 00 19, www.beratzhausen.com

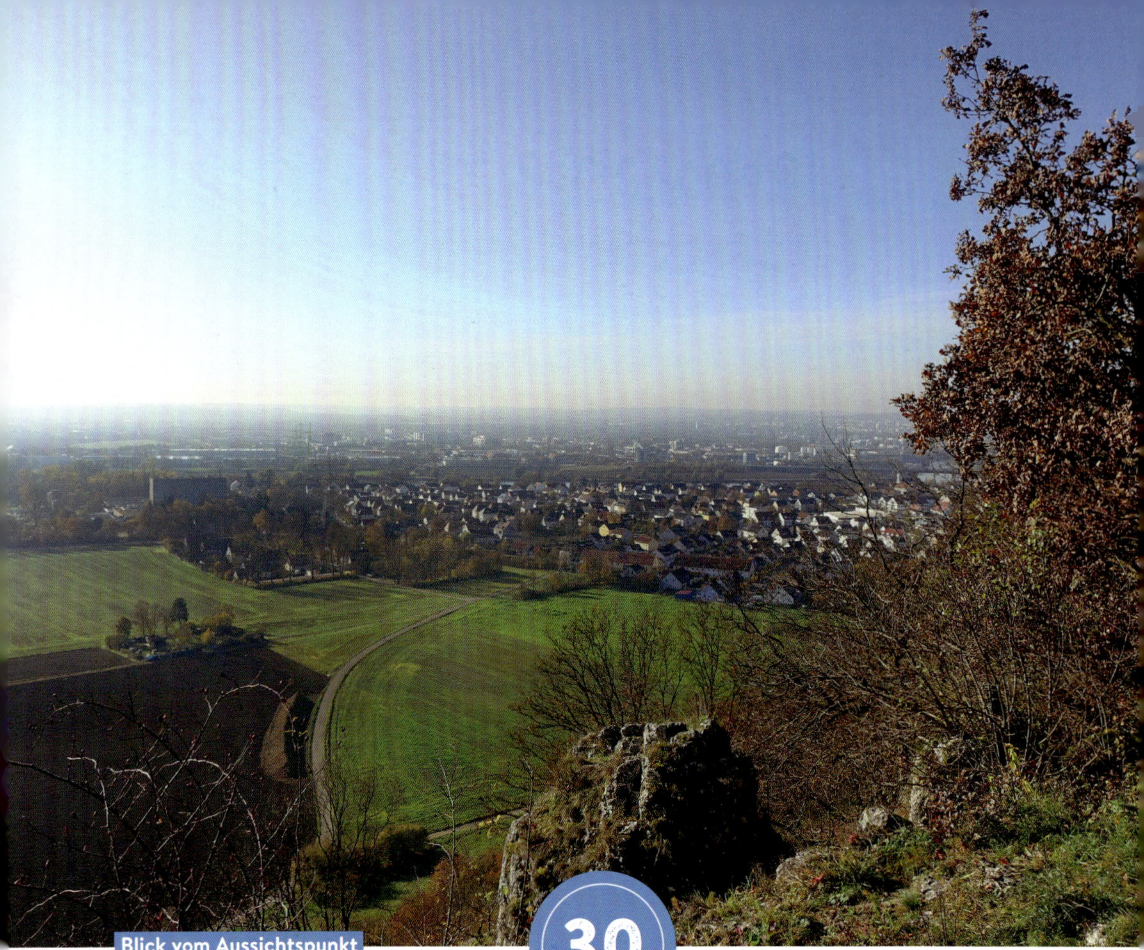

Blick vom Aussichtspunkt über Teile von Regensburg

30

DURCH DIE TEGERNHEIMER SCHLUCHT

Scheidelinie der Erdgeschichte

Die Tegernheimer Schlucht gibt einen seltenen Einblick in die Entstehung der Erde, denn hier stoßen drei geologische Großeinheiten aus verschiedenen Erdzeitaltern aneinander. Die Gesteine stammen aus einem Zeitraum von 550 Millionen Jahren bis vor zwei Millionen Jahren.

Der Geopfad erklärt mit seinen Stationen die Besonderheiten der geologischen Räume und seiner Gesteine. Der Berg Keilstein ragt 450 Meter aus dem Donautal auf und bildet mit seinen Hängen artenreiche Biotope mit vielen verschiedenen Farn- und Blütenpflanzen auf den Magerrasen. Nebenbei gibt es auf dem Berg immer wieder schöne Aussichtspunkte.

AUF DEN KEILSTEIN Vom Parkplatz an der Straße **A Am Hohen Sand** beginnen wir die Wanderung auf der Straße nach Nordosten zur Station 1 des Geopfades Tegernheimer Schlucht in der Straßengabelung. Die Station gibt einen grundlegenden Überblick der Geologie im Gebiet. An großen aufgestellten Granit-, Sandstein- und Kalkfelsen kann die Oberfläche der Gesteine betastet werden. Halb links laufen wir auf dem Bergweg nach Norden und dann auf dem Schluchtweg in Richtung Keilstein und Tegernheimer Schlucht. An einem Abzweig nach dem Haus mit der Nummer 2a kommen wir links auf dem Gehweg unter der Stromleitung zur **1 Marienkapelle**.

Tipp

GEOLOGIE BEI TEGERNHEIM

Die drei geologischen Großeinheiten aus verschiedenen Erdzeitaltern dehnen sich nach Osten, Westen und Süden aus. Im Osten liegt das von Gneis und Granit geprägte großflächig gefaltete Grundgebirge, das im Erdaltertum vor 550 bis 310 Millionen Jahren entstand. Das Schichtenstufenland im Westen entstand vor 250 bis 65 Millionen Jahren und besteht aus den Triasgesteinen Buntsandstein, Muschelkalk und Keuper. Im Süden beginnt mit dem Donaurandbruch das Molassebecken, das mit Tonen, Sanden und Kiesen vor mindestens zwei Millionen Jahren aufgefüllt wurde.

Am Beginn der Tegernheimer Schlucht ragt eine Kalkfelswand auf.

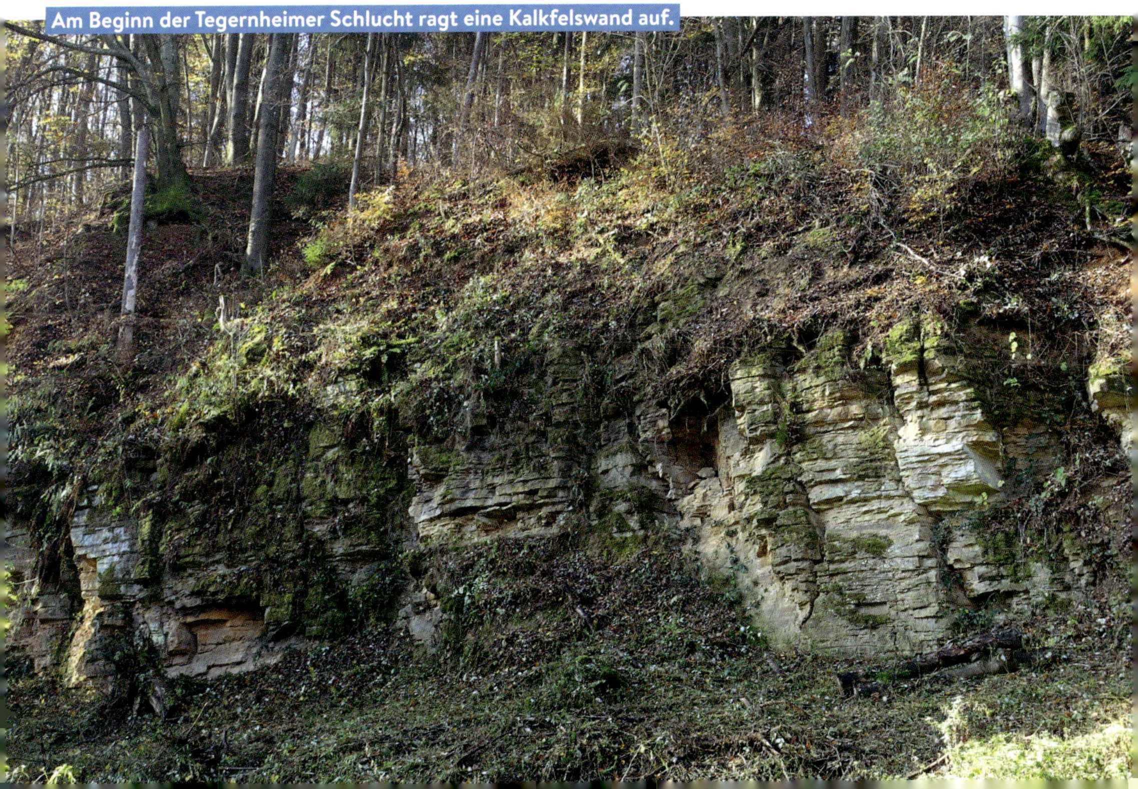

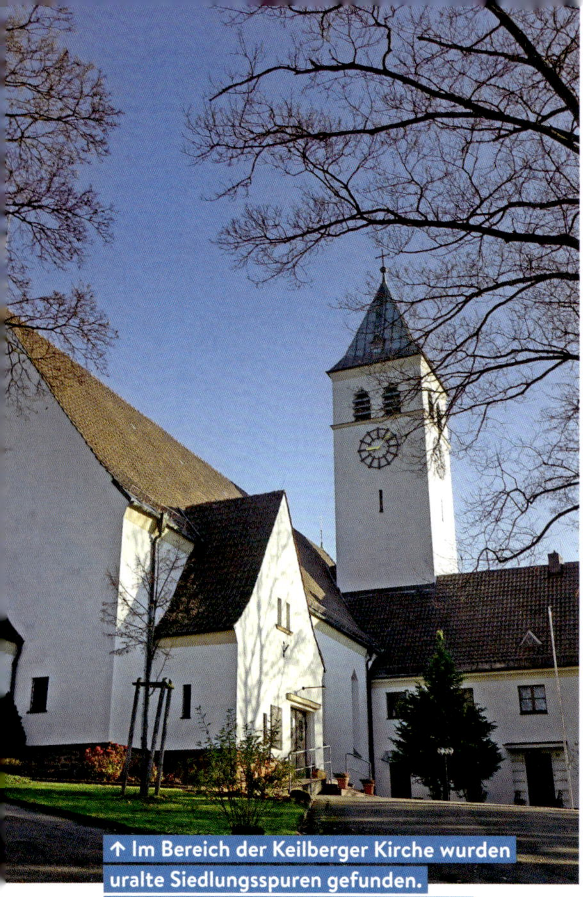

↑ Im Bereich der Keilberger Kirche wurden uralte Siedlungsspuren gefunden.

↓ Die Marienkapelle steht am Eingang zur Tegernheimer Schlucht.

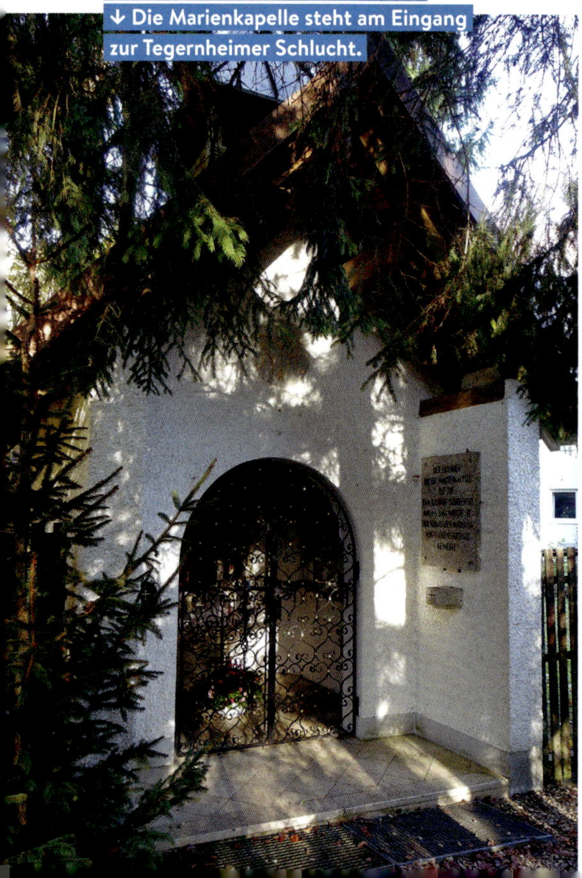

Auf der Informationstafel werden das System Jura und die Gesteine Dogger und Eisensandstein vorgestellt, die am Eingang zur Schlucht auch gleich links in der offenen Kalkfelswand betrachtet werden können. Der Zutritt in die magische Tegernheimer Schlucht beginnt mit einem steilen Hohlweg. Wie auf der dritten Informationstafel erklärt wird, handelt es sich um einen alten Weg, auf dem einst Fuhrwerke von der Donau auf die Hochfläche von Keilberg verkehrten und so nebenbei den Hohlweg ausbildeten. Weiter oben weitet sich die Schlucht und an der Weggabelung vor einem Insektenhotel und vor einem großen Hochspannungsmast steigen wir links hinauf. An einer Kreuzung auf fast ebenem Gelände wandern wir in spitzem Winkel links und kommen an einem Bombenkrater aus dem Zweiten Weltkrieg vorbei. Am Donaurandbruch können wir am **2 Aussichtspunkt** über das Donautal und über das Regensburger Umland schauen. Eine breite Panoramatafel erklärt die hier sichtbare Welt.

ZUM GIPFELKREUZ Auf dem Pfad gehen wir nach Westen stets nahe beim Steilabbruch und erleben auf kleinen Abstechern immer wieder schöne Aussichten. Besonders am Großen Felsen zeigt sich der Keilsteiner Hang in seinen Magerrasen und kargen Felsvegetationen als artenreiches Biotop, in dem 400 verschiedene Farn- und Blütenpflanzen gezählt wurden. Schließlich werden wir an einem Zaun vom Steilabbruch weg nach rechts abgeleitet. Nun bleiben wir immer auf dem Pfad entlang des Zaunes, der den riesigen Kalksteinbruch der Firma Walhalla Kalk abgrenzt. Schon seit Mitte des 19. Jahrhunderts wird hier Kalkstein abgebaut. Heute werden dort Kalksteinmehl und Baustoffe hergestellt. An einer lichteren Stelle des Waldes sind die ersten Häuser des Ortes Keilberg zu sehen, doch wir bleiben an der Gabelung links entlang des Zaunes. Der Pfad führt nun abwärts und an einer undeutlichen Gabelung zwischen Gebüschen müssen wir rechts hinunter. Unten überqueren wir an einer Bushaltestelle die Vordere Keilbergstraße in die Straße An der Schauergrube. Auf dem Schlehenweg geht es links und vor dem Informationsschild über das Naturschutzgebiet Südöstliche Juraausläufer bei Regensburg rechts hinauf. Über die Magerrasen, auf denen Kartäusernelken stehen, erreichen wir den Aussichtspunkt am **3 Gipfelkreuz** auf dem Keilberg. Von hier können wir über den gigantischen Kalksteinbruch schauen.

RÜCKWEG DURCH DIE TEGERNHEIMER SCHLUCHT Auf gleichem Weg gehen wir über die Hochfläche zurück, halten uns aber bei einer undeutlichen Gabelung auf der Magerrasenfläche links und kommen an einem Trafohäuschen auf der Straße Hutweide in Siedlungsgebiet. Auf dem Wacholderweg müssen wir links und auf dem Lärchenweg rechts. Am Ende der Straße bringt uns der Keilberger Schulweg nach rechts zur Grundschule, an der wir nach links in die Keilberger Hauptstraße einbiegen. An der Feuerwehr geht es auf der Straße Zur Hohen Linie rechts zur **4 Kirche**. Im Bereich der Keilberger Kirche wurden uralte Siedlungsspuren gefunden.

Nach dem Friedhof wandern wir auf dem Erdbeerweg rechts abwärts und auf der Verlängerung Tegernheimer Schluchtweg weiter. In einer Rechtskurve gehen wir links an einem Stadel vorbei auf dem Feldweg geradeaus. An der **5 Informationstafel** am Waldrand über Eisenerze und Buchenmischwald wandern wir links in den Wald hinab. Durch die Tegernheimer Schlucht kommen wir wieder an der **1 Marienkapelle** vorbei und nach rechts zum Parkplatz **E Am Hohen Sand** zurück.

INFO

TOURENCHARAKTER

Leichte, meist sonnige Wege. Wanderschuhe mit griffigen Sohlen sind richtig.

AUSGANGS-/ENDPUNKT

Parkplatz Am Hohen Sand 10, 93105 Tegernheim, GPS 49°01‘48.9“N 12°10‘02.2“E (340 m)

ANFAHRT

ÖPNV: Mit der Bahn nach Regensburg und mit dem Bus 5 nach Tegernheim

Auto: Von der A93 Ausfahrt 39 Regensburg-Pfaffenstein auf der B8 nach Tegernheim

GEHZEITEN

Parkplatz–Marienkapelle 0:10 Std.–Aussichtspunkt 0:20 Std.–Gipfelkreuz 0:50 Std.–Kirche 0:25 Std.–Informationstafel 0:15 Std.–Marienkapelle 0:10 Std.–Parkplatz 0:10 Std.

EINKEHR

Gasthaus Federl-Scheck, Tegernheimer Kellerstraße 2, 93105 Tegernheim, Tel. 09403/955 30 35, www.gasthaus-scheck.de

Leicht | **7,2 km** | **190 Hm** | **2.20 Std.**

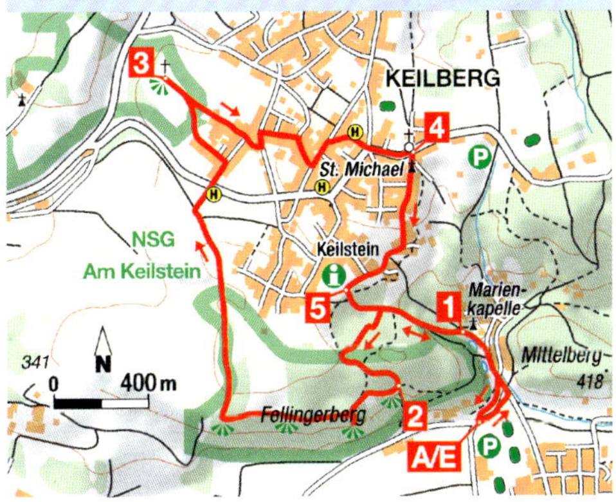

INFORMATION

Rathausplatz 4, 93047 Regensburg, Tel. 0941/507 44 10, www.regensburg.de

BURG UND WALHALLA ÜBER DONAUSTAUF

Sehenswürdigkeiten an der Donau

Auf Spurensuche in der magischen Burgruine Donaustauf und in der mystischen Wallfahrtskirche St. Salvator entdecken interessierte Wanderer mehr als nur die weltberühmte Walhalla. Die Aussicht von der Burgruine Donaustauf und von der Walhalla ist gleichermaßen überirdisch schön.

31

Aussicht von der Burgruine zur Walhalla und über die Donau

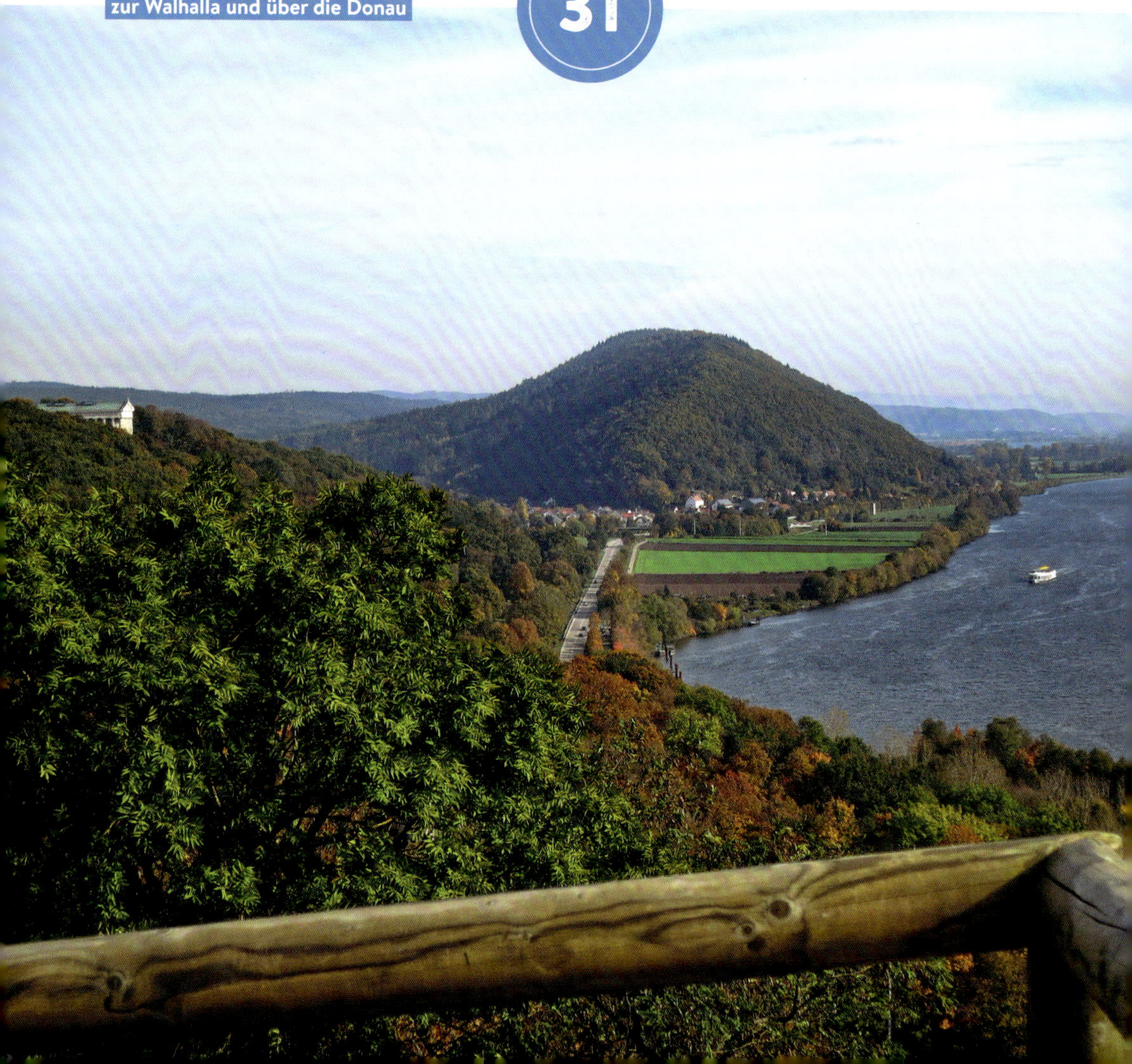

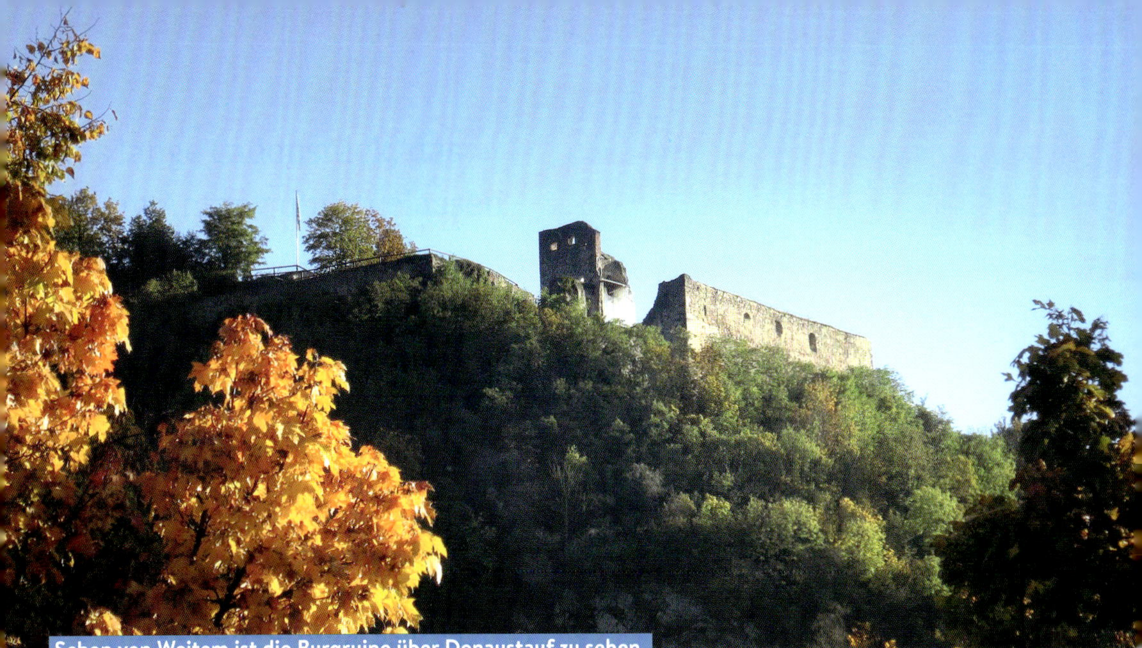

Schon von Weitem ist die Burgruine über Donaustauf zu sehen.

Am Ende der Tour laufen wir durch den Fürstengarten, in dem sich der hübsche Chinesische Turm als Überraschung erweist. Nach der Exkursion zu den vielen Sehenswürdigkeiten entlang der Donau finden sich in Donaustauf angenehme Einkehrmöglichkeiten in Biergärten, um den Wandertag ausklingen zu lassen.

ZUR BURGRUINE Vom Parkplatz in der **A Regensburger Straße** gehen wir zu Beginn an der Feuerwehr vorbei in Richtung Westen nach Regenstauf hinein. Die Fortsetzung im historischen Ortsteil ist die Maxstraße. Nach der Bäckerei steigen wir links die Stufen auf dem Albertus-Magnus-Weg zur Pfarrkirche St. Michael hinauf und gehen vor der Kirche durch den Friedhof, von dem wir schon über die Donau schauen können. Links an der Kirche vorbei führt ein Weg zu den Mauern der Vorburg hinauf und entlang der schönen Lindenallee zum Burgfriedhof. Am Parkplatz geht es links weiter zum großen Burgtor hinauf. Die Kernburg hatte einst sechs Toranlagen, von denen nur noch vier zu sehen sind. Die Burg wurde im Jahr 920 erstmals urkundlich erwähnt und 1632 von den Schweden zerstört. An diesem strategischen Platz gab es schon um 500 v. Chr. eine keltische Befestigung. Der augenfälligste Rest der **1 Burgruine** ist der Torturm zum inneren Burghof. Es handelt sich um eine ungewöhnliche Kombination aus Bergfried, Torturm und Burgkapelle im Obergeschoss. Dort ist eine Partie der frühromanischen Kapelle mit Säulen zu sehen, die in neuerer Zeit weiß gekalkt wurde. Die Aussicht auf die Donau, Wallfahrtskirche St. Salvator und Walhalla ist fantastisch.

ZUR WALHALLA Von der Burgruine gehen wir zurück, am Parkplatz und Burgfriedhof vorbei durch den Mauerring der Vorburg abwärts und nach dem Informationspavillon rechts auf der Taxisstraße in den Ort hinunter. Die Taxisstraße knickt am Haus mit der Nummer 7 links ab und wir laufen am Ende der Taxisstraße auf der Burgstraße zur Kreuzung vor dem Rathaus hinab. Wir gehen ein paar Meter rechts und nach dem Kriegerdenkmal links auf dem kleinen Sträßchen abwärts. Vor dem Parkplatz können wir links auf dem unteren Gehweg durch den Fürstengarten wandern. Am Ende eines Parkplatzes

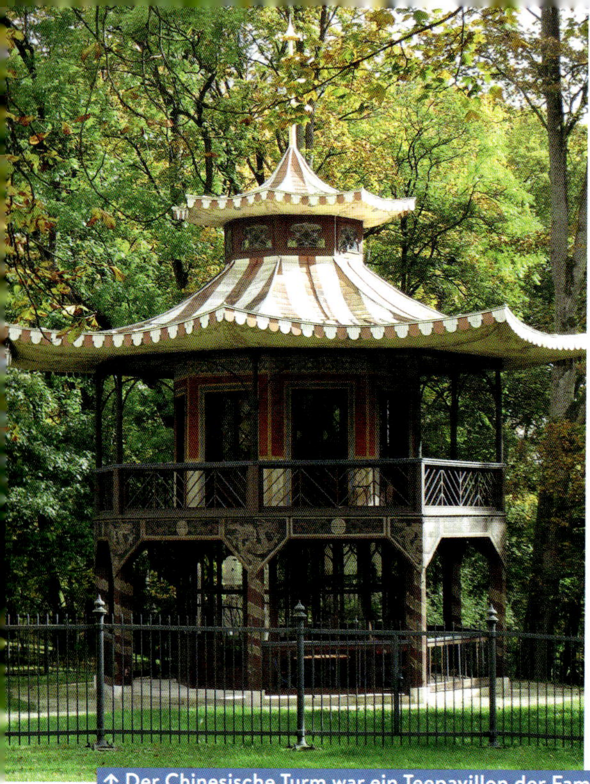

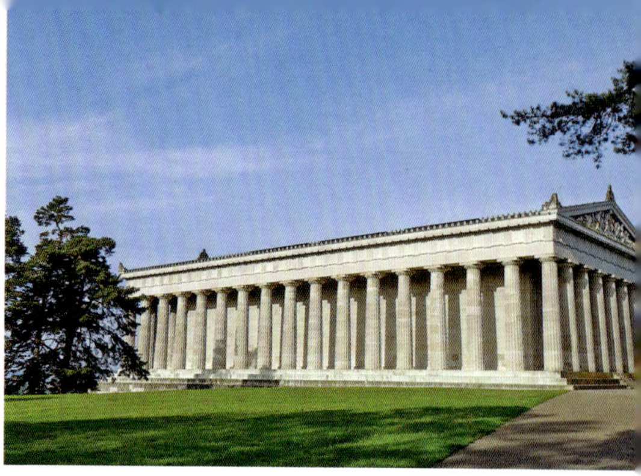

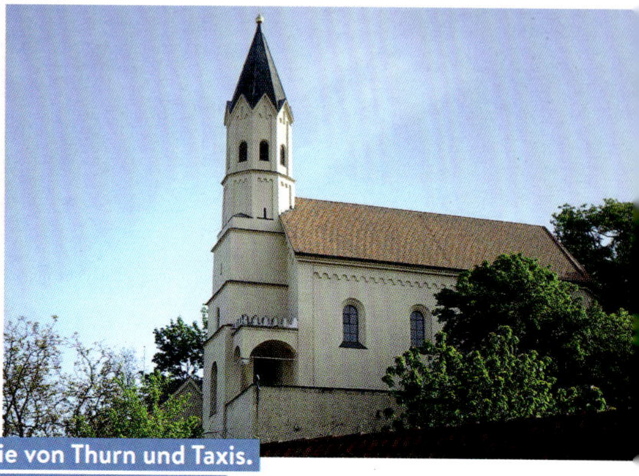

↑ Der Chinesische Turm war ein Teepavillon der Familie von Thurn und Taxis.
↗ Die Walhalla wurde zum Ruhm bedeutender Persönlichkeiten errichtet.
→ Die Salvatorkirche trägt ein neoklassizistisches Kleid.

Tipp

VON THURN UND TAXIS

Die Geschichte der Familie von Thurn und Taxis ist bis in das 12. Jahrhundert nachweisbar. 1490 begründete Franz von Taxis das kaiserliche Postwesen, was als historisch größte Leistung der Familie bekannt ist. Die Familie zog Mitte des 18. Jahrhunderts nach Regensburg, da Fürst Alexander Ferdinand zum kaiserlichen Repräsentanten am Immerwährenden Reichstag in Regensburg ernannt wurde. Zu dieser Zeit überließ der Regensburger Fürstbischof dem Fürstenhaus Thurn und Taxis die wildreichen Waldungen bei Donaustauf zur Ausübung der höfischen Jagd. Deshalb wohnten die Fürsten in den Sommermonaten in ihrem Schloss in Donaustauf.

schlüpfen wir durch die Unterführung und laufen links nahe der Donau flussabwärts am **2 Schiffsanleger** der Linie Regensburg-Walhalla vorbei. An der Weggabelung vor der Kreuzung vor Sulzbach bleiben wir rechts in den Feldern. Erst vor dem Otterbach gehen wir links unter der Brücke durch und am Otterbach entlang. Über dem Bach ist die Wehrkirche St. Martin zu sehen. Sie wurde im Jahr 1522 erstmals erwähnt, ist aber mit ihren romanischen Bauteilen sicher viel älter. An der West- und Nordwestseite des Kirchleins sind Schießscharten zu sehen. Die Otterbachstraße biegt nach der Kreuzung nach links und wir wandern am Ende nach rechts versetzt auf der Friedhofstraße weiter. Nach dem Friedhof überschreiten wir die St 2145 und gehen rechts und dann links durch die Felder aufwärts zum **3 Jugendkreuz**. Auf der Weinbergstraße geht es nach Westen und in einer Rechtskurve laufen wir links zum Park-

platz der Walhalla und steigen auf der Treppe zur **4 Walhalla** hinauf. An der Walhalla genießen wir den Blick über die Donau in den Gäuboden und bis Regensburg. Unter dem bayerischen König Ludwig I. erbaute der Architekt Leo von Klenze die Walhalla 1842 nach dem Vorbild eines griechischen Tempels in neoklassizistischem Baustil. Der Name Walhalla bezieht sich auf das Kriegerparadies der germanischen Mythologie. In der Halle befinden sich über 100 Marmorbüsten von bedeutenden Persönlichkeiten der deutschen und europäischen Geschichte, der Kunst, der Geistes- und Naturwissenschaften.
Auf der Westseite wandeln wir durch die Säulenhalle und laufen auf der eisernen Brücke für Rollstühle am Kiosk geradeaus vorbei. Bevor der Weg in eine Treppe übergeht, steigen wir vor dem Geländer mit der Markierung grüner Punkt geradeaus in Richtung Salvatorkirche hinab. Am Ende des Weges steht die Salvatorkirche, die Elemente verschiedener Epochen in sich vereinigt. Zuletzt wurde sie von Leo von Klenze neoklassizistisch umgestaltet. Von der Kirche kommen wir auf dem Weg zur Walhallastraße, auf der wir links am Historischen Armen Spital vorbeilaufen. In dem Gebäude hat sich ein hervorragendes Restaurant etabliert. Am Ende der Straße überqueren wir die Wörther Straße in den Fürstengarten hinein. Rechts kommen wir am Chinesischen Turm vorbei, der von der Familie von Thurn und Taxis als Teepavillon anlässlich der Eröffnung der Walhalla 1842 erbaut wurde. Heute dient er als stimmungsvoller Raum für Ausstellungen und Veranstaltungen. Das Rathaus wurde als Schloss der Fürsten Thurn und Taxis errichtet. Am Ende des Fürstengartens gehen wir über den Parkplatz und auf der Maxstraße hinaus zum Parkplatz in der **E Regensburger Straße** zurück.

INFO

Leicht | **8,5 km** | **190 Hm** | **2.30 Std.**

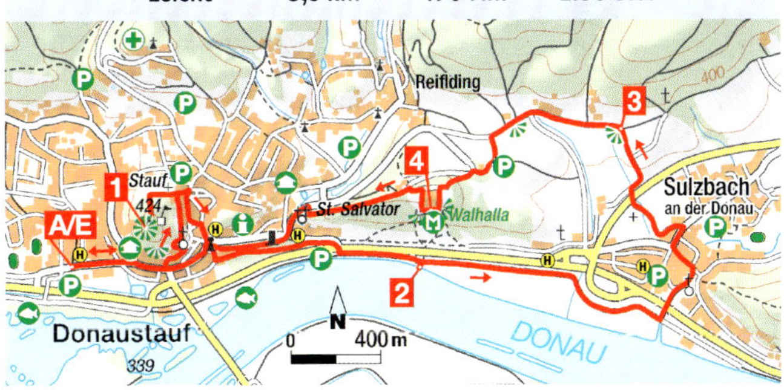

TOURENCHARAKTER
Leichte, sonnige Wege. Wanderschuhe mit griffigen Sohlen sind richtig.

AUSGANGS-/ENDPUNKT
Regensburger Straße 13,
93093 Donaustauf,
GPS 49°01'42.9"N 12°12'06.5"E
(325 m)

ANFAHRT
ÖPNV: Mit der Bahn nach Regensburg und mit dem Bus 5 oder mit dem Schiff nach Donaustauf
Auto: Von der A 3 Ausfahrt 102 Neutraubling auf der St 2145 nach Donaustauf

GEHZEITEN
Regensburger Straße–Burgruine 0:25 Std.–Schiffsanleger 0:30 Std.–Jugendkreuz 0:45 Std.–Walhalla 0:20 Std.–Regensburger Straße 0:30 Std.

EINKEHR
Historisches Armen Spital,
Walhallastraße 9,
93093 Donaustauf,
Tel. 09403/969 01 50,
www.historisches-armen-spital.de

INFORMATION
Maxstraße 24, 93093 Donaustauf,
Tel. 09403/955 29 29,
www.touristinfo-donaustauf.de

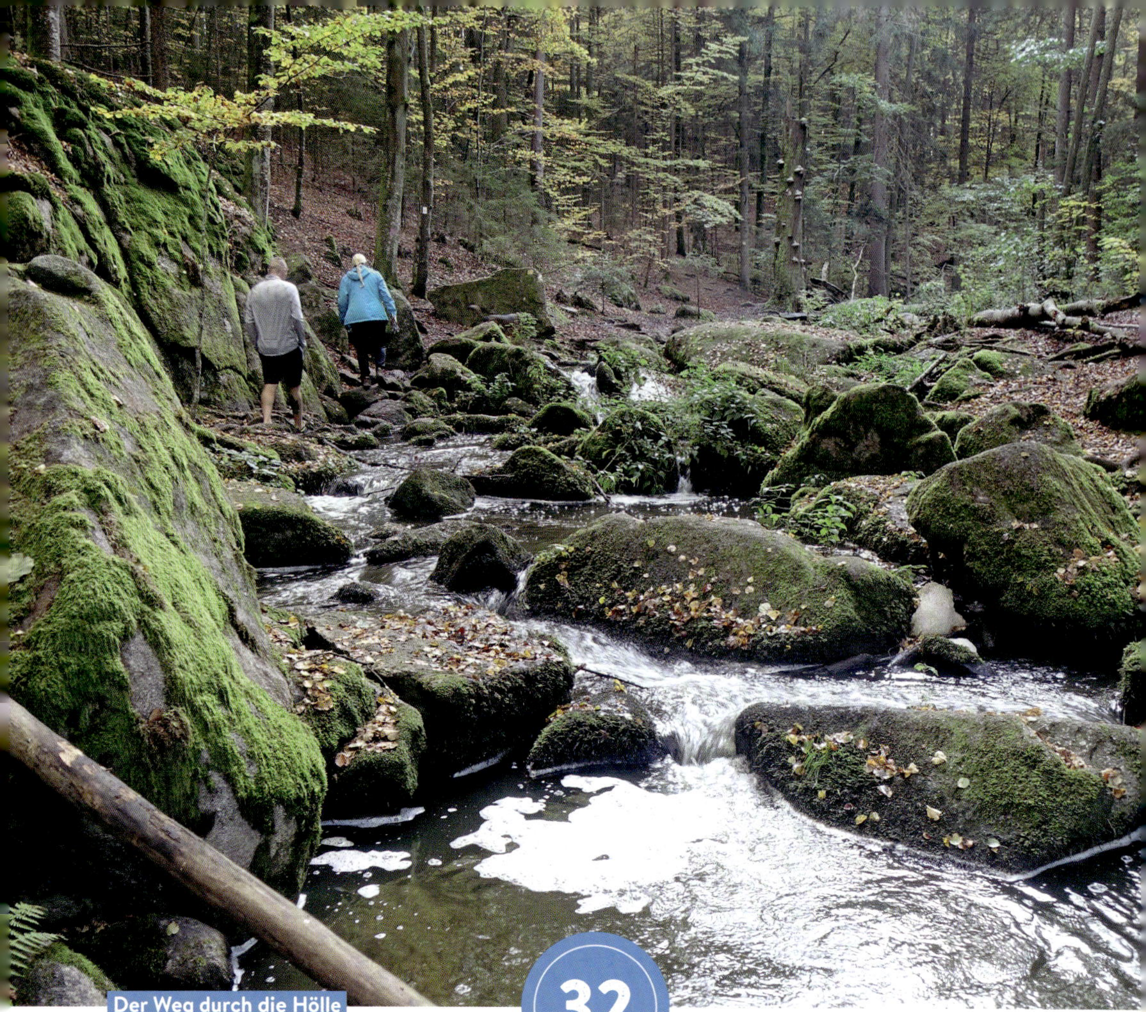

Der Weg durch die Hölle erfordert Trittsicherheit.

32

DURCH DIE HÖLLE ZUR BURG BRENNBERG

Mystisches Naturerlebnis

Diese Wanderung führt durch das wildromantische Naturschutzgebiet Hölle, in dem sich die Wasser ihren Weg zwischen Felsgiganten suchen. Die Naturgewalten sind magisch. Der Aussichtsturm auf der Burgruine zeigt den idyllischen Ort Brennberg und den Falkensteiner Vorwald.

Die sagenumwobene Burg Brennberg hatte über die Jahrhunderte viele Besitzer. Im 16. Jahrhundert war Haimeram aus dem Geschlecht der Nußberger Herrscher von Oberbrennberg. Bei einem Streit ermordete er einen Wirt, floh daraufhin aus Bayern und schloss sich in Absberg dem Raubritter Hans Thomas an. Doch sein Ende kam im Jahr 1528, als er bei Heideck festgenommen wurde.

ZUR BURGRUINE BRENNBERG Vom Wanderparkplatz Höllbach in **A Postfelden** folgen wir den Wegweisern Zur Hölle nach Westen. An der T-Kreuzung in den Feldern geht es rechts in Richtung Höllbachhof, dann rechts über die Wiese und auf einem **1 Steg** über den Höllbach in das Naturschutzgebiet Hölle. Wir folgen dem Uferweg nach links und bleiben nun immer am Bach. Die sogenannte Hölle ist ein 600 Meter langer Abschnitt im Höllbachtal. Die riesigen Gesteinsformationen und Felsen entlang des Weges und mitten im Höllbach bilden ein einzigartiges Naturschutzgebiet, in dem seltene Tiere und Pflanzen ihren Lebensraum finden. Eine Besonderheit sind die zahlreichen Moose und Flechten auf den Felsen. Da es sich um seltene, trittempfindliche Arten handelt, besteht Wegegebot. Die Granitblöcke sind mindestens 300 Millionen Jahre alt. Zwischen den Felsen wachsen Winterlinden, die besonders gut mit den Hochwassern und Eisgeschieben zurechtkommen.

Am Ende überschreiten wir auf einem Steg den Ruderszeller Bach und bleiben weiterhin auf dem Goldsteig am Höllbach entlang. An einer Weggabel wandern wir links in Richtung Dosmühle. An einem Steg folgen wir dem Pfad ohne Markierung geradeaus und verlassen den Goldsteig und den Rundweg Hölle. An einer Wiese stoßen wir auf einen Feldweg, dem wir nach links folgen. Schließlich biegen wir am Ende der Wiese, kurz vor der Dosmühle, in spitzem Winkel nach rechts aufwärts ab. Nach 300 Metern sind wir am **2 Trafohaus** oberhalb eines Bauernhofes. An

Die Burgruine mit dem Aussichtsturm steht 50 Meter über dem Ort Brennberg.

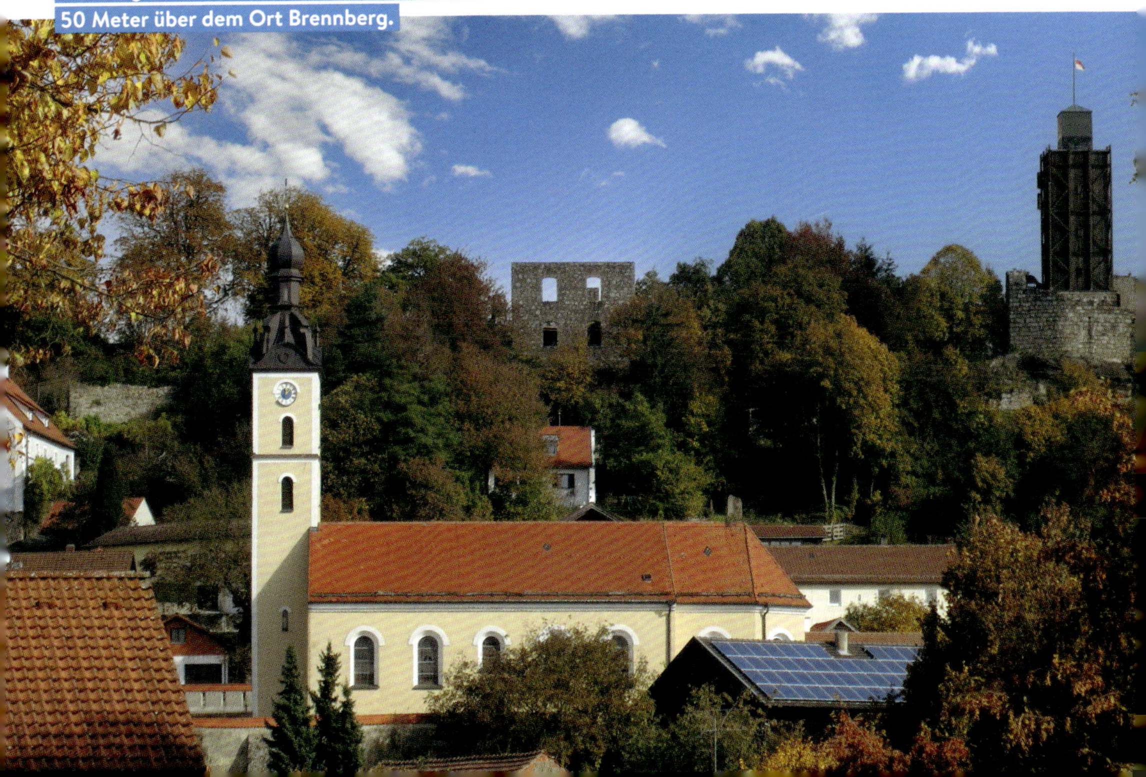

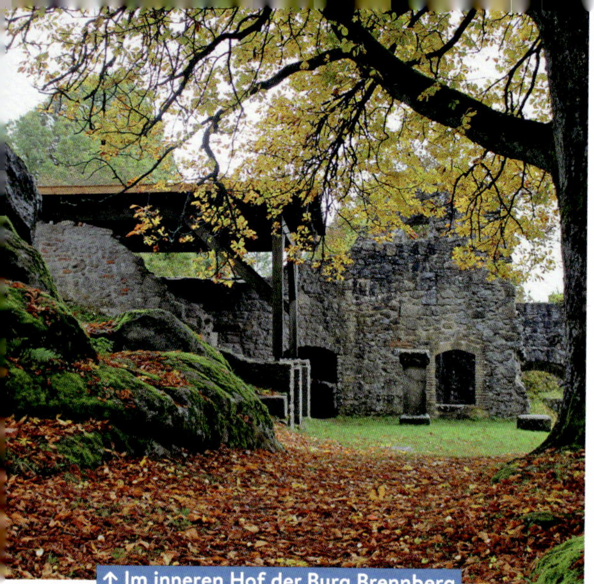
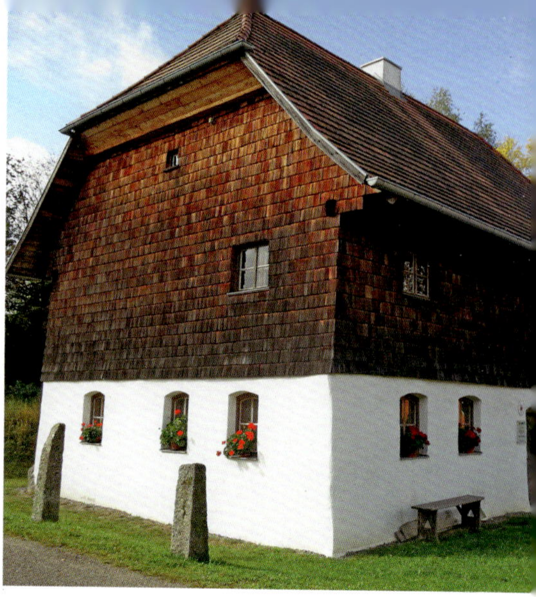

↑ Im inneren Hof der Burg Brennberg

↗ Das ehemalige Spital ist ein historisches Haus in Brennberg.

zwei Abzweigen bleiben wir jeweils rechts und gehen am Ende des Weges an der T-Kreuzung nach links hinunter. Am Hof Wernetsgrub laufen wir auf dem Asphaltsträßchen rechts und kommen an einem kleinen **3 Weiher** vorbei. Vor der Rechtskurve müssen wir vor

Tipp

DIE MYSTISCHEN KNOCKS

Knock ist der Name für die in der Gegend um Brennberg liegenden größeren Felsen. Diese Granitfelsen sind über lange Zeit durch Wind und Wetter zu kissen- oder sackförmigen Gebilden erodiert. Der Fachbegriff lautet: »Wollsackverwitterung«. Diese Felsen bilden kleine Ökosysteme. Auf ihnen konnten 32 Moose und 54 Flechtenarten nachgewiesen werden. Solche speziellen Lebensräume sind durch Dünge- und Pflanzenschutzmittel gefährdet, da Flechten und Moose auf kargen Untergrund angewiesen sind. Oft haben diese Felsen eigene Namen und spielen in der lokalen Mystik eine Rolle. Alte Bearbeitungsspuren deuten auf kultische Zwecke hin.

dem Bildstock nach links aufwärts und kommen an die Kreuzung im kleinen Ortsteil Öd. Nach rechts wandern wir auf der Berndorfer Straße nach Brennberg hinein. Auf der Straße Schmidgarten geht es rechts und am Rathaus auf der Lerchenfeldstraße ebenfalls rechts aufwärts. Die zweite Straße rechts ist der Staufferweg, auf dem wir weiter oben durch einen Torbogen am ehemaligen Getreidespeicher in die **4 Burgruine** kommen. Die Reste der Burg stehen auf einem Granitfelsen 50 Meter über dem Dorf. Die Festung entstand Anfang des 11. Jahrhunderts auf Initiative des Adelsgeschlechts der *de Prenberg*. Das Wappen der Besitzer zeigte drei brennende Berge, wie auch heute noch das Gemeindewappen. Der romanische Bergfried ist der älteste Bauteil. Der sechseckige Auerturm und der hufeisenförmige Münchstein stammen aus dem 14. Jahrhundert. Auf dem südlichen Felsmassiv sind unter dem hölzernen Aussichtsturm die Reste des Wartturmes aus dem 12. Jahrhundert zu sehen. Im 17. Jahrhundert wurde die Burg von den Schweden erobert und angezündet. Heute erfreuen wir uns an der Aussicht vom Turm. Im Südwesten liegt uns der Ort Brennberg zu Füßen. Bei guter Sicht reicht der Blick nach Süden sogar bis zu den Alpen. Im Gebiet des Falkensteiner Vorwaldes treten harte Granit- und Gneisfelsen an die Oberfläche der Landschaft, die hier Knock genannt werden (siehe Tipp).

RÜCKWEG ÜBER DIE ALTE KAPELLE

Nördlich des Schlosses treten wir links vom Auerturm auf dem Weg den Abstieg an und erreichen wieder die Lerchenfeldstraße, auf der wir in spitzem Winkel links hinunterlaufen. An der Kreuzung am Rathaus geht es links auf der Straße Schmidgarten weiter. Am Ende der Straße biegen wir links in die Berndorfer Straße ab. Nach 250 Metern halten wir uns im kleinen Ortsteil Öd geradeaus, nun genau nach Osten. Kurz nach Beginn eines Waldes folgen wir dem Weg auf der linken Seite mit der blauen Markierung des Goldsteig-Zuweges aufwärts in Richtung Höllbachtal. In einem romantischen Hohlweg geht es wieder abwärts, vorbei an einer alten **5 Kapelle**. Der Weg mündet wieder in die Asphaltstraße, und an den zwei Häusern bleiben wir geradeaus auf dem Feldweg und können dann weiter unten im Wald auf einem Steg über den Höllbach schreiten. Dann folgen wir dem Uferweg nach links und sind damit auf dem Goldsteig und Burgensteig in Richtung Postfelden. An der gleich folgenden Wegkreuzung bleiben wir auf dem Goldsteig rechts aufwärts. 350 Meter nach dem Steg verlassen wir an der Kreuzung den Goldsteig nach rechts und sind jetzt auf dem Rundweg Hölle. Der Weg endet an einer asphaltierten Straße, der wir nach rechts zum Wanderparkplatz in **E Postfelden** folgen.

INFO

TOURENCHARAKTER

Mittelschwere, sonnige Wege durch Felder und Wälder. Im NSG Hölle sind Trittsicherheit und Wanderschuhe mit griffigen Sohlen erforderlich.

AUSGANGS-/ENDPUNKT

Parkplatz Höllbach, 93191 Rettenbach-Postfelden, GPS 49°04'43.2"N 12°26'12.6"E (555 m)

ANFAHRT

ÖPNV: Mit der Bahn nach Wörth/Donau und mit dem Rufbus 900 nach Postfelden

Auto: Von der A 3 Ausfahrt 104b Wörth/Donau-Ost auf der St 2146 nach Postfelden

GEHZEITEN

Postfelden–Steg 0:15 Std.–Trafohaus 0:30 Std.–Weiher 0:25 Std.–Burgruine 0:40 Std.–Kapelle 0:30 Std.–Postfelden 0:50 Std.

Mittel | **10,0 km** | **270 Hm** | **3.10 Std.**

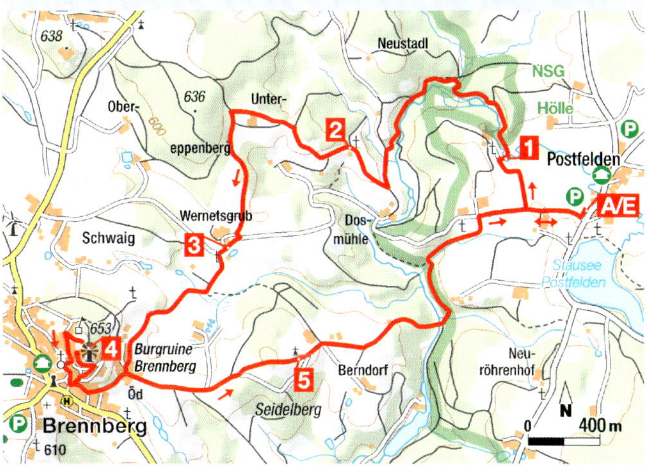

EINKEHR

Gasthaus Zur Burg, St.-Rupert-Straße 3, 93179 Brennberg, Tel. 09484/281

INFORMATION

Lerchenfeldstraße 1, 93179 Brennberg, Tel. 09482/940 30, www.brennberg.de

PS: ICH DARF IM PARADIES LEBEN

SCHON EINIGE MALE wohnte ich jeweils für längere Zeiten an anderen Orten in Bayern, außerhalb Bayerns und in Griechenland. Seit sechs Jahren lebe ich nun in der Oberpfalz. Freunde behaupten mit einem Augenzwinkern, ich sei wegen des Zoiglbiers in die Oberpfalz gezogen. Das streite ich natürlich ab, wenn ich auch glücklich bin, dass keine der sechs Zoiglstuben in meinem Ort weiter als 300 Meter von meiner Wohnung entfernt ist. Das Leben in der Provinz ist günstiger als in einer Großstadt und hier herrscht Ruhe. Von meiner Wohnung aus kann ich zu Fuß durch das Waldnaabtal wandern, eines der schönsten Geotope Bayerns (Tour 10). Weitere schöne Ziele sind ja in diesem Buch zu finden.

WIEDERENTDECKT UND NEU GEFUNDEN

Das Schreiben eines Buches ist natürlich eine intensivere Sache, auch wenn man schon diese oder jene Wanderung gemacht hat. Mancher Ort, mancher Berg, Wege und Burgen wurden zu einer erfreulichen Erinnerung und die Recherche zum Buch zu einem erweiterten Wissen. Oberpfälzer Wirtshäuser, Brauereien und Zoiglstuben habe ich wiederentdeckt und neu gefunden. Doch Bier, Brotzeit und Braten ist nicht alles, was die Oberpfalz für mich so liebenswert macht. Den Menschenschlag all meiner Wohnorte kenne ich recht gut. Der Oberpfälzer Mensch ist besonders erwähnenswert. Ich bin in das weiche Netz meiner Nachbarschaft gefallen. Es war eine überaus freundliche und herzliche Aufnahme in ihre Geselligkeit. Ich bin hier fest verwurzelt und habe das Gefühl, schon immer hier gelebt zu haben.

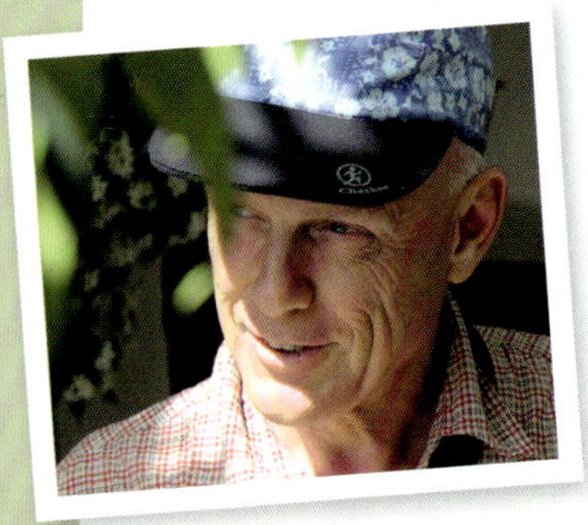

HIER IST MEIN PARADIES

Herzliche Grüße

Rainer D. Kröll

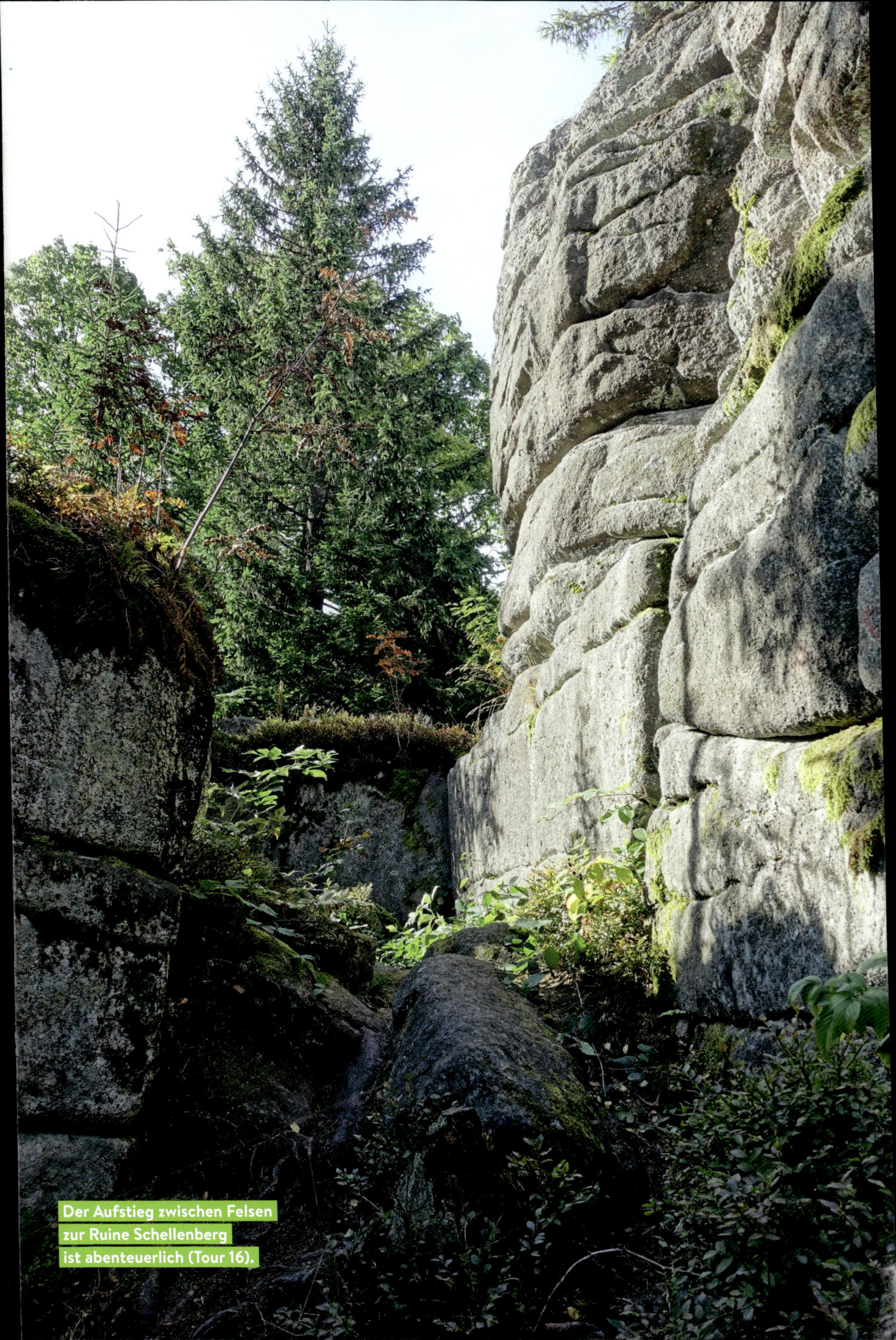

Der Aufstieg zwischen Felsen zur Ruine Schellenberg ist abenteuerlich (Tour 16).

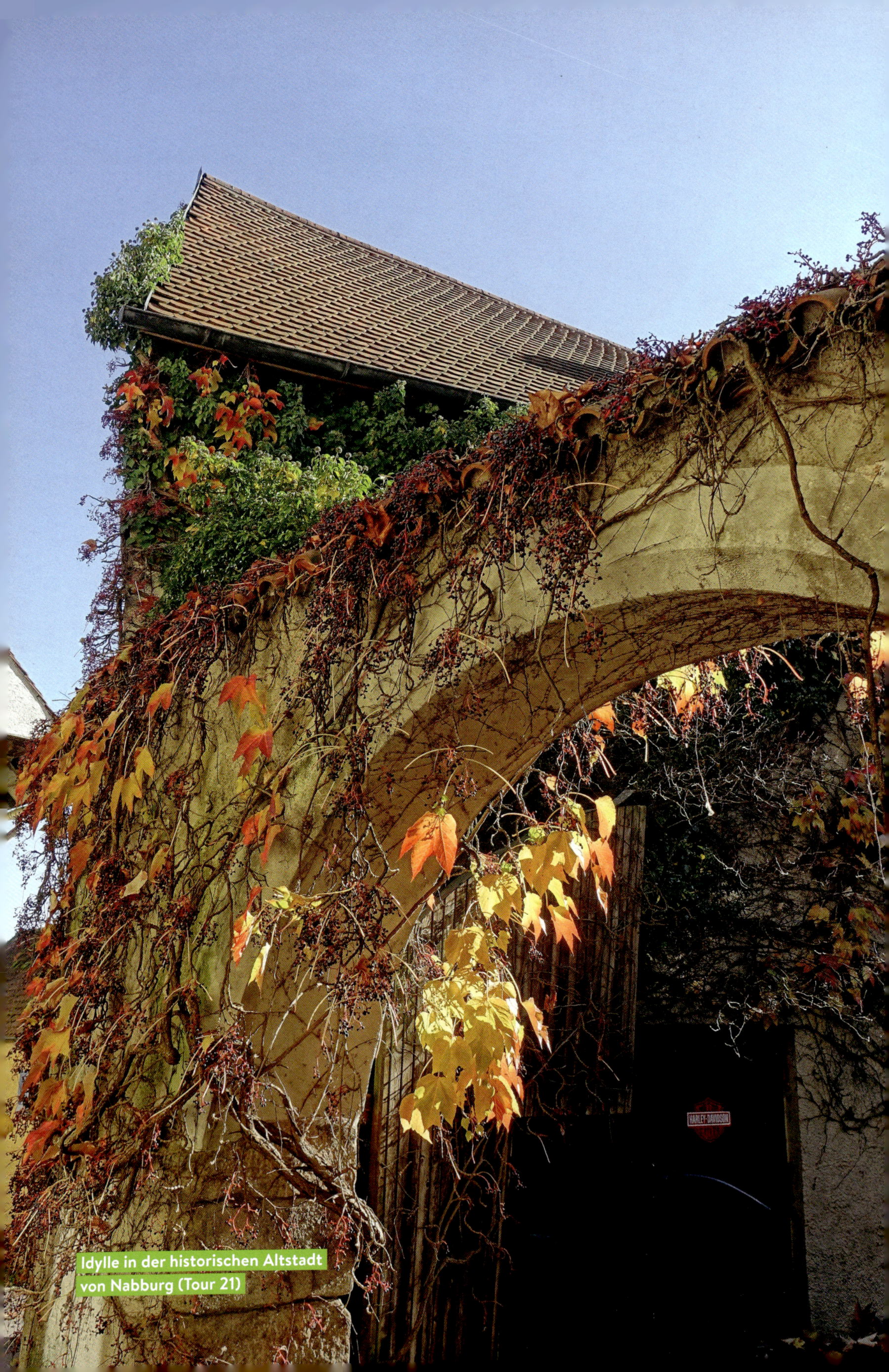
Idylle in der historischen Altstadt von Nabburg (Tour 21)

REGISTER

IMPRESSUM

Verantwortlich: Julia Vogl, Julia Bobinger
Redaktion, Lektorat und Satz: mcp concept GmbH
Layout- und Reihengestaltung: Mathias Frisch
Covergestaltung: Mathias Frisch
Korrektorat: Simona Fois
Repro: LUDWIG:media
Kartografie: Bruckmann Verlag GmbH, Heidi Schmalfuß
Herstellung: Alexander Knoll
Printed in Türkiye by Elma Basim

Exklusiv für Sie als Leser:

MIT GPS-DATEN ZUM DOWNLOAD

unter: gps.bruckmann.de

★★★★★

Sind Sie mit diesem Titel zufrieden? Dann würden wir uns über Ihre Weiterempfehlung freuen.
Erzählen Sie es im Freundeskreis, berichten Sie Ihrem Buchhändler oder bewerten Sie bei Onlinekauf. Und wenn Sie Kritik, Korrekturen oder Aktualisierungen haben, freuen wir uns über Ihre Nachricht an Bruckmann Verlag, Postfach 40 02 09, D-80702 München oder per E-Mail an lektorat@verlagshaus.de.

Unser komplettes Programm finden Sie unter www.bruckmann.de

In diesem Buch wird aus Gründen der besseren Lesbarkeit das generische Maskulinum verwendet. Weibliche und anderweitige Geschlechteridentitäten werden dabei ausdrücklich mitgemeint, soweit es für die Aussage erforderlich ist.

Empfehlung der Redaktion
Sie sind auf der Suche nach weiterführender Literatur? Dann empfehlen wir Ihnen den Titel *Historische Pfade Franken* von Benedikt Grimmler. Oder Sie werfen einen Blick in die Zeitschrift *BERGSTEIGER*. Hier werden Sie bestimmt fündig.

Bildnachweis: Alle Bilder im Innenteil stammen vom Autor.
Umschlagvorderseite: Der Uferpfad an der Waldnaab schenkt den Wanderern ein mystisches Erlebnis (Tour 10).
Umschlagrückseite: Auf einem Felsenturm auf dem Flossenbürger Schlossberg thront die Ruine der Gipfelburg (Tour 15).

Die Deutsche Nationalbibliothek verzeichnet diese Publikation in der Deutschen Nationalbibliografie; detaillierte bibliografische Daten sind im Internet über http://dnb.d-nb.de abrufbar.

Infanteriestraße 11a
80797 München

ISBN: 978-3-7343-2847-3